中国"小组机制"研究

（第二版）

周 望 ◎ 著

LEADING GROUP

天津出版传媒集团

天津人民出版社

图书在版编目（CIP）数据

中国"小组机制"研究 / 周望著. -- 2版. -- 天津:
天津人民出版社，2023.7
ISBN 978-7-201-19573-5

Ⅰ. ①中… Ⅱ. ①周… Ⅲ. ①行政管理－制度－研究
－中国 Ⅳ. ①D922.11②D630

中国国家版本馆CIP数据核字(2023)第124595号

中国"小组机制"研究(第二版)
ZHONGGUO "XIAOZU JIZHI" YANJIU(DIERBAN)

出　　版	天津人民出版社
出 版 人	刘　庆
地　　址	天津市和平区西康路35号康岳大厦
邮政编码	300051
邮购电话	(022)23332469
电子信箱	reader@tjrmcbs.com

策划编辑	王　康
责任编辑	林　雨
装帧设计	汤　磊

印　　刷	天津新华印务有限公司
经　　销	新华书店
开　　本	710毫米×1000毫米　1/16
印　　张	22
插　　页	2
字　　数	300千字
版次印次	2023年7月第2版　2023年7月第1次印刷
定　　价	98.00元

吾人为新南开所抱定之志愿，不外"知中国"

"服务中国"二语。

　　　　　　　　　　　　　　　——张伯苓

目　录

引言　领导小组如何领导

　　领导小组，是对广泛存在于中国治理实践中的各级各类领导小组、协调小组、工作小组、委员会、指挥部等议事性、协调性工作机构和机制的总称。作为中国本土贡献出的特定名词和特有话语，"领导小组"以其广泛的存在、丰富的功能和鲜明的特质，构成了中国国家治理体系中的一个重要板块。现实中各项重大改革的启动、各种重要政策的推进，都会伴随着一批新的"领导小组"的成立，并在这些"领导小组"的主导下进行。"领导小组"的具体名称、人员构成，可以反映出政策事项在整个治理议程设置中的重要程度和优先性。正因如此，中外研究界、实务界已普遍将"领导小组"作为观测中国治理动态的关键坐标。

　　在中国国家治理体系的实际运转过程中，能够经常看到冠以各种名称的"领导小组"，这些小组数量众多、活动频繁，但是无论是在中国共产党组织机构图还是中国政府组织机构图中，都难以见到"领导小组"的"身影"，它们既不进入正式的党政组织机构名录，其人员构成、具体运作情况也很少正式公开。"领导小组"在现实中的活跃度与其存在方式上的隐蔽性，显然形成了一种特殊的反差。那么中国政府与政治中的"领导小组"到底是一种什么样的组织？它们在中国国家治理实践中究竟扮演着何种角色？尝试对这些议题进行回应和解答，正是本书的主体内容与核心关切。

基于持续性、遍及性、重要程度等指标，本书选择中央领导小组、国务院议事协调机构、新时代领导小组的最新动态为主要研究对象，就"领导小组"从何而来、如何运作、理论定位等关键议题展开梳理与解析。期望通过这些工作，使社会各界人士对于"领导小组"能够形成一个直观、到位的了解和认知。

第一章　中央领导小组

中央领导小组,是指存在于中共中央层面的各种领导小组。中央领导小组因其在治理实践尤其是决策过程中的重要地位,是最为引人关注的一类领导小组。从中央领导小组的历史发展脉络、现实运行过程、功能定位来看,它们持续性地在中国国家治理体系中发挥着举足轻重的作用。

第一节　整体演化

总结和反思过去,是为保证准确地认识现状和确立未来发展思路的必要基础。在了解"中央领导小组"的现实运转状况之前,有必要对中国共产党在成为中国居于领导地位的执政党之后,"中央领导小组"的历史发展进行考察和回顾,解码"中央领导小组"产生和变化的历史基因,了解"中央领导小组"何以会出现在中国的治理生活中,以及如何一步步发展到现今的状态。这不仅有助于对当前"中央领导小组"的分析与解读,同时也可以对"中央领导小组"在未来的发展趋势提供较为可靠的预判。

从整体性的历史变化来看,产生于中国共产党组织体系并活跃于中国国家治理实践中的"中央领导小组",先后经历了中央工作部时期、中央工作小组时期、改革开放初期的恢复和调整,以及 20 世纪 90 年代后的新发展等几个阶段。这样划分的依据是"回溯式"的,即主要是基于目前仍然存在、比较重要的那一部分"中央领导小组"的发展变化,以某个历史节点为时间刻度,简要介绍同时期"中央领导小组"的概况。

一、酝酿阶段:中共中央各工作部

存在于 20 世纪 50 年代至 60 年代初期的中共中央各工作部,虽然从属性上看并不属于议事协调性质的"中央领导小组",但其在职责配置、组织名称、人员结构等多个方面与后来的各种"中央领导小组"有着相近之处,尤其是就在中国共产党组织体系中的定位和功能而言,它们之间存在着一定程度的连续性,因此可以将中央工作部开展活动的这一时期视为"中央领导小组"正式产生和发展之前的酝酿和准备阶段。

(一)党管干部制度的确立

随着政府机构中职能部门的增加、干部队伍的扩大,以及应对新形势下相关工作任务的需要,中共中央决定建立分部分级管理干部队伍的制度,于是在原有的组织部、宣传部和统战部的基础上,陆续设置了农村工作、财政贸易、工业交通等新的党委工作部门,在中央和各级党委的统一领导下分工管理各部门的干部,各类干部按职务级别由中央或地方分别管理。

1953 年 11 月 24 日,中共中央做出《关于加强干部管理工作的决定》,决定逐步建立在中央及各级党委统一领导下和在中央及各级党委的组织部统一管理下的分部分级管理干部的制度。

根据工作需要,《关于加强干部管理工作的决定》将全体干部划分为九

类,它们在中央及各级党委的组织部的统一管理下,由中央及各级党委的各部分别进行管理。这九类干部分别是:①

(1)军队干部,由军委的总干部部、总政治部和军队中的各级干部部、政治部负责管理;

(2)文教工作干部,由党委的宣传部负责管理;

(3)计划、工业工作干部,由党委的计划、工业部负责管理;

(4)财政、贸易工作干部,由党委的财政、贸易工作部负责管理;

(5)交通、运输工作干部,由党委的交通、运输部负责管理;

(6)农、林、水利工作干部,由党委的农村工作部负责管理;

(7)少数民族的党外上层代表人物,宗教界的党外上层代表人物,各民主党派和无党派的民主人士,华侨民主人士,工商界代表性人物,协商机关、民主党派机关、工商联、佛教协会、伊斯兰协会和回民文化协会的机关干部,由党委的统战工作部负责管理;

(8)政法工作干部,由党委的政法工作部负责管理;

(9)党、群工作干部和未包括在上述九类之内的其他工作干部,由党委的组织部负责管理。

(二)中央各工作部的具体情况

在《关于加强干部管理工作的决定》一文中,虽然明确表明了针对不同类别的干部群体设置相应的中央工作部门,但事实上该决定中所说的各部并未紧跟这一文件的颁发"同步"而设。有的部门实际上早于此文的出台就已存在,如农村工作部;更多的则是直到1956年才陆续成立,如工业交通工作部以及在其基础上分开而设的工业工作部和交通工作部;而"政法工作部"甚至都

---

① 参见中共中央组织部等编:《中国共产党组织史资料:1921—1997》(第9卷),中共党史出版社,2000年,第187~190页。

未真正设立,相关的工作任务事实上是由中组部政法干部管理处承担。

之所以会形成这一状况,事实上是该决定在出台时就已做好的阶段性工作安排,它指出:"因目前干部条件的限制,中央一级在短期内尚不可能建立这些工作部门,只能先在中央组织部内建立财政贸易处、计划工业处及交通运输处,一俟将来条件成熟,再考虑将这些处划分出去,扩充为部。至于有些中央局、分局、省委、市委现在已经分别建立财经工作部或工业、商业等部者,可保留原有组织不变"。

同时,虽然中央各相关工作部的成立有所延迟,但由于有的部门已经先于中央在各级地方党委设立,如分别成立于1952年7月和11月的农村工作委员会和农村工作部,因此新的工作安排只需依托这些部门并做适当调整即可。该决定指出:"各地方党委的财经工作部或工业部、商业部,过去主要是进行了解情况,研究政策,及检查政策决议的执行情况等工作,而并未管理干部。今后除继续进行上述工作外,还应逐渐把主要力量放在干部管理工作方面。由于各地具体条件不同和工作进度不一,故开始不必在组织形式上及工作内容上强求完全一致,而应一步一步地随着工作的展开去把中央及各级党委的财经工作机构的组织形式与工作内容统一起来"。

各工作部的具体情况如下:①

1. 农村工作部(1952.11—1962.11)

1952年11月12日,中共中央决定建立中共中央农村工作部,其任务是贯彻执行农村工作的政策方针,组织与领导农民互助合作运动,以便配合国家工业化的发展,逐步引导农民走向集体化的道路。农村工作部设第一办公室、第二办公室(管理内部事务)、第一处(分管农业生产)、第二处(分管农业

---

① 参见中共中央组织部等编:《中国共产党组织史资料:1921—1997》(第5卷),中共党史出版社,2000年,第66、68、69页的相关内容。

互助合作)、第三处(分管林业水利气象)、第四处(分管供销、信用)、第五处(分管干部人事),编制二百余名。1954 年各中央局撤销后,各中央局农村工作部部分干部调入中共中央农村工作部,组成华北处、东北处、华东处、中南处、西南处、西北处。第一办公室和第二办公室合并,又建立计划财务处,编制增至 480 人左右。1956 年 9 月,撤销各地区处,编制减为 309 名。1957 年 7 月又增设农村工作通讯编刊室。1959 年机关精简,编制减为 300 名以内。

1962 年 10 月,中共中央决定撤销中央农村工作部(11 月撤销),其业务合并于国务院农林办公室。

2. 财政贸易工作部(1956.1—1960.10)

1956 年 1 月,中共中央财政贸易工作部成立,工作任务主要是:管理财政贸易系统的干部,检查财政贸易部门对党的决议政策的执行情况,管理财政贸易系统党的基层组织工作,指导财政贸易部门政治机关的工作。该部机构设一厅(办公厅)、一室(政策研究室)、七处(干部管理处、干部训练处、基层组织工作处、财政银行工作处、商业工作处、粮食工作处、供销合作工作处),有干部编制 241 名。财政贸易工作部于 1960 年 10 月被撤销。

另外,中共中央还于 1955 年 4 月发出《关于在县以上各级党委成立财政贸易工作部的通知》,督促还未建立财政贸易工作机构的省(市)委、地委和县委尽快设置这一部门。该通知指出:

随着我国社会主义建设和社会主义改造事业的发展,财政、商业、粮食、金融等方面的工作任务已愈来愈繁重复杂,同时,这几个系统的干部已发展成为十分庞大的队伍,情况亦较为复杂。近一两年来,有些省(市)委和地委、县委已按 1953 年 11 月《中央关于加强干部管理工作的规定》建立了财政贸易工作的机构,但多数省(市)委和绝大部分地委、县委则尚未成立这一机构。为了切实加强党委对财政、商业等方面工作的领导和对财贸系统的干部的管理工作,中央决定:在 1955 年内凡没有成立财政贸易工作部的县以上各级党委,均须成立财政贸易工作部;有较大集镇的区的区委则应指定一个委员专门负责管理财政贸易方面的工作。

各级党委的财政贸易工作部是各级党委管理财政贸易工作的办事机构,其任务是:在党委领导下管理财政贸易部门的干部,检查财政贸易部门对党的政策决议的执行情况,管理财政贸易部门的政治工作。财政贸易工作部所管理的财政贸易部门包括财政、商业、粮食、银行和供销合作、信用合作等部门。地委、县委和工业不多的中小城市的市委的财政贸易工作部,其管理范围还可包括地方工业和手工业部门。

各级党委财政贸易工作部的编制员额由各分局、省(市)委根据各地具体情况,自行确定。所需编制员额均由各省(市)委在各该省市总编制员额内调剂解决。

3. 工业交通工作部、工业工作部和交通工作部(1956.1—1960.10)

(1)工业交通工作部(1956.1—11)

1956 年 1 月,在原中央书记处第三办公室和中央组织部工业干部管理处、交通运输干部管理处的基础上,中共中央工业交通工作部成立。

1956 年 11 月,中共中央政治局决定,工业交通工作部分建为工业工作部、交通工作部。

(2)工业工作部(1956.11—1960.10)

1956 年 11 月,根据中共中央政治局的决定,工业交通工作部分设为工业工作部、交通工作部。1957 年 1 月,中共中央工业工作部开始办公,其任务主要是:管理工业系统的干部;检查工业系统各部门对党的决议、政策的执行情况;管理工业系统党的基层组织工作;指导工业系统各部门政治机关的工作。该部内设:一厅(办公厅)、一室(研究室)、八处(干部管理处、干部训练处、基层工作处、重工业处、机械工业处、基建工业处、燃料工业处、轻工业处),编制 337 名(干部 256 名,工勤人员 81 名)。工业工作部于 1960 年 10 月被撤销。

（3）交通工作部（1956.11—1960.10）

1956年11月,根据中共中央政治局的决定,工业交通工作部分设为工业工作部、交通工作部。1957年1月,中共中央交通工作部开始办公,其任务主要是:管理铁道、交通、邮电系统的干部;检查党的决议、政策在铁道、交通、邮电部门贯彻执行情况;管理铁道、交通、邮电系统党的基层组织工作;指导铁道、交通、邮电部门政治机关的工作。该部内设办公厅,干部管理处、铁道工作处、交通工作处、邮电工作处,干部编制99名。交通工作部于1960年10月被撤销。

二、正式标志:中央工作小组的成立

较为接近于本书所定义以及当前实际存在的议事、协调性质的各种"中央领导小组",其成立的时间可追溯至1958年6月10日。中共八届四中全会结束后,中共中央发出《关于成立财经、政法、外事、科学、文教各小组的通知》,决定成立财经、政法、外事、科学及文教等5个小组。该通知指出:"党中央决定成立财经、政法、外事、科学、文教各小组。这些小组是党中央的,直隶中央政治局和书记处,向它们直接做报告。大政方针在政治局,具体部署在书记处。只有一个'政治设计院',没有两个'政治设计院'。大政方针和具体部署,都是一元化,党政不分。具体执行和细节决策属政府机构及其党组。对大政方针和具体部署,政府机构及其党组有建议之权,但决定权在党中央。政府机构及其党组和党中央一同有检查之权"。①

这里需要说明的是,与前面提到的中央各工作部的成立情况类似,实际

---

① 中共中央组织部等编:《中国共产党组织史资料:1921～1997》(第9卷),中共党史出版社,2000年,第628页。

上有的中央工作小组在 1958 年 6 月这个时间节点之前就已经存在,如成立于 1956 年 1 月的中央政法小组①和成立于 1958 年 3 月的中央外事小组②等。只是这一通知较为正式和全面地提出在中共中央层面设立这样性质的"小组",并确定了其在党的组织体系中的大致定位,因此通常就以文件的发布时间作为"领导小组"进入中国国家治理体系和治理实践的一个标志。

同时,在这一时期为应对相关工作的需要,中共中央接连设置了一批各种类型的"领导小组",主要包括:中央国际活动指导委员会(1953 年 3 月)、中央对台小组(1954 年 7 月)、中央原子能事业领导小组(1955 年 7 月)、中央血吸虫病防治领导小组(1955 年 11 月)、中央北方地方病防治领导小组(1960 年 3 月)、中央精简干部和安排劳动力五人小组(1960 年 10 月)、中央精简小组(1962 年 2 月)、国家机关编制小组(1962 年 2 月)、中央国际研究指导小组(1963 年 12 月)、中央学制问题研究小组(1964 年 2 月)等。这些"中央领导小组"中的大多数在任务完成后就即刻撤销。

三、改革开放初期中央领导小组的恢复和调整

"文革"期间,中央工作小组的运作基本中断,即使在这一时间段断断续续存在过个别的"领导小组",也并未起到其应有的作用。

随着改革开放进程的启动,党政机构开始恢复正常运行,中共中央层面的相关"领导小组"也随之逐渐恢复设置。其中比较主要的几个"中央领导小

---

① 中央政法小组于 1956 年 1 月在原主管政法事务的中央书记处第一办公室的基础上组建而来,同时该小组在同年 7 月召开了全国省、市、自治区检察长、法院院长、公安厅局长联席议会。
② 参见中共中央和国务院于 1958 年 3 月 6 日下发的《关于中央设立外事小组和国务院设立外事办公室的联合通知》,详见中共中央组织部等编:《中国共产党组织史资料:1921—1997(第 9 卷)》,中共党史出版社,2000 年,第 611~613 页。

组"很快就恢复了工作,包括中央政法小组(1978 年 6 月)^①、中央对台工作领导小组(1979 年 12 月)、中央财政经济领导小组(1980 年 3 月)、中央外事工作领导小组(1981 年 3 月)等;同时,一些新的较为重要的"中央领导小组"也在此阶段成立,比如中央宣传思想工作领导小组(1988 年 1 月)、中央党的建设工作小组(1988 年 7 月)。

进入新的发展阶段,各种工作千头万绪,这既包括对以往工作的恢复和接续,同时各项新的工作任务也不断出现,因此存在于这一时期的各种"领导小组"的数量得以大大增加。主要包括:中央科学研究协调委员会(1979 年 10 月)、中央党史委员会(1980 年 1 月)、中央对外宣传小组(1980 年 4 月)、中央文献编辑委员会(1980 年 5 月)、中央党史资料征集委员会(1980 年 5 月)、中央直属机关编制委员会(1981 年 1 月)、中央党史领导小组(1982 年 2 月)^②、中央机关干部教育工作小组(1982 年 10 月)、省市自治区机构改革指导小组(1982 年 11 月)^③、中央和国家机关机构改革工作小组(1983 年 2 月)、中央"五讲四美三热爱"活动委员会(1983 年 3 月)、全国职工思想政治工作领导小组(1983 年 7 月)、中央职称评定工作领导小组(1983 年 8 月)、中央引进国外智力以利"四化"工作领导小组(1983 年 9 月)、中央整党工作指导委员会(1983 年 10 月)、中央落实政策小组(1984 年 7 月)、中央干部教育工作领导小组(1984 年 12 月)、中央机关端正党风领导小组(1986 年 1 月)、中央政治体制改革研讨小组(1986 年 10 月)、中央组织干部工作小组(1987 年 3 月),等等。

同时,随着 1982 年 1 月邓小平同志发表《精简机构是一场革命》的讲话,开启了改革开放以来中共中央与国务院机构改革的历程,"中央领导小组"也

---

① 后于 1980 年 1 月调整为"中央政法委员会"。

② 由"中央党史委员会"调整而来。

③ 后并入"中央整党工作指导委员会"。

开始被纳入到机构改革的视野中来。由于第一波机构精简对党的机构调整较小,用邓小平的话讲,就是"国务院系统精简百分之三十多一点,中央党群系统只精简百分之几恐怕太少了"①。相应地"中央领导小组"也未受到太大影响。

中共中央机构经历较大规模的调整,是在十三大之后。② 1987 年 12 月,中共中央政治局第二次全体会议批准了中央机构改革领导小组《关于党中央、国务院机构改革方案的报告》和中央书记处制定的《党中央直属机构改革实施方案》。此次中共中央机构改革的主要做法是:"撤销与国务院职能部门重叠的领导小组和办事机构;合并业务相近的事业单位;明确直属工作机构的职能,精简内部人员。"

在这其中,《关于党中央、国务院机构改革方案的报告》明确指出,目前党中央、国务院机构存在的主要问题:一是机构职能交叉、职责不清、臃肿重叠;二是机构设置不科学,功能不全;三是运行不协调,效率低下;四是人员结构不合理,素质不高。在这一认识的基础上,该报告对中共中央机构的改革提出了一系列方案,其中有关中央各"领导小组"的部分是:保留中央外事领导小组、中央对台工作领导小组;撤销中央保密委员会;保留中央财经领导小组,撤销其下属的办公室,根据工作需要,具体服务可由中办或国办承担;撤销中央政法委员会,设立中央政法协调小组;增设中央意识形态协调小组,统一协调对内对外宣传工作;撤销对外宣传小组。③

---

① 《邓小平文选》(第二卷),人民出版社,1994 年,第 398 页。

② 杨光:"改革开放以来中共中央组织机构是怎样调整的",《北京日报》,2010 年 8 月 23 日。

③ 邹锡明:《中共中央机构沿革实录:1921. 7—1997. 9》,中国档案出版社,1998 年,第 160 ~ 161 页。

四、20 世纪 90 年代以来中央领导小组的新发展

进入 20 世纪 90 年代以后,"中央领导小组"开始出现了一些新变化。这既包括它们在机构改革视域中的调整思路和发展方向逐渐清晰并稳定下来,同时也成立了一批新的"中央领导小组",至此,现有各种"中央领导小组"的整体格局基本形成。

党的十四大以后,为适应社会主义市场经济体制的要求,新一轮的中共中央机构调整启动。1993 年 3 月,十四届二中全会审议通过了《关于党政机构改革的方案》。同年 7 月 2 日,中共中央发出《关于印发〈关于党政机构改革的方案〉和〈关于党政机构改革方案的实施意见〉的通知》(中发〔1993〕7 号文件)。

这一方案指出,中央现有议事性委员会或领导小组 12 个,即中央财经领导小组、中央对台工作领导小组、中央机构编制委员会、中央外事工作领导小组、中央农村工作领导小组、中央党的建设工作领导小组、中央宣传思想工作领导小组、中央党史领导小组、中央社会治安综合治理委员会、中央保密委员会、中央密码工作领导小组、中央保健委员会。在党中央设置这样一些高层次的议事机构是必要的。

保留的党中央 12 个议事协调性委员会和领导小组是否设办事机构,分 4 种情况区别对待:[1]

一是任务具有特殊性,需单设精干的办事机构。包括中央财经领导小组、中央机构编制委员会。

---

[1] 邹锡明:《中共中央机构沿革实录:1921.7—1997.9》,中国档案出版社,1998 年,第 188 ~ 191 页。

二是职能相近，其办事机构合设。即中央社会治安综合治理委员会的办事机构与中央政法委的办事机构合署办公。

三是按会议制形式活动，不设办事机构，只设少量秘书工作人员。包括中央党的建设工作领导小组、中央宣传思想工作领导小组。

四是具体事务由有关机构承担，不设专门办事机构。即中央农村工作领导小组的具体事务由中央财经领导小组办公室农村组承担，中央外事工作领导小组的具体事务由中央外事领导小组办公室暨国务院外事办公室（列国务院序列）承担，中央对台工作领导小组的具体事务由中央对台工作办公室暨国务院台湾事务办公室承担，中央党史领导小组的具体事务由中央党史研究室承担，中央保密委员会的具体事务由中央保密委员会办公室暨国家保密局承担，中央保健委员会的具体事务由卫生部保健局承担，等等。

党的十五大以后，中共中央部门机构改革工作会议于 1999 年 7 月召开，强调在维持大格局不变的情况下继续进行机构调整。

同时在这一时期，一些新的"中央领导小组"得以设立，它们与上述经调整后的议事协调性机构一起形成了目前"中央领导小组"的基本格局。这阶段出现的"中央领导小组"包括：中央社会治安综合治理委员会（1991 年 3 月），中央机构编制委员会（1991 年 7 月），中央精神文明建设指导委员会（1997 年 4 月），中央国家安全领导小组（2000 年 9 月，与中央外事工作领导小组"一个机构、两块牌子"），中央人才工作协调小组（2003 年 5 月，也为中央西部地区人才开发协调小组），中央巡视工作领导小组（2009 年 7 月），等等。

第二节　个体变迁

包括曾经存在和保存至今的各种"中央领导小组",它们数量众多、种类繁杂且变动频繁,总览式的整体分析还不足以展现其历史发展进程的全貌。特别是有的"中央领导小组"在发展变化过程中,时而隶属于党的部门,时而又位列国务院机构序列,相互之间或并列运行,或前后替代。因此还需要从个体观察的视角来展现每个"中央领导小组"的变迁之路。本书按照所担负职责的不同,将历史上所有存在过的"中央领导小组"大致分为组织人事、宣传文教、政治法律、财政经济、外事统战、党建党务六大门类,其中在每一门类中列举1至2个具代表性的"中央领导小组",厘析其历史发展沿革情况。

一、组织人事类

负责组织人事类的"中央领导小组"主要包括中央机构编制委员会和中央人才工作协调小组,其中中央人才工作协调小组成立于2003年,存在时间不长,因此这里主要回顾中央机构编制委员会的历史沿革情况。

中央机构编制委员会是于1991年7月,在对"中央直属机关编制委员会"和"国家机构编制委员会"进行整合的基础上设立而成的。在此之前,担负机构编制管理的部门在"党"和"政"两个方面各有相应的设置,它们各自掌管着不同人员群体的编制工作。因此这里对中央机构编制委员会历史发展沿革的梳理,要一起从对中共中央和国务院的机构编制管理机构的历史资料整理入手(见表1.1)。

中国"小组机制"研究(第二版)

表1.1　中央机构编制委员会的历史沿革

机构名称	起止时间	备注
全国编制委员会	1950.3—1954.12	只负责管理全国地方编制,中央政府层面的编制管理工作由成立于1949年12月的"政务院及其所属单位机构编制审查委员会"负责
国务院编制审查委员会	1954.12—1955.1	取代之前的全国编制委员会和政务院及其所属单位机构编制审查委员会
国务院编制工资委员会	1955.1—1956.9	
国务院编制委员会	1956.9—1963.5	其间还于1962年2月成立过"国家机关编制小组"
国家编制委员会	1963.5—"文革"	
国家编制委员会	1978.10—1982.5	"文革"结束后恢复设置,后并入劳动人事部,内设编制局
国家机构编制委员会	1988.6—1991.1	与成立于1987年12月的国务院机构改革办公室一个机构、两块牌子
中央机构编制委员会	1991.1—	取代"国家机构编制委员会"和设立于1981年1月的"中央直属机关编制委员会"

资料来源:根据中央机构编制委员会办公室网站(http://www.scops.gov.cn/)的相关资料重新整理而成。

　　1956年以前,中国政府编制管理实行的是中央"统一领导、统一管理"的体制,中央政府不仅决定全国编制工作的大政方针,而且具体安排地方各级人民政府、党派、人民团体的编制员额。机构编制管理的日常工作以人事部门为主,吸收内务部门(大行政区以下为民政部门)、财政部门、政法、财经、文教各委参加,并与行政区划协同工作。

　　新中国成立初期,中央与地方的编制管理机构是分设的。在中央层面,政务院于1949年12月设立了"政务院及其所属单位机构编制审查委员会",用以负责了解、审查政务院各行政部门以及直属企事业单位的机构和编制的初步审核事项。接着在1950年3月,政务院第22次政务会议决定,为争取财

16

政收支平衡,节约行政开支,紧缩军政公教人员的编制,成立"全国编制委员会",负责管理全国地方编制,办事机构设在财政部。

1950 年 9 月 5 日,中央人民政府委员会第九次会议决定成立人事部,政务院及其所属单位机构编制审查委员会的日常事务,即由人事部承担。1951年 12 月,政务院第 114 次政务会议决定,全国编制委员会的日常工作,也由财政部划归人事部承担,人事部二局(政法)设编制科。

1951 年 12 月 7 日,政务院第 114 次政务会议通过的《中央人民政府政务院关于调整机构紧缩编制的决定(草案)》,规定省(市)以上均设立编制委员会,具体工作由人事部门办理。

1954 年 12 月,国务院决定成立"国务院编制审查委员会",并在 1955 年 1月更名为"国务院编制工资委员会",负责管理中央和地方国家机关的行政、事业编制,制定国家机关工作人员的工资制度。在国务院人事局设办公室,作为其办事机构。办公室下设编制组、工资组、房管组、检查组。其中编制组以国务院人事局管理编制的人员为主,并抽调国务院各办公室 1 名处级以上干部组成。1955 年 11 月,国务院常务会议通过《国务院人事局组织简则》,规定国务院人事局不再承担机构编制工作,国务院编制工资委员会办公室直接由国务院领导,国务院设置专管机构编制工作的副秘书长职位。

1955 年 3 月 11 日,《国务院关于成立省、自治区、直辖市编制委员会问题(电)》提出:"为了紧缩国家工作人员编制,国务院已成立编制工资委员会。省、自治区和直辖市亦应成立编制委员会,统一管理省、自治区和直辖市以下各级行政、事业和企业机关的编制工作。省、自治区和直辖市人民委员会编制委员会应以省(市)长或副省(市)长 1 人为主任,并选任各有关部门负责同志为委员,委员会下应建立适当的办事机构,有计划地进行工作"。

1956 年,国务院决定,各项行政编制从 1957 年起实行分级统一管理,各级行政机构的机构编制调整方案应分级统一进行规划。此后,编制管理体制从"集中统一"变为"统一领导、分级负责"的体制,基本上采取条块结合、以块为主的方式,实行中央和省(区、市)两级管理的体制,中央和省(区、市)均设置编制管理机构。

1956年3月,国务院常务会议决定,中央、省(市)、县三级设立编制委员会。国务院编制委员会的办事机构依靠国务院人事局;地方也应该依靠当地人事部门进行日常工作。编制委员会的主要任务是:掌管行政编制;划分事业编制、企业编制、行政编制彼此之间的界限;对事业经费的编制问题,只是过问,发现问题、提出意见。纯企业的编制主要是经济核算问题,因此由经济委员会和劳动部负责。

1956年9月,国务院常务会议决定,把国务院编制工资委员会改为"国务院编制委员会"。编制委员会办公室与国务院人事局分开,迁至中南海北区办公。办公室下设秘书组、农林文教组、工交组、政法财贸组、地方组(一度分设城市组),实有干部五十多人。

1956年11月,国务院决定各省、自治区、直辖市人民委员会工作部门的设立、增减或者合并的工作,由内务部移交国务院编制委员会统一管理。

1958年12月,国务院编制委员会和国务院人事局合署办公。办公室下设中央组和地方组,实有干部二十人左右。

1960年6月,中央成立"中央国家机关精简小组",国务院编制委员会办公室作为其办事机构。

1962年2月,国务院编制委员会办公室拟订了各级国家机关的机构和人员的精简方案,经党中央、国务院批准下达执行。中共中央在这个文件的批示中指出:为了加强编制的管理,各省、市、自治区必须建立、健全编制委员会,加强领导,建立严格的审批制度。根据过去的经验,各级编制委员会不仅要管好行政编制,也要把事业编制管起来,以便统一管理、严格控制。今后各级国家机关及其所属事业单位增设机构、增加编制,必须经过编制委员会审核,专报党委和政府批准。同时中央决定成立"国家机关编制小组",负责调查研究有关全国行政编制方面的问题,随时向中央反映情况,提出意见,处理这方面的日常事务。

1963年5月,第二届全国人大常委会第97次会议批准周恩来总理提出的设立国家编制委员会,作为国务院直属机构的方案,列入国务院常设机构序列。周总理在议案中提出,为了加强对全国编制工作的领导,决定将国务院编制委员会改称"国家编制委员会",具体负责机构编制管理工作。下设办公室、中央处、地方处、事业处,编制为45人。

"文革"中,编制管理工作基本上处于中断状态。1978年10月,中共中央、国务院批准国务院办公室党组10月6日(1978)室字28号《关于恢复国家编制委员会的建议》,国家编制委员会管理全国的行政编制,仍由国务院秘书长兼任主任,1名副秘书长分管,1名专职副主任主持日常工作。下设综合处、中央处、地方处,编制为30人。

1981年1月,中共中央直属机关编制委员会恢复,负责承办党中央各部门和工、青、妇等团体中央机构的人员编制审议、管理工作。

1982年5月,国家编制委员会撤销,与国家劳动总局、国家人事局、国务院科技干部局合并组成劳动人事部,内设编制局,下设办公室、中央处、地方处、事业处,编制为30人。

1987年12月,为组织制订和实施国务院机构改革方案,中央决定成立国务院机构改革办公室。

1988年6月,国务院决定成立"国家机构编制委员会",由总理兼任主任,办公室设在人事部,与国务院机构改革办公室一个机构、两块牌子。办公室的日常工作由人事部中央机构编制司和地方机构编制司承担。

1991年,为了加强中央对全国机构编制的领导,理顺各方面的关系,加强集中统一管理,严格控制机构编制膨胀,推进机构改革和行政管理体制改革,党中央、国务院决定成立"中央机构编制委员会"，由总理兼任主任。中央编委是党中央的议事协调机构，在党中央、国务院领导下负责全国行政管理体制和机构改革以及机构编制工作，统一管理全国党政机关，人大、政协、法院、检察院机关，各民主党派、人民团体机关及事业单位的机构编制工作。中央机构编制委员会办公室是中央编委的常设办事机构，在中央编委领导下负责全国行政管理体制和机构改革以及机构编制的日常管理工作，既是党中央的机构，又是国务院的机构。

二、宣传文教类

目前存在的属于这一类别的"中央领导小组"，主要是中央精神文明建设指导委员会和中央宣传思想工作领导小组。它们分别于 1997 年和 1988 年成立，其间并未经历过较大程度的调整，因此不大需要回溯其历史沿革，在过去曾起到过类似作用的"中央领导小组"，主要有"中央'五讲四美三热爱'活动委员会"，以及现在中央对外宣传办公室（国务院新闻办公室）的前身——"中央对外宣传小组"。

1983 年 3 月 30 日，中共中央决定成立"中央'五讲四美三热爱'活动委员会"，用以领导全国社会主义精神文明建设工作，办公室设在中宣部。后于 1986 年 2 月撤销。

"中央对外宣传小组"是现在中央对外宣传办公室（国务院新闻办公室）的前身。该小组成立于 1980 年 4 月，1982 年曾一度撤销，1990 年 3 月恢复设置，1993 年 7 月调整为中央对外宣传办公室，不再沿用"领导小组"建制。

1980 年 4 月 8 日，中共中央决定成立"中央对外宣传小组"。同年 9 月 16 日，中共中央发出《关于建立对外宣传工作的通知》，指出对外宣传工作小组的具体任务是：①了解和掌握国外舆论动向和政治、思想动态，及时向中央反映;②根据国内形势的发展和国外政治、思想和舆论的新动向,及时提出对外宣传的方针、政策和重大问题的宣传口径;③组织和检查、督促特殊重要对外宣传任务的完成;④协调各有关部门的对外宣传工作,总结交流经验;⑤了解对外宣传工作的情况和问题,研究和制订改进、发展对外宣传工作的重要措施;⑥研究和拟定对外宣传事业的发展规划和海外宣传干部队伍培养、提高素质的方案。

1982年12月16日,中共中央政治局讨论并原则同意中央机构改革领导小组《关于党中央、国务院机构改革方案的报告》,在该报告提出的改革方案中,中央对外宣传小组撤销,增设中央意识形态协调小组,统一协调对内对外宣传工作。

1990年3月19日,中共中央决定恢复对外宣传小组,在中央宣传思想工作领导小组的领导下,负责统一管理对外宣传工作。

1991年1月25日,中共中央、国务院决定中央对外宣传小组与成立于1990年10月26日的国务院新闻办公室为"一个机构、两块牌子"。

1993年7月,中央对外宣传小组正式调整为中央对外宣传办公室,仍与国务院新闻办公室为"一个机构、两块牌子",成为执行中共中央与国务院对外宣传具体工作的办事机构。

目前中央对外宣传办公室的作用体现在每年初的"全国对外宣传工作会议"上。参加该会议的人员包括:各省、自治区、直辖市、计划单列市、省会城市、新疆生产建设兵团党委外宣办主任,中央和国家机关有关部门分管外宣工作的负责人,中央主要新闻单位负责同志和中央重点新闻网站负责人,部分驻外使领馆的有关负责人。这同时也表明了中国政府开展对外宣传工作的组织体系。

三、政治法律类

这一类的"中央领导小组"主要包括调整之前的中央政法委员会和成立于1991年的中央社会治安综合治理委员会。这里主要介绍的是中央政法委员会在1993年之前的发展沿革(见表1.2)。

表1.2　1993之前中央政法委员会的历史沿革

机构名称	起止时间	备注
政务院政治法律委员会	1949.10—1954.9	
中央政法小组	1956.1—"文革"	其间还设置过"中央法律委员会"(1956.7—1958.6)
中央政法小组	1978.6—1980.1	"文革"后恢复设置
中央政法委员会	1980.1—1988.5	
中央政法领导小组	1988.5—1990.3	
中央政法委员会	1990.3—	1993年7月被列入党的工作部门,不再沿袭"小组"建制。

资料来源:根据《中国共产党组织史资料汇编 领导机构沿革和成员名录》(王健英编,红旗出版社,1983年),《中共中央机构沿革实录:1921.7—1997.9》(邹锡明编,中国档案出版社,1998年),《中国共产党组织史资料 1921—1997》(中共中央组织部等编,中共党史出版社,2000年)等资料中的相关部分整理而成。

1949年10月19日,政务院设立了"政治法律委员会",负责指导内务部、公安部、司法部、法制委员会和民族事务委员会等政法系统各部门的工作。1954年9月第一届全国人大通过《国务院组织法》,该委员会被撤销。

1953年11月24日,中共中央发出《关于加强干部管理工作的决定》,其中指出政法工作干部由党委"政法工作部"负责管理。其后在1955年10月,中共中央批准中组部的工作报告时指出,中央及省委和大城市的市委在可能时设立"政法工作部"。事实上这两个"政法工作部"都未真正设立,相关的工作任务都由中组部政法干部管理处承担。

1956年7月6日,"中央法律委员会"成立。它的主要任务是:承担中央交办事项,研究法律工作的方针政策和法律部门的分工制约等问题。

1958年6月10日,中共中央发出《关于成立财经、政法、外事、科学、文教各小组的通知》,决定成立"中央政法小组"。事实上,在1956年1月该小组就已经存在,只是到1958年6月正式通知发布才将小组成立的信息全面传递出来。同时中央法律委员会撤销,相关事务移交中央政法小组。

"文革"结束后,中共中央于1978年6月恢复设置中央政法小组,以协助中央管理高法院、高检院、公安部、民政部四个部门的一些事情。它的具体任务有四条:一是负责传达中央有关指示,并检查贯彻执行情况;二是根据中央的方针、政策,协调四个部门的工作;三是审核四个部门报请中央批准或转发的文件,研究工作中具有方针政策性的重要问题,公安部有一些特殊问题,仍直接向中央请示;四是审核应由中央批准的死刑案件,向中央提出处理意见,并协调处理高法院与省、市、自治区和中央有关部门有不同意见的案件。

1980年1月24日,中共中央决定成立由各政法部门主要领导人组成的"中央政法委员会",原中央政法小组及其办公室即予撤销。它的主要任务包括:研究处理全国政法工作中的重大问题,向中央提出建议;协助中央处理各地有关政法工作的请示报告;协调政法各部门的工作,对政法各部门共同的有关全局的问题,根据中央的方针、政策、指示统一认识,统一部署,统一行动;调查研究贯彻中央方针政策和国家法律法令的情况;调查研究政法队伍的组织情况和思想情况;办理中央交办的其他工作。委员会下设办公室、秘书组、理论组和调查研究组等。

1988年5月19日,中央政法委员会被撤销,改设"中央政法领导小组",其总的职能转为不讨论、不处理具体案件,其下亦不设置办事机构。该小组的主要职责包括：依据党中央的路线、方针、政策，统一政法各部门的思想和步调，研究提出阶段性政法工作的全盘部署；研究有关政法工作的方针、政策性问题，研究社会治安情况，并提出因应对策，向党中央反映；探讨政法工作的改革，理顺政法各部门的关系，研究加强政法队伍建设，提高政法干警队伍素质的措施，支持政法各部门依法办事，以及协调解决各政法部门之间有关业务工作中的重大问题。

1990 年 4 月 2 日，中共中央发出《关于维护社会稳定加强政法工作的通知》，决定恢复设置"中央政法委员会"，适当调整其职责任务，各地党委政法领导机构的名称统一为政法委员会，并加强必要的建设。

1993 年 7 月 2 日中共中央发出的《关于印发关于党政机构改革的方案和关于党政机构改革方案的实施意见的通知》，中央政法委员会被列入党的工作部门，议事性的机构建制成为历史。

四、财政经济类

财政经济类的"中央领导小组"，当首推在中央工作部时期就已有相应机构
存在，并延续至今的中央财经领导小组和中央农村工作领导小组。

（一）中央财经领导小组

在中华人民共和国成立之前，中共中央就设有中央财政经济部以负责财经方面的工作，待政务院财政经济委员会成立后，中央财经部即结束工作，不过中共中央层面的财经领导部门很快又恢复设置，其间几经反复，直至现在的中央财经领导小组（见表1.3）。

表 1.3 中央财经领导小组的历史沿革

机构名称	起止时间	备注
政务院财政经济委员会	1949.10—1954.9	
中央财政贸易工作部	1956.1—1960.10	并入中央组织部
中央经济工作五人小组	1957.1—1957.10	
中央财经小组	1958.6—1959.8	"反右倾"运动开始后,中央财经小组事实上停止了工作。
	1962.4—"文革"	1962年4月,中央财经小组恢复工作,但在"文革"中再度撤销。
国务院财政经济委员会	1979.3—1980.3	
中央财经领导小组	1980.3—1989.7	
中央财经领导小组	1992.12—2018.3	

资料来源:根据《中华人民共和国中央政府机构:1949—1990》(苏尚尧主编,经济科学出版社,1993年),《中共中央机构沿革实录:1921.7—1997.9》(邹锡明编,中国档案出版社,1998年),《中国共产党组织史资料 1921—1997》(中共中央组织部等编,中共党史出版社,2000年)等资料中的相关部分整理而成。

1949年10月19日,政务院设立了"财政经济委员会",负责指导财政部、贸易部、重工业部、燃料工业部、纺织工业部、食品工业部、轻工业部、铁道部、邮电部、交通部、农业部、林业部、水利部、劳动部、人民银行和海关总署等财政系统各部门的工作。1954年9月,第一届全国人大通过《国务院组织法》,该委员会被撤销。

1956年1月,中共"中央财政贸易工作部"成立,其工作任务主要包括:管理财政贸易系统的干部,检查财政贸易部门对党的决议政策的执行情况,管理财政贸易系统党的基层组织工作,指导财政贸易部门政治机关的工作。工作部设一厅(办公厅)、一室(政策研究室)、七处(干部管理处、干部训练处、基层组织工作处、财政银行工作处、商业工作处、粮食工作处、供销合作工作处),只有干部编制241名。中央财贸工作部侧重于财贸系统的政治工作与组织工作,1960 年 10 月,该部门并入中央组织部。

1957 年 1 月 10 日,中共中央发出《关于成立中央经济工作五人小组的通知》。通知指出,"中央经济工作五人小组"在中央政治局领导下,统一领导国家的经济工作。"八届三中全会"结束以后,该小组的任务基本完成,于 1957 年 10 月撤销。

1958 年 6 月 10 日,中共中央发出《关于成立财经、政法、外事、科学、文教各小组的通知》,中央财经小组成立。1959 年"反右倾"运动开始后,中央财经小组事实上停止了工作。1962 年 4 月 19 日,中央财经小组恢复工作,但在"文革"中被再度撤销。

1979 年 3 月,中共中央决定成立国务院财政经济委员会,作为研究制订财经工作的方针政策和决定财经工作中大事的决策机关。

1980 年 3 月 17 日,中央政治局常委会决定撤销国务院财政经济委员会,同时成立中央财政经济领导小组,作为党中央研究、制订财经工作方针政策和财经工作中重大事件的决策机构。1989 年 7 月 28 日,中共中央决定撤销中央财经领导小组。

1992 年 12 月 28 日,中共中央决定恢复设置中央财经领导小组。

2018 年 3 月,中共财经领导小组改为中央财政委员会。

（二）中央农村工作领导小组

中央在农村工作方面的领导机构,经历了从农村工作委员会、农村工作部到农村工作领导小组的变迁。

就农村工作委员会而言,实际上地方党委要先于中央设立。中共中央于 1952 年 7 月发出《关于省以上党委建立农村工作委员会的指示》。该指示规定,省委以上党委一般应设立农村工作委员会(工业少的省如宁夏、青海、西藏则不用设立)。地委一般不设立农村工作委员会,但市镇很多,工作不能不以市镇为重心的地委亦应设立农村工作委员会,作为党委在农村工作上的助手与参谋机关。各级党的农村工作委员会即作为同级政府农村工作委员会。农村工作委员会的组成,除设一、二专职委员外,应吸收农林、水利、公安、民政、文教、贸易等有关部门及供销合作社、青年团、妇联的负责干部担任委员,由党委常委一人任主任。并应根据精简原则,调配一定数量的工作人员,设立经常的办事机构。农村工作委员会的工作任务包括研究农村中的各项政策(农业生产、互相合作、组织起来)及联系各有关部门统一部署农村的各项工作,如治安工作、民主建设、文化教育、财政税收、贸易供销等。

1952 年 11 月 12 日,中共中央做出《关于建立农村工作部的决定》。该决定指出:

(1)大规模的有计划的经济建设从 1953 年起即要开始,中央、中央局、分局和省委的领导重心必然要放在城市的工业建设上,为了在这种情况下不减弱对农村工作的领导,中央决定在省委以上的党委领导下,一律建立农村工作部。地委以下的各级党委,因其主要任务即是领导农村工作,故无另外建立农村工作部的之必要。只是某些市、镇单位较多的地委,可酌情设立专管城、镇工作的机构。县、区委一般不另设农村工作机构,但在新区可保持五个人的县农协编制,协助县委处理农村工作。新区在目前亦得保持区农协的组织,每区二人,应从区级编制名额中调剂。

(2)各级党委的农村工作部是各级党委在领导农村工作方面的助手。其任务是帮助党委掌握农村各项工作的政策方针,而中心任务是组织与领导广大农民的互助合作运动,以便配合国家工业化的发展,逐步引导农民走向集体化的道路。除农民的互助合作运动由党委的农村工作部直接管理外,农村工作的各项具体业务应由政府的农业、林业、水利等部门及合作社分别负责,农村工作部则与这些部门的党组建立经常的联系,并代表党委对它们的工作加以指导。至于农村的党务工作则由党委的组织、宣传部门负责,不列为农村工作部的任务。

（3）党中央的农村工作部设部长一人，副部长若干人，秘书长一人，副秘书长若干人，下按不同业务分设五个处，一个办公室。各个处及办公室的具体任务是：第一处主办有关国营农场的发展规律及政策方针事项；第二处主办有关农业生产的互助合作运动事项；第三处主办有关林业、畜牧业、渔业及农田灌溉事业的政策方针事项；第四处主办有关城乡交流、贸易合作、信用合作及手工业的政策方针事项；第五处主办有关乡村建政、农村负担、文化教育、卫生、人民武装的政策方针及其他不属于一、二、三、四处的事项；办公室主办文件、电报等秘书工作及机关内部事务。

1962 年 11 月 9 日，中共中央决定撤销中央农村工作部，将其业务合并于国务院农林办公室。

1993 年 3 月，中共中央决定成立中央农村工作领导小组。

五、外事统战类

属于外事统战类的"中央领导小组"，主要有中央外事工作领导小组（中央国家安全领导小组）和中央对台工作领导小组。

（一）中央外事工作领导小组（中央国家安全领导小组）

新中国成立之初负责对外活动的最高领导机构，是成立于 1953 年 3 月的"中央国际活动指导委员会"，该委员会后来随着中央外事小组的设立而撤销。

1958 年 3 月 6 日，中共中央、国务院发出《关于中共中央设立外事小组和国务院设立外事办公室的联合通知》。这一通知指出：中共中央设立外事小组，负责领导全盘外事工作。国务院设立外事办公室，作为国务院管理外事工作的总口子，同时又是党中央外事小组的办事机构，协助国务院管理外交部、外贸部、对外文化联络委员会和华侨事务委员会的工作，并且指导中央一级各部门、各人民团体（工会、共青团、妇联、和大和中苏友协的国际活动，仍由中央联络部负责管理)和各省、市的国际活动。中共中央国际活动指导委员会即行撤销。

该通知还规定,设有国际活动指导委员会的各省、市可以根据中央改变外事体制的精神,将原来的国际活动指导委员会改变为省、市委的外事小组和省、市人民委员会的外事办公室,统一领导该省、市的外事工作。

"文革"期间,中央外事工作小组的工作中断。到1981年3月13日,中共中央才又决定恢复设置"中央外事工作领导小组"。

"中央外事小组"时期,其办事机构为设立于1958年的"国务院外事办公室"。随着"文革"期间中央外事小组工作的中断,该办公室也在1970年被合并到外交部。"中央外事工作领导小组"成立后,国务院外事办公室随后在1988年恢复设置,并保留中央外事工作领导小组办公室的名义。到了1998年8月,中共中央、国务院批准国务院不再设置外事办公室,其有关职能划归外交部,而保留中央外事工作领导小组办公室,作为中央外事工作领导小组的办事机构。

2000年9月,中共中央决定组建"中央国家安全领导小组",与中央外事工作领导小组合署办公,两块牌子,一套机构。

2018年3月,中央外事工作领导小组改为中央外事工作委员会。

(二)中央对台工作领导小组

1954年7月,中共中央决定成立"对台三人小组",下设办公室负责具体工作,这是中央设置最早的对台工作机构。

"文革"期间,中共中央对台机构的工作中断。到1979年12月,中共中央决定再次成立"中央对台工作领导小组"。1988年,中共中央决定成立"国务院台湾事务办公室"。

1991年3月9日,中共中央决定将中央对台工作领导小组改为"中央对台工作小组"。3月27日,中共中央、国务院决定将原中央对台工作领导小组与国务院台湾事务办公室合并，成立新的"中央台湾工作办公室"，该办公室同时也是"国务院台湾事务办公室"。

1993年6月24日，中央对台工作小组恢复调整为"中央对台工作领导小组"。

六、党建党务类

这里主要是指"中央党的建设工作领导小组"。该小组最初成立于"十三大"后，主要是为落实"十三大"所确定的新的党建任务和方针，后来成为中共中央政治局领导党的建设工作的议事协调机构。在此之前，与之相类似的机构包括"中央整党工作指导委员会"和"中央机关端正党风领导小组"。

1983年10月11日，中共中央召开"十二届二中全会"，会议通过了《中共中央关于整党的决定》。该决定指出：中央决定成立中央整党工作指导委员会，并设立精干的办事机构。中央整党工作指导委员会在中央领导下工作。它的主要任务包括了解情况、掌握政策、督促检查、指导宣传。在整党过程中，中央整党工作指导委员会要陆续发布各种补充规定，并及时通报整党中的重要情况、问题和经验，以保证中央整党决定的贯彻执行。1987年5月，全国整党工作基本结束，该委员会也随之撤销。

1986年1月6日和9日，中央书记处先后两次召开中央机关干部大会，号召中央党、政、军机关的全体党员、干部在端正党风中做全国的表率，并决定成立"中央机关端正党风领导小组"，以专门负责中央党政军机关的党风工作。中央机关端正党风领导小组的主要任务包括：研究和讨论加强中央机关提高效率、严肃纪律与增强党性的共同问题，以及清查违背党风建设的重大问题。

之所以在中央层面设置负责党风建设的专门性"小组"，是因为在开始于1983年10月的整党工作中，中央机关作为第一期整党工作的对象之一，相关工作虽然已于 1984 年年底结束,但党风建设的结果并不如预期,因此中央书记处不得不另外单独设置相关机构来抓这项工作。该小组后于 1988 年被撤销。

1988 年 7 月 21 日,中共中央决定成立"中央党的建设工作小组"。1993年后改称为"中央党的建设工作领导小组"。

根据 1993 年 7 月 2 日中共中央发出的《关于印发关于党政机构改革的方案和关于党政机构改革方案的实施意见的通知》,中央党的建设作领导小组按会议制形式活动,不设办事机构,只设少量秘书工作人员。

除了专门性的党建小组外,近年来每逢比较重要的党建党务工作,也会成立相应的"中央领导小组"来负责这项任务,如中央保持共产党员先进性教育活动领导小组、中央深入学习实践科学发展观活动领导小组、中央建设学习型党组织工作协调小组、中央党务公开工作领导小组等。

第三节　存在现状

较之历史上相对应的机构,当前存在于中国共产党各个领域的"中央领导小组",已经发生了比较显著的变化,需要及时地对其进行研究追踪。而相比于同时期党的其他组织部门,"中央领导小组"在多个方面体现出了与众不同之处,因而也需要对这些方面加以总结和归纳。同时从研究和思考的逻辑看,只有先对"中央领导小组"的存在概况、基本类型以及运行过程有一个较为全面和深刻的认识,从"静态"和"动态"两个方面勾勒出"中央领导小组"在中国国家治理体系中的现实活动图谱,才可能更为准确和深入地把握其所涉及的一系列具体性和功能性的问题。

在对"中央领导小组"的运行过程展开"动态"性的解读之前,首先有必要就"中央领导小组"的"静态"性分布做一个大致的归纳和勾画。只有在准确

中国"小组机制"研究(第二版)

掌握"中央领导小组"中的各个关键要素,以及这些要素之间的关系的基础上,才能更为深入地了解到"中央领导小组"的实际运转过程。这项规范性的工作主要包括总结和分析"中央领导小组"在当前的存在概况及其基本类型两个方面。

一、基本状况

根据与中共中央直属机构关联性的不同,目前在中共中央层面的"领导小组"大致可以分为两种情况。同时,在各级地方党委中,由于纵向设置方式不一,其所对应的"领导小组"大体也可归为不同的两类。

(一)与中共中央直属机构相关联的"中央领导小组"

这一部分的"中央领导小组",或是直接,或是将其办事机构设置于中共中央直属的 25 个机构中,数量共有 7 个(见表 1.4)。其中,中央对台工作领导小组、中央外事工作领导小组(中央国家安全领导小组)、中央机构编制委员会和中央保密委员会将它们的办事机构设置于中共中央直属机构序列,而中央社会治安综合治理委员会、中央精神文明建设指导委员会则被直接纳入中共中央直属机构的行列。

表 1.4　与中共中央直属机构相关联的"中央领导小组"①

机构名称	成立时间	办事机构
中央对台工作领导小组	1979 年	中共中央台湾工作办公室(与国务院台湾事务办公室"一个机构、两块牌子")

---

　　① 机构排列顺序参照中共中央直属机构的排列顺序;虽然部分"中央领导小组"在新中国成立初期已经设立或有类似机构,但由于在文革期间其工作基本被中断,因此这里的机构名称、成立时间主要依据的是文革结束后机构恢复设置时的情况,以下各表同。

中央外事工作领导小组(中央国家安全领导小组)	1981 年	中央外事工作领导小组(中央国家安全领导小组)办公室
中央机构编制委员会	1991 年	中央机构编制委员会办公室
中央社会治安综合治理委员会	1991 年	中央社会治安综合治理委员会办公室(与中央政法委机关合署办公)
中央精神文明建设指导委员会	1997 年	中央精神文明建设指导委员会办公室(设在中宣部)
中央保密委员会	1978 年	中央保密委员会办公室(与国家保密局"一个机构、两块牌子")
中央密码工作领导小组	1988 年	中央密码工作领导小组办公室(与国家密码管理局"一个机构、两块牌子")

资料来源:根据《中国共产党组织史资料汇编 领导机构沿革和成员名录》(王健英编,红旗出版社,1983 年),《中共中央机构沿革实录:1921.7—1997.9》(邹锡明编,中国档案出版社,1998 年),《中国共产党组织史资料 1921—1997》(中共中央组织部等编,中共党史出版社,2000 年)等资料中的相关部分整理而成。

这里就各个"中央领导小组"的具体情况作一简要介绍:

1.中央对台工作领导小组

中央对台工作领导小组的前身最早可追溯至成立于 1954 年 7 月的"中央对台小组"。目前的中央对台工作领导小组于 1978 年 7 月恢复工作,是中共中央政治局领导对台工作的议事、协调机构。

中央对台工作领导小组由主管对台工作的中央政治局常委、分管有关涉台工作的中央政治局委员和涉台工作相关机构部长组成,负责对台工作领域的重大问题做出决策。

中央对台工作领导小组的办事机构为中央对台工作领导小组办公室(即中央台湾工作办公室)。中央台湾工作办公室是中央对台工作领导小组办事机构,国务院台湾事务办公室是国务院主管台湾事务的办事机构。中央台湾工作办公室和国务院台湾事务办公室合署办公,一个机构、两块牌子,列入中央直属机构序列。

中央台湾工作办公室和国务院台湾事务办公室工作职责包括:①研究、拟订对台工作方针政策;贯彻执行党中央、国务院确定的对台工作的方针政策。②组织、指导、管理、协调国务院各部门和各省、自治区、直辖市的对台工作;检查了解各地区、各部门贯彻执行党中央、国务院对台方针政策情况。③研究台湾形势和两岸关系发展动向;协调有关部门研究、草拟涉台的法律、法规,统筹协调涉台法律事务。④按照国务院的部署和授权,负责同台湾当局及其授权社会团体谈判及签署协议文件的有关准备工作。⑤管理协调两岸通邮、通航、通商事务;负责对台宣传、教育工作和有关台湾工作的新闻发布;处理涉台的重大事件。⑥会同有关部门统筹协调和指导对台经贸工作和两岸金融、文化、学术、体育、科技、卫生等各个领域的交流与合作,及两岸人员往来、考察、研讨等工作,国际会议的涉台工作。⑦完成国务院和中央对台工作领导小组交办的其他任务。

2. 中央外事工作领导小组(中央国家安全领导小组)

中央外事工作领导小组的前身是成立于1958年3月6日的"中央外事小组"。现在的中央外事工作领导小组(中央国家安全领导小组)是于1981年3月重新设立的,作为中共中央政治局领导外事、国家安全工作的议事、协调机构。

中央外事工作领导小组(中央国家安全领导小组),由主管外事工作的中央政治局常委、分管有关外事工作的中央政治局委员和与外事、国家安全工作有密切工作联系的相关机构部长组成,负责对外事、国家安全工作领域的重大问题做出决策。

中央外事工作领导小组(中央国家安全领导小组)办事机构为中央外事工作领导小组办公室、中央国家安全领导小组办公室(即中央外事办公室)。

中央外事工作领导小组办公室、中央国家安全领导小组办公室合署办公,两块牌子,一套机构,属中央直属机关工作机构。

中央外事工作领导小组(中央国家安全领导小组)办公室的工作职责包括:①对国际形势和执行外交政策中的重大问题、外事管理工作进行调查研究,提出建议。②承办中央外事工作领导小组全体会议和办公会议的会务工作,催办会议决定事项。承办外事协调工作。③代党中央拟定和修订外事工作的某些全国性规定;审核中央、国家机关各部门和各省、自治区、直辖市制定的重要外事规定。④办理中央、国家机关各部门和各省、自治区、直辖市报送中央外事工作领导小组和国务院的有关重要外事问题的请示、报告。⑤承办中央外事工作领导小组和国务院交办的其他事项。

3. 中央机构编制委员会

中央机构编制委员会负责全国机构改革和机构编制管理工作,成立于1991年7月6日。中国最早的编制管理部门是成立于1949年12月的"政务院及其所属单位机构编制审查委员会"①和成立于1950年3月的"全国编制委员会"②。

中央机构编制委员会的任务和职责包括:①根据党中央、国务院关于经济体制改革和政治体制改革的要求,研究拟订机构改革和行政管理体制改革的总体方案,经党中央、国务院批准后组织实施。审核党中央、国务院各部门和省级机构改革方案,按程序报党中央、国务院批准。指导地方各级机构改革和行政管理体制改革工作。②拟订机构编制管理的政策和法规。统一管理全国党政机关、人大、政协、法院、检察院机关,各民主党派、人民团体机关及事业单位的机构编制工作。③管理党中央各部门、国务院各部门的职能配

---

① 负责了解、审查政务院各行政部门以及直属企事业单位的机构和编制的初步审核事项。

② 负责管理全国地方编制。

置及调整工作,协调各部门之间、各部门与地方之间的职责分工。④审核党中央、国务院机关的机构设置方案并按程序报批。审批党中央各部门、国务院各部门的人员编制、厅局级机构的设置及领导职数,党中央各部门、国务院各部门垂直领导和双重领导以中央部门领导为主单位的机构设置和人员编制,我国驻外机构的人员编制和领导职数。⑤审核省、自治区、直辖市党委和人民政府厅局级机构的设置和人员编制,省以下地方各级党政机关的人员编制总额,报党中央、国务院批准。⑥审批全国人大、全国政协、最高人民法院、最高人民检察院和各民主党派、人民团体机关的机构设置、人员编制和司局级以上领导职数总额,必要时报党中央、国务院批准。⑦审批地方各级人大、政协、法院、检察院和各民主党派、人民团体机关的人员编制总额和分配方案。⑧审批党中央、国务院直属事业单位的机构编制及机构编制管理方面的其他重要事项,指导并协调地方事业单位机构编制管理工作。⑨监督检查各级机关机构编制的执行情况。⑩完成党中央、国务院交办的与机构编制有关的其他工作任务。

根据《中共中央办公厅、国务院办公厅关于印发〈中央机构编制委员会办公室机构改革方案〉的通知》（中办厅字〔2000〕30号文件）中的规定,中央机构编制委员会办公室是中央机构编制委员会的常设办事机构,在中央机构编制委员会领导下负责全国行政管理体制和机构改革以及机构编制的日常管理工作,既是党中央的机构,又是国务院的机构。

中央机构编制委员会办公室主要职责包括:①研究拟订行政管理体制和机构改革以及机构编制管理的政策和法规。统一管理各级党政机关,人大、政协、法院、检察院机关,各民主党派、人民团体机关的机构编制工作。②研究拟订行政管理体制与机构改革的总体方案,审核党中央各部门、国务院各部门和省级机构改革方案,指导、协调地方各级行政管理体制和机构改革以及机构编制管理工作。③协调党中央各部门、国务院各部门的职能配置及其调整,协调党中央各部门之间、国务院各部门之间、党中央各部门和国务院各部门之间以及各部门与地方之间的职责分工。④审核党中央各部门、国务院各部门、垂直管理部门、派驻地方机构、驻外使领馆的内设机构、人员编制和领导职数;审核省级党委政府厅局机构设置、省级党政群机关人员编制、口岸查验单位机构编制和全国市县机构编制分类、省以下各级党政群机关的人员编制总额。⑤审核全国人大、全国政协机关及最高人民法院、最高人民检察院机关,各民主党派、人民团体机关的机构设置、人员编制和领导职数。⑥研究拟订全国事业单位管理体制和机构改革的方案;审核党中央、国务院直属事业单位的机构编制方案;审批党中央、国务院各部门所属事业单位的机构编制;负责事业机构编制管理方面的其他重要事项;指导并协调地方事业单位管理体制改革和机构编制管理工作;负责全国事业单位登记管理工作。⑦监督检查各级行政管理体制和机构改革以及机构编制的执行情况,报告中央编委并上报党中央、国务院。⑧完成党中央、国务院和中央机构编制委员会交办的其他工作任务。

4. 中央社会治安综合治理委员会

1991 年 3 月 21 日,根据 1991 年 2 月 19 日中共中央、国务院《关于加强社会治安综合治理的决定》及同年 3 月 2 日全国人大常委会《关于加强社会治安综合治理的决定》,中共中央发出《关于成立中央社会治安综合治理委员会的通知》,决定成立中央社会治安综合治理委员会(简称中央综治委),协助党中央、国务院领导全国社会治安综合治理工作。

作为协助党中央、国务院领导全国社会治安综合治理工作的常设性机构,中央社会治安综合治理委员会的主要任务是:贯彻执行党的基本路线、方针、政策和国家法律,根据国民经济和社会发展的总体规划及社会治安形势,指导和协调全国社会治安综合治理工作。其主要职责是:①根据全国社会治安状况,研究提出社会治安综合治理的方针、政策和重大措施,供党中央、国务院决策。②对一个时期全国社会治安综合治理工作做出部署,并督促实施。③指导、协调、推动各地区、各部门落实社会治安综合治理的各项重大措施。④总结推广实践经验,表彰先进,组织有关部门加强社会治安综合治理的理论研究,探索和逐步完善具有中国特色的维护社会治安的新路子。⑤办理党中央、国务院交办的有关事项。

中央社会治安综合治理委员会主任由中央政法委员会书记兼任,副主任一般由国务院分管政法工作的领导成员、全国人大常委会分管政法工作的副委员长、最高人民法院院长和最高人民检察院检察长担任,成员由成员单位负责人组成。

中央社会治安综合治理委员会办公室(简称中央综治办)是中央社会治安综合治理委员会的办事机构,与中央政法委机关合署办公。其主要任务是:①根据党中央、国务院和中央社会治安综合治理委员会的部署,研究社会治安综合治理的方针政策和需要采取的重大措施,提出建议。②掌握各地区、各部门社会治安综合治理工作进展情况,及时向委员会反映。③开展调查研究,推动各地区、各部门落实综合治理的各项措施。④总结交流典型经验,鼓励先进,推动后进。⑤办理中央社会治安综合治理委员会交办的其他事项。

为充分发挥有关部门的职能作用,组织协调各有关部门围绕群众反映强烈的治安重点、难点问题齐抓共管,中央综治委还根据工作需要设立了5个专门的工作领导小组,它们是:中央综治委铁路护路联防工作领导小组、流动人口治安管理工作领导小组、刑释解教人员安置帮教工作领导小组、预防青少年违法犯罪工作领导小组、学校及周边治安综合治理工作领导小组,以加强对这些专门工作的组织领导。各领导小组办公室分别设在铁道部、公安部、司法部、共青团中央和教育部,具体负责领导小组的日常工作。

中共中央还决定,各地从省、自治区、直辖市到地市、县区,都要建立健全社会治安综合治理领导机构,以党委一名领导为首,政府一名副职协助,各有关部门负责人参加。县以上各级社会治安综合治理的办事机构要进一步充实加强,并同政法委员会合署办公。乡镇、街道也要设立相应的社会治安综合治理领导机构,健全办事机构或配备专人负责。可以由上级选派一名有经验的公安、司法干部到街道办事处、乡(镇)政府任副职,专抓社会治安综合治理工作。

5. 中央精神文明建设指导委员会

1997 年 4 月 21 日,中共中央发出《关于成立中央精神文明建设指导委员会的通知》,根据中共第十四届中央委员会第六次全体会议通过的《中共中央关于加强社会主义精神文明建设若干重要问题的决议》,中央决定成立中央精神文明建设指导委员会(简称"中央文明委")。

中央精神文明建设指导委员会是党中央指导全国精神文明建设工作的议事机构。在成立时,曾规定它的主要职责包括:督促检查各地、各部门贯彻落实党的十四届六中全会精神和中央关于精神文明建设的一系列方针、政策的情况,协调解决精神文明建设主要是思想道德和文化建设方面的有关问题。总结推广交流先进经验。深入调查研究,为中央决策提供建议。

当时还规定了中央精神文明建设指导委员会的工作范围:按照十四届六中全会提出的目标和任务,主要是对思想道德和文化建设工作进行协调指导,重点是组织好群众性精神文明创建活动。中央文明委要与有关部门加强联系,互相通报情况。

中央精神文明建设指导委员会一般每年召开 2 次全体会议,部署总结工作,研究讨论重要问题。必要时可临时召开会议。全体会议由委员会主任召集。出席会议的人员包括中央精神文明建设指导委员会主任、副主任、委员,根据需要可请有关部门和地方的负责同志列席。

中央精神文明建设指导委员会下设办公室,负责处理中央精神文明建设指导委员会的日常工作。办公室设在中央宣传部,由中央宣传部代管。办公室的主要任务是:①按照中央精神文明建设指导委员会的工作安排,做好组织协调、督促落实工作。②调查了解党的十四届六中全会决议贯彻落实的情况,研究分析精神文明建设的新情况新问题,及时向中央精神文明建设指导委员会反映并提出建议。③组织精神文明建设工作经验的交流推广。④负责委员会的文秘、会务工作。管理中央级文化事业建设费。⑤完成委员会交办的其他事项。

中央精神文明建设指导委员会办公室可根据需要召开有关会议,通报情况,研究问题,协调工作。办公室设秘书组(负责文秘、会务工作)、调研组(负责信息、调研工作)、协调组(负责联络协调、经验交流工作)等。中央精神文明建设指导委员会办公室的党的组织、人事财务及行政管理等工作由中央宣传部负责。

各地各部门有关精神文明建设的请示报告直接报送中央有关主管部门。涉及精神文明建设重大问题的请示报告,可在报送有关主管部门的同时,抄送中央精神文明建设指导委员会办公室。

6.中央保密委员会

中央保密委员会最早成立于1960年5月5日,现在的保密委员会是于1978年7月9日恢复设置而来,其主要任务有:①在党中央领导下,统一领导党、政、军各方面的保密工作。②制定和修正有关保密工作的政策与法规。③制定每一阶段的保密工作计划。④督检重点单位、项目保密工作的执行情况。⑤查处重大失、泄密事件。⑥主持召开保密工作会议,交流经验、指导工作。

作为其办事机构的中央保密委员会办公室与国家保密局是"一个机构、两块牌子"。国家保密局既是中央保密委员会的办事机构,又是依法主管保密工作的职能机构。其主要职责是:①依法履行保密管理职能,监督、检查

《保密法》及其保密法规、规章的实施。②贯彻党中央、国务院和省市委、省人民政府有关保密工作的方针、政策、指示、命令、决定,制定具体落实的措施。③制定和组织实施国家保密工作计划,提出改进和加强保密工作的全局性、政策性建议。④拟定保密法规,经立法机关批准后颁布;制订或由国家保密局会同有关部门制定保密规章制度;负责保密法规的解释。⑤指导、协调党、政、军、人民团体及企事业单位的保密工作。⑥指导和监督各机关、单位对国家秘密事项依法确定密级、变更密级和解密工作;负责依法对国家秘密的有关密级鉴定工作。⑦制定保密宣传教育规划和年度计划;组织、编写、审定保密宣传材料;负责指导保密工作调研和理论政策研究。⑧指导和组织有关各单位依法对领导干部和涉密人员的教育和管理;制订保密干部和涉密人员的培训计划,组织编写教材和实施培训工作。⑨组织开展保密检查、督促有关部门和单位对泄密事件进行查处;组织或参与对重大的或跨地区、跨部门泄密事件的查处工作;督促有关部门对国家秘密的泄露采取补救措施。⑩制订保密技术发展规划、年度工作计划并组织实施;申报和管理保密技术经费,组织实施保密技术研制、开发、推广应用工作;指导党政保密电话专网的保密管理工作。⑪负责计算机网络信息安全管理的保密工作,负责对涉密计算机信息系统的审批和年审,组织实施对通信及办公自动化保密技术检查,负责对涉密计算机网络的设计、施工单位进行资格审查。⑫组织、指导、协调对外经济合作中向境外提供资料的保密国家保密局工作;负责指导、监督和检查对有关部门和单位驻境外机构和公司保密管理工作;根据政府授权,代表政府处理有关涉外保密工作。⑬负责对携带秘密级国家秘密出境的审批、签发《国家秘密出境许可证》工作。⑭检查、指导全市国家秘密载体的保密管理工作;负责国家秘密载体定点复制单位的审批,核发《国家秘密载体复制许可证》;负责指导测绘资料成果的保密管理工作。⑮会同教育部门负责教育考试保密工作。⑯负责指导各单位保护工作秘密和商业秘密。⑰承办上级交办的其他事项。

7. 中央密码工作领导小组

中央密码工作领导小组成立于1988年，是中共中央对传递党和国家秘密的密码工作实行统一领导的议事机构，所有传递党和国家秘密的密码，都必须报经该小组审批。作为其办事机构的中央密码工作领导小组办公室与国家密码管理局是"一个机构、两块牌子"。

（二）中共中央层面的其他"领导小组"

除了上述与中共中央直属机构有关联性的"中央领导小组"外，根据本书的不完全统计，目前在中共中央层面还存在相当数量的各种名目的"领导小组"。其中一部分是常设性的，它们主要包括中央财经领导小组、中央农村工作领导小组、中央党的建设工作领导小组、中央维护稳定工作领导小组、中央宣传思想工作领导小组、中央人才工作协调小组（中央西部地区人才开发协调小组）、中央反腐败协调小组、中央巡视工作领导小组、中央保健委员会（见表1.5）以及中央西藏工作协调小组、中央新疆工作协调小组、中央港澳工作协调小组等。这部分"中央领导小组"虽不进入中共中央组织序列，但它们在中国政府过程乃至中国政治经济生活中的重要性却是不言而喻的。

除了常设性的"中央领导小组"，中共中央出于相关工作的需要，还会经常性地设立一些临时性的"领导小组"。近年来存在于中共中央层面的临时性"领导小组"主要包括：中央司法体制改革领导小组、中央文化体制改革工作领导小组、中央深入学习实践科学发展观活动领导小组、中央扩大内需促进经济增长政策落实检查工作领导小组、中央治理商业贿赂领导小组、中央治理"小金库"工作领导小组、中央党务公开工作领导小组、中央创先争优活动领导小组、中央建设学习型党组织工作协调小组、中央各部门各单位出版社体制改革工作领导小组、中央扩大内需促进经济增长政策落实检查工作领导小组、中央报刊治理工作协调领导小组、中央智力支边协调小组等等。

表 1.5 中共中央层面其他的常设性"领导小组"

机构名称	成立时间	办事机构
中央财经领导小组	1980 年	中央财经领导小组办公室
中央农村工作领导小组	1993 年	中央农村工作领导小组办公室
中央党的建设工作领导小组	1988 年	中央党的建设工作领导小组秘书组(设在中央政策研究室)
中央维护稳定工作领导小组	2000 年	中央维护稳定工作办公室(在中央政法委员会机关办公)
中央宣传思想工作领导小组	1988 年	中央宣传思想工作领导小组秘书组(设在中宣部)
中央人才工作协调小组(中央西部地区人才开发协调小组)	2003 年	中央人才工作协调小组办公室(设在中组部人才工作局)
中央反腐败协调小组	2005 年	以会议形式开展工作
中央巡视工作领导小组	2009 年	中央巡视工作领导小组办公室(设在中纪委)
中央保健委员会	1985 年	中央保健委员会办公室(具体工作由卫生部保健局承担)

资料来源:根据《中国共产党组织史资料汇编 领导机构沿革和成员名录》(王健英编:红旗出版社,1983 年),《中共中央机构沿革实录:1921.7—1997.9》(邹锡明编:中国档案出版社,1998 年),《中国共产党组织史资料 1921—1997》(中共中央组织部等编:中共党史出版社,2000 年)等资料中的相关部分整理而成。

鉴于部分常设性"中央领导小组"的重要性,这里对它们作一简要介绍:

1. 中央财经领导小组

中央财经领导小组的前身最早可追溯至成立于 1957 年 1 月的"中央财经工作五人小组",现在的中央财经领导小组设立于 1980 年 3 月。作为中共中央政治局领导经济工作的议事协调机构,中央财经领导小组由分管经济工作的中央政治局、国务院领导成员和部分综合经济管理机构领导成员组成。其办事机构为中央财经领导小组办公室。

2. 中央农村工作领导小组

1993 年 5 月 19 日，中共中央决定成立中央农村工作领导小组。之前中共中央层面有关农村工作的部门，有成立于 1952 年 7 月的中共中央农村工作委员会和成立于 1953 年 2 月的中共中央农村工作部。

中央农村工作领导小组是中共中央领导农村工作、农业经济的议事协调机构。中央农村工作领导小组由主管农村工作的中央领导同志和有关农村、农业经济部门负责人组成，负责对农村、农业经济工作领域的重大问题做出决策。中央农村工作领导小组办事机构为中央农村工作领导小组办公室。

3. 中央党的建设工作领导小组

1988 年 7 月 21 日，中共中央决定成立中央党的建设工作小组，作为中共中央政治局领导党的建设工作的议事、协调机构。

中央党的建设工作领导小组，由主管党建工作的中央政治局常委、分管有关党务工作的中央政治局委员、书记处书记和党务机构部长组成，负责党建工作领域的重大问题做出决策。

中央党的建设工作领导小组办事机构为中央党的建设工作领导小组秘书组，设在中央政策研究室。

4. 中央维护稳定工作领导小组

中央维护稳定工作领导小组是中共中央委员会的议事协调机构之一，中央维护稳定工作办公室是中央维护稳定工作领导小组的常设办事机构，在中央政法委员会机关办公。

关于中央维护稳定工作领导小组的具体成立时间，因缺乏可以参照的正式文献而难于确定。相关资料显示：在 2000 年 5 月 11 日，经中央编委批准，在公安部设立中央维护稳定工作领导小组办公室，为中央维护稳定工作领导小组的办事机构。由于绝大多数"小组"与其办事机构的出现时间大都较为相近，由此推算，中央维护稳定工作领导小组也应该设置于 2000 年抑或之前不久的某个时间段。

中央维稳办的工作职责包括:①调查研究,及时掌握全国维稳动态,分析社会稳定形势。②组织协调,指导全国维护社会稳定的工作。③适时提出维护社会稳定的措施和对策。④承办中央维护稳定工作领导小组的日常工作。⑤负责中央维护稳定工作方面文电的起草、保管和保密工作。

5. 中央宣传思想工作领导小组

中央宣传思想工作领导小组成立于1988年1月10日,是中共中央领导意识形态领域与思想政治工作的议事协调机构。其主要任务包括:①分析议事协调机构领域的动态,研究和掌握宣传工作的方针、政策及其他带有全局性的问题。②协调宣传、理论、文化、新闻、出版等部门有关意识形态方面的工作。③对宣传、理论队伍的建设提出意见和建议。

根据1993年7月2日中共中央发出的《关于印发关于党政机构改革的方案和关于党政机构改革方案的实施意见的通知》,中央宣传思想工作领导小组按会议制形式活动,不设办事机构,只设少量秘书工作人员,主要工作由中宣部负责协调落实。

6. 中央人才工作协调小组(中央西部地区人才开发协调小组)

2003年5月,中共中央决定,成立中央人才工作协调小组(中央西部地区人才开发协调小组)。中央人才工作协调小组办公室设在中央组织部人才工作局内。

中央人才工作协调小组(中央西部地区人才开发协调小组)负责人才工作的战略规划、政策研究、宏观指导、工作协调等职责。具体包括:①对全国人才工作和人才队伍建设进行宏观指导和综合协调。②了解和掌握全国人才工作和人才队伍建设的情况,根据经济社会发展对人才的需求,向中央提出人才工作的政策性建议。③审议并协调落实全国人才队伍建设规划。④协调、指导全国人才工作有关政策、制度和法律、法规的研究、制定与完善工作。⑤对人才培养、吸引、使用，以及人才流动、人才激励和人才安全等有关工作进行协调、指导。⑥负责专项重点人才工作的落实。⑦完成中央交办的其他工作任务。

7. 中央反腐败协调小组

由于缺乏正式的机构设置通知文件以为佐证，难以掌握中央反腐败协调小组的确切成立时间。不过从该小组开展活动的时间推算，其大约成立于2005年。党的十四大以来，中共中央在科学总结反腐败工作经验的基础上确定了"党委统一领导，党政齐抓共管，纪委组织协调，部门各负其责，紧紧依靠群众支持和参与"的反腐败工作领导体制和工作机制。按照该要求，中央一级成立了中央反腐败协调小组，作为协助中共中央组织协调反腐败工作的重要组织机构。

中央反腐败协调小组的主要参加机构包括纪检、组织、监察、审计、政法委、公安、法院、检察院等诸多部门，旨在加强对腐败的查处力度。各部门各尽其责，互有分工。其中，纪委负责全面统一协调，组织部门负责腐败官员的调离免职等组织处理，检察院负责对职务犯罪的预防和查处，政法委协调公安、法院等部门配合相关案件的侦破查处工作，审计部门负责对官员任期审计工作。

中央反腐败协调小组建立了工作例会制度。定期召开协调会议，由中纪委通报阶段性反腐败工作情况，其他各部门互通工作信息，实现资源共享、成果共享，形成反腐败工作合力。

各级反腐败协调小组是协助同级党委政府组织协调反腐败工作的重要组织机构。党的十七大中纪委报告明确指出，"各级反腐败协调小组组长，应由同级纪委书记担任，要进一步加强有关单位的协调配合"。

目前中国县级以上各级党委基本业已建立健全了反腐败协调小组。名称不一，或是"领导小组"或是"联席会议"等，但其职能基本一致。而中央部委层面,如交通部、国家税务总局、国家安监总局等也都建立了反腐败领导小组。

8.中央巡视工作领导小组

中央巡视工作领导小组是根据《中国共产党巡视工作条例(试行)》,于2009年7月成立的议事、协调机构,由主管纪检工作的中央政治局常委、分管有关纪检工作的中央政治局委员、书记处书记和党务机构负责人组成,负责巡视工作领域的重大问题做出决策。其前身为成立于2003年8月的中央纪委、中央组织部巡视组。中央巡视工作领导小组下设办公室,为其日常办事机构,办公室设在中央纪律检查委员会。各省、自治区、直辖市委员会成立巡视工作领导小组,分别向中央和省、自治区、直辖市委员会负责并报告工作。党的中央和省、自治区、直辖市委员会设立巡视组,承担巡视任务,向巡视工作领导小组负责并报告工作。巡视组设组长、副组长、巡视专员和其他工作职位。巡视组实行组长负责制,副组长协助组长工作。

中央纪委、中央组织部巡视工作领导小组的职责是:①贯彻党的中央委员会,省、自治区、直辖市委员会有关巡视工作的决议、决定。②研究决定巡视工作年度和阶段计划、方案。③听取巡视工作汇报。④研究巡视成果的运用,提出相关意见、建议。⑤向同级党组织报告巡视工作情况。⑥对巡视组进行管理和监督。⑦研究处理巡视工作中的其他重要事项。

巡视工作领导小组办公室的职责是:①承担综合协调、政策研究、制度建设等工作。②向巡视工作领导小组报告巡视工作中的重要情况、向巡视组传达巡视工作领导小组做出的决策和部署。③配合有关部门对巡视工作人员进行培训、考核、调配、任免、监督和管理。④配合巡视组对派出巡视组的党组织、巡视工作领导小组决定的事项进行督办。⑤办理巡视工作领导小组交办的其他事项。

中央纪委、中央组织部巡视组机构设置的具体情况是:中央国家机关第一巡视组、中央国家机关第二巡视组、第一地方巡视组、第二地方巡视组、第三地方巡视组、第四地方巡视组、第五地方巡视组、第六地方巡视组、第一企业金融巡视组、第二企业金融巡视组、第三企业金融巡视组、第四企业金融巡视组。

在地方上，各省、自治区、直辖市委员会成立巡视工作领导小组，分别向中央和省、自治区、直辖市委员会负责并报告工作。巡视工作领导小组下设办公室，为其日常办事机构。办公室设在同级党的纪律检查委员会。同时，各省、自治区、直辖市委员会设立巡视组，承担巡视任务，向巡视工作领导小组负责并报告工作。

巡视工作的一般程序为：巡视组在开展巡视前，会提前向同级纪检监察机关和组织、人事、审计、信访等部门了解被巡视地区、单位党组织领导班子及其成员的有关情况。然后巡视组会根据被巡视地区、单位的情况制定巡视工作方案，并报巡视工作领导小组办公室备案。巡视工作领导小组办公室则提前10个工作日将巡视工作安排书面通知被巡视地区、单位，并协调安排巡视组进驻。巡视组进驻被巡视地区、单位后，会向被巡视地区、单位的党组织领导班子及其成员通报开展巡视工作的计划安排和要求，说明巡视目的和任务。巡视工作主要依靠被巡视地区、单位的党组织开展。被巡视地区要通过当地主要新闻媒体公布巡视工作的监督范围、时间安排以及巡视组的联系方式等有关情况。被巡视单位还要通过内部通报等方式公布上述情况。

9. 中央保健委员会

中央保健委员会是中共中央领导保健工作的议事协调机构，其成员包括中央办公厅、全国人大常委会办公厅、国务院办公厅、中央军委办公厅、全国政协办公厅的领导成员，委员会负责党和国家、军队领导人以及民主党派领导人的卫生保健工作，研究保健对象的医疗保健和预防保健工作，研究保健政策。中央保健委员会主任一般由中央办公厅主任兼任，下设办公室，具体工作由卫生部保健局承担，其主要职责为：负责中央保健委员会确定的保健对象的医疗保健和预防保健工作，负责组织党和国家重要会议、重大活动的医疗保健和卫生防病工作,负责高级外宾医疗安排,管理中央各部门有关干部、高级知识分子及统战对象的医疗保健工作。负责中央保健委员会办公室的日常事务性工作,负责管理中央保健经费。

（三）地方各级党委中对应"领导小组"的设置情况

地方各级党委中的各种"领导小组"大致也可以分为两种情况:一部分是按照上级党委的要求对口设置的,另一部分则是根据属地工作情况独自设置的。在对口设置的这部分"领导小组"中,一般而言中共中央层面的各种"领导小组",如果是设置于直属机构中的,比如前述的中央对台工作领导小组、中央外事工作领导小组(中央国家安全领导小组)、中央机构编制委员会、中央社会治安综合治理委员会、中央精神文明建设指导委员会和中央保密委员会等,在区县一级及以上的各级地方党委中均下设相应的对口机构①;至于中共中央层面中其他的"领导小组",则要看中共中央是否有专门的要求,如没有特别说明,各级地方党委可以不予设置,例如"中央西藏工作协调小组""中央港澳工作协调小组"等显然仅在中央设立,地方各级党委并没有依此而设。除此之外,各级地方党委出于属地自身情况和工作任务的考虑,还会单独设置一些"领导小组";这一部分的"领导小组"或者用以承担关系地方社会经济发展的关键任务,例如天津市委"加快滨海新区开发开放领导小组",或者用以承担阶段性、临时性的工作,如重庆市委"读书活动领导小组",它们的设置较为灵活,成立和撤销都比较频繁。

二、类型划分

根据存在时间、工作任务性质和内容、纵向设置模式等方面的差别,可以

---

① 　其中社会治安综合治理委员会、精神文明建设指导委员会和保密委员会在部分乡镇和街道一级党委也有相应设置。

把各种"中央领导小组"按照以下三个方面归入相应的类型。

(一)"常设"与"临时"

根据存在时间长短的不同,可以将"中央领导小组"分为"常设性小组"和"临时性小组"两个类型。

常设性的"中央领导小组",一般是将其作为解决全局性、战略性的重要工作任务而设置的,存在时限一般较长。前述与中共中央直属机构相关联的"小组"都属于这个类型。同时,除了如中央社会治安综合治理委员会、中央精神文明建设委员会等被直接列入中共中央直属机构序列,作为常设性机构外;其他诸如中央财经领导小组、中央农村工作领导小组等,其前身都可追溯至20世纪50年代,其间几经调整,直到现在仍发挥着重要作用,在事实上也是长期存在的。

另外,为了应对某些短期性、突发性任务,中共中央还会适时成立一些"临时性"领导小组。有的是为全盘负责某一关键领域的改革任务而成立的"中央领导小组",如中央司法体制改革领导小组、中央文化体制改革工作领导小组等;有的是为动员和开展某项重要活动而成立的"中央领导小组",如中央深入学习实践科学发展观活动领导小组、中央创先争优活动领导小组等;更多的则是为保障某项政策的顺利实施而为其提供组织保障,如中央扩大内需促进经济增长政策落实检查工作领导小组、中央抗震救灾资金物资监督检查领导小组、中央治理工程建设领域突出问题工作领导小组等。

(二)"党内"与"党政"

根据工作任务性质和内容的不同,可以将"中央领导小组"分为"党内小组"和"党政小组"两个类型。

有的"中央领导小组"仅存在于党内,是中国共产党自身的组织,作为党用来加强自身建设的组织保障,其工作任务主要在于"党要管党",加强党的政治、思想、组织、作风、执政能力和先进性教育等各方面建设,诸如中央党的建设工作领导小组、中央党务公开工作领导小组、中央建设学习型党组织工作协调小组、中央深入学习实践科学发展观活动领导小组以及中央保持共产党员先进性教育活动领导小组等;这些"中央领导小组"的领导成员由主管党建工作的中央政治局常委、分管有关党务工作的中央政治局委员、书记处书记和党务机构部长组成,对其他成员比较注意强调其党内职务,办事机构设在党内相关部门,工作对象只针对党员群体。

还有的"中央领导小组"则横跨党政两个方面,是用于实现党对政府部门的归口领导,其中心工作是确保"党的一元化领导""巩固和加强党的执政地位"。这些"中央领导小组"一般负责制定决策和决议,然后通过国务院和其下属的部委办转化为具体的行政措施。绝大多数的"中央领导小组"属于这一类型,比较典型的有中央对台工作领导小组、中央外事工作领导小组(中央国家安全领导小组)、中央财经领导小组、中央农村工作领导小组等。这些"中央领导小组"在人员构成上涵盖了党政系统两方面,且在成立、运行时较为注重标明其组成人员的行政职务。如中央财经领导小组由分管经济工作的中央政治局、国务院领导成员和部分综合经济管理机构领导成员组成,财经方面的重要决策都是由中央财经领导小组集体决定后,交由发改委、央行、证监会、保监会、财政部等诸多金融和财政部门分别负责实施。

(三)"同构"与"异构"

根据"中央领导小组"在纵向设置上是否"上下对口",可以将领导小组分为"同构型小组"和"异构型小组"两个类型。

"同构型"的"中央领导小组"在中央至地方的多个层级甚至每个层级自上而下地存在着,而且一般都是中共中央在某个领域设立了一个"领导小组"后,明确要求各级党委对口而设。中央机构编制委员会、中央社会治安综合治理委员会、中央精神文明建设指导委员会等即是这方面的典型代表。

"异构型"的"中央领导小组",意即该"领导小组"仅存在于中共中央层面,除此之外地方各级党委皆没有对口或类似的"领导小组"存在。比如,中央新疆工作协调小组、中央西藏工作协调小组、中央港澳工作协调小组和已经撤销的北京奥委会和残奥会筹办工作领导小组等显然只会存在于中共中央一级,地方党委并未对口而设。

第四节　运行特点

我们在对"中央领导小组"在"制度"方面和"静态"性的存在概况做出一定梳理之后,对它们的分析将进阶到另一阶段,即通过剖析"中央领导小组"的实际运转"过程",来把握这一组织特殊性的关键所在。"中央领导小组"在职能配备、运行方式、组织结构、存在状态等方面体现了诸多与众不同的特点,这几项特质既有其独立的一面,又紧密相关、环环相扣。

一、任务导向

与中共中央直属机构不同的是,以各种"中央领导小组"为代表的议事协调性质的机构机制是作为一种任务导向型组织而存在的。每个"中央领导小组"的成立都是为了承担起某一项界定清晰的工作任务。虽然不同"中央领导小组"之间所担负的工作任务有着"时间长短不一""范围大小有别"的区分,但与之对应的常设性机构相比较而言,各种"中央领导小组"在职能配备和界定上的任务导向特征仍然是非常明显的。

这里所说的"任务导向"有这样几个方面的含义:一是"因事设组",即只要是为了完成新的或较为重要的任务,需要另设专门性的机构,那么相应的"中央领导小组"就会即刻出现;二是"事毕撤组",即当任务完成后,与之相配的"中央领导小组"自然也无再继续存在的必要,随着任务的完成即告撤销;三是对于那些担负着重要任务、长期存在的"中央领导小组"而言,只需完成所规定的特定任务事项即可,也即从某种程度上说它们有着"额定的工作量",只要在每年相应的时间段内完成这些工作量即可,这是"中央领导小组"的任务导向特征不同于一般意义上的任务型组织的地方。

二、间歇运行

受"任务导向"的职责定位影响,"中央领导小组"在运行方式上呈现出一种间歇性的特征。由于"中央领导小组"的存在和运转时间长短主要都是随着任务的有无和长短而定,那么工作任务的跳跃性和不确定性自然就会带来"中央领导小组"运行的非连续性。

这种运作方式上的间歇性特征,在部分长期存在的"中央领导小组"身上体现得尤为明显。这些"中央领导小组"在多数时间都是处在一种近似于"沉寂"的状态,只是到了相应工作需要时才"动"起来,个别"中央领导小组"甚至在一年中只开展极为有限的几次活动。

各个"中央领导小组"每年较为公开的"露面"和集中性的工作安排,主要体现在与之紧密相关的中央工作会议中(见表1.6)。而在其余的时间里,则难于找寻到多数"中央领导小组"的身影。

表1.6　中央工作会议与各个"中央领导小组"

会议名称	开会时间	对应的"中央领导小组"
中央对台工作会议	每年1月	中央对台工作领导小组
中央外事工作会议	2006年8月*	中央外事工作领导小组(中央国家安全领导小组)

续表

全国社会治安综合治理工作会议	每年年中	中央社会治安综合治理委员会
全国精神文明建设工作会议	每年1月和10月	中央精神文明建设指导委员会
中央经济工作会议	每年12月	中央财经领导小组
中央农村工作会议	每年12月	中央农村工作领导小组
中央人才工作会议	2010年5月*	中央人才工作协调小组（中央西部地区人才开发协调小组）
全国宣传思想工作会议	每年1月	中央宣传思想工作领导小组

资料来源：根据相关会议报道整理而成。其中"中央外事工作会议"和"中央人才工作会议"上次召开的时间，分别为2006年8月和2003年12月。

这些中央工作会议的内容，一般包括总结上一阶段的工作，以及对下一阶段的工作做出全面部署。而"中央领导小组"则要负责会议所需相关文件的起草工作，同时由"中央领导小组"负责人做会议讲话，其下属办事机构的负责人还要向会议做工作报告。

三、双层结构

既然是间歇性的运行方式，那么为了保证在工作需要时能够及时启动，"中央领导小组"在其组织结构上也采取了与众不同的"双层次"构造：一是"中央领导小组"本身，二是它的办事机构。其中，"中央领导小组"本身只在较为重要的时间段开展活动，比如前面所说的中央工作会议，而"中央领导小组"的办事机构则是在此前后为其做好相关准备，以及完成后续工作。

就"中央领导小组"本身而言，其组成人员的规模一般较为精简，同时由于"中央领导小组"是处于非连续性的工作状态中，因此其组成人员一般采用"兼任"的方式，各位成员在常设性的职能部门都有相应的职务，只是在工作需要时才集中到某一个"中央领导小组"中共同开展工作。由于"中央领导小组"在成立伊始,对组成人员的选取是以与"中央领导小组"所担负工作任务的关联程度为依据,所以这些人员就算是"临时组合"在一起,也并不会出现业务生疏的问题。

就"中央领导小组"下面的办事机构而言,为了保证它的领导机关能够顺利地从静态存在转换到动态运转,必须在平时就要有相关的工作准备和积累。与"中央领导小组"本身的人员构成相一致,这些办事机构人员规模也是极为精简的。为了能够给"中央领导小组"的适时启动提供强有力的保障,而又不造成编制人员的膨胀,绝大多数的办事机构都采取了依托常设职能部门的设置办法。比如,中央社会治安综合治理委员会办公室与中央政法委机关合署办公、中央精神文明建设指导委员会办公室设在中宣部、中央党的建设工作领导小组秘书组设在中央政策研究室、中央维护稳定工作办公室在中央政法委员会机关办公、中央宣传思想工作领导小组秘书组设在中宣部、中央人才工作协调小组办公室设在中组部人才工作局、中央巡视工作领导小组办公室设在中纪委、中央保健委员会办公室的具体工作由卫生部保健局承担等。有的办事机构甚至就采取直接与常设职能部门"合二为一"的方式,比如中央台湾工作办公室与国务院台湾事务办公室、中央保密委员会办公室与国家保密局、中央密码工作领导小组办公室与国家密码管理局等,都是实行"一个机构、两块牌子"的存在形式。

四、隐匿化与制度化

"隐匿化"与"制度化"是"中央领导小组"经过了历史各个阶段的调整、变动后,在当前的发展过程中呈现出来并逐渐趋于稳定的一种状态。

首先是隐匿化。这些"中央领导小组"既不进入党的组织机构名录,也不挂机构牌子,没有相应的办公场所。只有在极为有限的相关工作报道中,偶尔能够寻觅得到这些组织的身影。至于这些"中央领导小组"的具体运作内容和形式,其公开程度更为有限。这种"制度"规定上和实际"过程"中的高度"隐匿化"态势,是它一直未被纳入中国政府与政治研究范畴的重要原因之一。

虽然"中央领导小组"有着隐匿化的存在状态,有关它的各个方面一直未有较为明确和清晰的说法,但它事实上已成为中国共产党用以完成特定工作任务的一项制度性安排。长时间的运作实践和经验,使得操作"中央领导小组"的诸多手段得以沉淀和保留下来,成为一种不成文的惯例,并逐步发展出制度化的倾向。比如何种事项应成立相关的"中央领导小组",以承担何种任务为主,"中央领导小组"自身的级别及其成员的来源、级别、更替等,"中央领导小组"开展活动的形式,运作的时间和程序安排,下属办事机构的设置和运作形式等。现在观察任何一个"中央领导小组",可以发现它们在这些事项上都是有规律可循的。

第五节　角色定位

无论是自 20 世纪 50 年代出现并发展至今,"中央领导小组"在中国国家治理体系和治理实践中所展现出来的经久生命力,还是"中央领导小组"在当前运行中所体现出来的种种活力,都昭示了它存在于中国治理中的稳定性和特殊性。"有为才能有位","中央领导小组"之所以呈现这一状态,是在于它的角色定位及其功能施展,适当地弥补了现有治理结构的某些"短板"和不及之处,在既定治理生态下维持了政治系统的某种平衡。因此,通过找寻这一特殊组织及其运行模式在中国国家治理体系中的"归属点",分析和解读其现实功能,就成为理解"中央领导小组"长期存在与特殊运转的关键所在。

就中共中央层面的整个组织机构体系而言,对它们的总体性定位是"中央谋划决策、指导工作的参谋助手,是各方面情况上传下达的中心枢纽"。① 这一界定是概略性的,其所说的"谋划决策、指导工作、上传下达",对于不同类别的机构有着不同的指向,彼此之间的具体操作方式和内容也不尽相同。就议事协调性质的"中央领导小组"而言,它们在中国共产党组织体系和中国政府过程中的角色应定位于如下三个方面:

一、归口领导体制的支持性机制

"口"是中国特有的政治术语,是指政府工作的某些领域,与"条块关系"中的"条"有相似之处,但要大于"条"。② 在现实政治生活中,人们习惯以"口"来指称中国政治体系中的相关领域和系统,如财经口、人事口、政法口、宣传口、文教口、外事口、农业口、交通口等。就中央层面而言,一个"口"通常还包括若干个小口,如相关的委、办、局等。20 世纪 50 年代,中共中央在建立干部分类管理制度的同时,作为配套措施,建立了对政府部门的归口领导体制。归口领导体制是实现党的一元化领导的基本途径,而"口"的负责人则通过各种"中央领导小组"开展全面的工作。绝大多数的"中央领导小组",就是作为归口领导体制的具体组织实施手段而相继建立起来的。

为在全国范围内开展反对分散主义和地方主义,中共中央于 1953 年把政府工作按性质划分为工交口、财贸口、文教口、政法口等,由同级党委的常委(后来是分管书记)分口负责,以加强对政府行政工作的领导。不久便在各级

---

① "中共中央部门机构改革工作会议在京召开 胡锦涛出席并讲话",新华社 1999 年 7 月 6 日电。
② 关于归口领导体制的详细介绍,这里主要参考了杨光斌教授的研究成果,参见杨光斌:《中国政府与政治导论》,中国人民大学出版社,2003 年,第 28 ~ 34 页的相关内容。

党委下设计划工业部、财政贸易工业部、交通运输部、农村工作部等,也即后来各种"中央领导小组"的前身。各工作部与政府行政机关的业务部门相对应,进行对口管理,以管理干部为主,而不直接管理行政事务。

与政府机构对应设立党的工作机构,是参照苏联的做法。苏共当时认为,党的中央及各级党委的工作机构必须与党的政策的主要方面及社会生活的主要领域相适应,党的领导活动必须与国家的经济和文化建设的职能组织相适应,因而设立了一系列党的工作部门,在中央和地方各级以政治领导者的身份来处理工业、农业、宣传、文教、科学、教育、对外联系、国防和干部等方面的重要问题。中国共产党基本上采用了苏共的组织机构模式。

虽然党组制、党委制、党管干部制决定了党是权力的核心,但在苏联模式下,计划经济管理体制自然而然地增加了国务院各部委的计划权。也就是说,计划经济本身增加了政府的权力,而并未相应增强党的权力或党的一把手的权力。这就促使党要去强化自己在国家权力中的核心定位,而具体手段就是归口领导体制的进一步加强。

在"大跃进"期间,各种强化党的权力和各种相应的"党政不分"的规定相应出台,归口领导体制的内容也随之发生了实质性的变化。其显著标志便是1958 年6 月八届四中全会结束后,中共中央发出《关于成立财经、政法、外事、科学、文教各小组的通知》,将政府工作分为五大块,由上述各个"中央小组"来具体领导对应的政府职能部门。

随后,"一元化领导"和"党政不分"体制在全国各地全面展开。由于党中央各个议事协调机构直接领导政府各"口"工作,因而党中央各工作部门的职能也随之扩展,由主要管理各大"口"的干部转变为同时管理各"口"的业务。中央工交部管理工业、交通运输和基本建设,中央财贸部管理财政、金融和税务,中央农村工作部管理农业、林业、水利和气象,中央宣传部管理文化、科学、教育、卫生、新闻和出版。至此,党中央形成了一套几乎与国务院完全对应的具有行政特征的管理机构:中央财经小组与国务院财贸办公室和工交办公室相对应,中央政法小组与国务院政法办公室相对应,中央外事小组与国务院外事办公室相对应,中央文教小组与国务院文教办公室相对应(见表1.7)。同样,党中央各工作部门也与国务院所属职能部门形成了对应关系。

表1.7　1958年成立的5个中共中央小组及其所对应的行政系统

机构名称	办事机构	对应的行政系统
中央财经小组	国务院第三至七办公室	财贸系统、工交系统
中央政法小组	国务院第一办公室	政法系统
中央外事小组	国务院外事办公室	外事系统
中央文教小组	国务院第二办公室	文教系统
中央科学小组*		

资料来源:根据《中国共产党组织史资料1921—1997》(中共中央组织部等编,中共党史出版社,2000年),《中国共产党组织史资料汇编—领导机构沿革和成员名录》(王健英编,红旗出版社,1983年)等资料中的相关部分整理而成。

*中央科学小组实际上存在于中央文教小组内。

在地方,各级党委虽然没有建立党中央那样的"小组",但是党委内分管政府中各个大口业务工作的书记(或常委),其作用也类似于党中央各小组,区别在于人数的多寡。随着党中央工作部门职能的扩大,地方各级党委工作部门的职能也由主要管理干部转变为管理干部和政府部门的业务,并且比党中央更加细化。

至此,"中央领导小组"最初作为归口管理体制下实现党的一元化领导的具体组织手段开始进入中国政治过程的视域中,并在随后进一步"映射"到行政系统的各个层级,不断演变,延续至今。改革开放以后,相关的情况有所演化和简化,但基本的逻辑并没有改变。

二、常设组织体系之外的备用性机制

在经历了长期的发展演变之后,中共中央的组织机构体系已十分完备,基本上涵盖了所有方面的工作。但经济社会的不断发展带来了党内外工作事务的日益膨胀,使得这些常设性的部门亦不可能包揽所有的任务事项。于是在常设组织体系之外,还会经常性地设置诸如"领导小组"等特殊类型的组织,以专门负责较为重要,但已有的工作部门不适合或无力承担的相关事务。这些对常设性的组织部门起着备用性作用的"领导小组",多数已经存在了较长时间,并逐渐进入稳定运行的状态。除此之外,还有相当数量的临时性"领导小组",它们存在的时间虽短,但也可以在面临特定工作事项时缓解常设性职能部门的压力。

就位于中共中央层面的五大职能部门而言,也就是常说的各级党委都设有的"组宣统",加上对外联络部和中央政法委员会,都可以找到承担着与它们的职责配置相近的特定工作任务的"中央领导小组"(见表1.8)。可以看到,只要是中共中央认为较为重要的工作领域及相关事务,都会另外专门设置相应的"中央领导小组"来负责。同时,由于职责的相近性,这部分"中央领导小组"与所对应的职能部门又保持着较为密切的联系,人员也有一定交叉性,比如它们的办事机构一般就设在相应的职能部门内或者就直接由其内设部门承担日常工作。这些都是为了能够迅捷地开展活动。

表1.8　中共中央直属职能部门与相对应的"中央领导小组"

中共中央直属部委	对应"中央领导小组"
中共中央组织部	中央党的建设工作领导小组、中央党务公开工作领导小组、中央人才工作协调小组、中央建设学习型党组织工作协调小组

续表

中共中央宣传部	中央精神文明建设指导委员会、中央宣传思想工作领导小组
中共中央统战部	中央对台工作领导小组、中央西藏工作协调小组、中央新疆工作协调小组、中央港澳工作协调小组
中共中央对外联络部	中央外事工作领导小组
中央政法委员会	中央社会治安综合治理委员会、中央维护稳定工作领导小组

　　另外,在党的纪检工作组织体系中,除了常设的中共中央纪律检查委员会,近年来成立的中央巡视工作领导小组、中央反腐败协调小组等也在纪律检查、反腐败等工作领域发挥着重要作用,组长都是由主管纪检工作的中央政治局常委担任,而地方各级反腐败协调小组组长也都由同级纪委书记担任,并且这些"中央领导小组"的运行已趋于常态化。

三、政策过程中的辅助性机制

　　在国家重大事项的决定和执行过程中,中共中央的一些议事协调机构扮演着重要的辅助性角色。这些"中央领导小组"充分体现了党对国家政治经济生活的领导。它们基本不对外行驶职能,而主要任务是统一思想,协调党和政府的重要工作和重大行动,为党的重要决策和决定国家生活中的重大事项作准备。① 同时在决策完成之后,有的"中央领导小组"还要确保完成一系列后续性工作。具体而言,"中央领导小组"作为政策过程中的辅助性机制,其作用主要体现在政策过程的"前端"和"末梢"这两个阶段。

　　(一)"中央领导小组"在政策过程"前端"中的作用

　　在中国政府过程中的决策形成阶段,尤其是国家重大事项的决定过程

---

① 朱光磊:《当代中国政府过程》(第三版),天津人民出版社,2008 年,第 117 页。

中国"小组机制"研究(第二版)

中,总是有相关的"中央领导小组"履行重要的准备性职责,为正式决策出台之前做好一切铺垫。在最高国家权力机关行使"决定—决策权"之前,中共中央、国务院、全国政协及国家政治中枢中其他与某一特定问题相关的组成部分,要协同进行大量决策前的准备工作或系统内的初步决策。① 在这期间,一般会有与之相关的"中央领导小组"开展调查研究,组织专家论证,并起草、拟定政策建议报告等工作,为决定国家生活中的重大事项做准备。由于这些"中央领导小组"的领导成员基本上同时又是领导集体的主要成员,因此它们所拟定的政策建议基本上都得以通过,且十分"接近"于最后通过的正式政策文本。"中央领导小组"在这方面的典型作用,以"出镜"相对比较频繁的中央财经领导小组和中央农村工作小组最为突出。

中国政府在财经方面的重要决策,基本上事先都要由中央财经领导小组组织起草、集体讨论、初步拟定后,再向中共中央、国务院做出报告,最后正式通过后才交由发改委、央行、证监会、保监会、财政部等诸多金融和财政部门实施的。中央财经领导小组自产生伊始就在中国财经政策的决定过程中扮演起重要角色。它最早在国民经济运行中发挥重要作用,可以追溯至成立于1957年10月的中央经济工作五人小组时期:②

　　1957年初,党中央为了加强对经济工作和改进体制工作的统一领导,决定成立一个小组,在中央政治局领导下具体负责。1月10日,中央发出了《关于成立中央经济工作五人小组的通知》,小组由陈云、李富春、薄一波、李先念、黄克诚同志组成,陈云同志为组长。小组成立后,立即着手研究落实《国务院关于改进国家行政体制的决议(草案)》的各项规

① 朱光磊:《当代中国政府过程》(第三版),天津人民出版社,2008年,第113页。
② 参见薄一波:《若干重大决策与事件的回顾》(下卷),中共党史出版社,1993年,第791~795页。

定,认为改进体制的重点是工业、商业和财政,首先应解决好这三个方面的问题,并督促有关部门尽快提出具体实施方案。1 月 18 日至 27 日,中央在北京召开省市区党委书记会议,讨论农业和经济问题。当议到改进经济管理体制问题时……中央领导同志……当即做出决定,委托陈云同志和五人小组拟定改进经济管理体制的具体实施方案。

八届三中全会后,陈云同志在五人小组调查研究的基础上,亲自代国务院起草了《关于改进工业管理体制的规定》、《关于改进商业管理体制的规定》、《关于改进财政管理体制的规定》,经国务院全体会议通过,并提交 1957 年 11 月 14 日召开的第一届全国人民代表大会常务委员会第 84 次会议批准,自 1958 年起施行。

改革开放之后,凡是在经济领域方面的重要决策中,几乎都能见到中央财经领导小组的"身影"。① 目前中央财经领导小组在决策准备阶段的作用,集中体现在一年一度的中央经济工作会议上。中央经济工作会议作为每年度最高级别的财经口会议,是判断当年经济形势和定调下一年宏观经济政策最权威的风向标。中共中央总书记每年在中央经济工作会议上的讲话,就是由中央财经领导小组办公室负责组织相关部门、专家共同起草的。在中央经济工作会议结束后,中央财经领导小组办公室,还要会同国务院研究室,即总理在中央经济工作会议上的讲话起草组,以及发改委,即负责中央经济工作会议中当年经济社会发展基本情况的总结,并提出下一年重大经济政策的初步意见,一起转入总理的政府工作报告起草工作。

中央农村工作领导小组,作为中共中央领导农村工作、农业经济的议事

---

① 徐景安:"我所经历的经济体制改革决策过程",《百年潮》,2008 年第 2 期;王梦奎:"社会主义市场经济体制的第一个总体设计——参加起草十四届三中全会《决定》的回忆",《百年潮》,2008 年第 7 期。

协调机构,由主管农村工作的中央领导同志和有关农村、农业经济部门负责人组成,负责对农村、农业经济工作领域的重大问题做出决策。与中央财经小组类似,它的作用主要见于一年一度的中央农村工作会议。在中央农村工作会议召开前,中央政治局常委会议、国务院常务会议和中央农村工作领导小组会议要专门研究和审议会议文件,并对开好会议提出明确要求。而中央农村工作领导小组在决策过程中的作用,最为集中地体现在近年来有关"三农"问题的"一号文件"的起草工作过程中。改革开放四十多年来,中共中央共制定了 11 个关于"三农"问题的"一号文件"(1982—1986 年,2004—2010年)。每个"一号文件"的形成前后,要经历科学严谨的讨论、报送周期,被称为"过五关斩六将"的程序,即"中央农村工作领导小组审核——国务院常务会议——中央政治局常委会会议——中央政治局会议——中央农村工作会议讨论稿——'一号文件'。"①在这其中,中央农村工作小组就承担着最初始同时也是耗时最长的广泛调研论证、文件起草等工作:②

　　早在 2009 年 7 月,中央就提出要求,研究筹备年底的中央农村工作会议,考虑起草 2010 年中共中央一号文件。

　　从 2009 年 8 月到 9 月初,中央农村工作领导小组办公室分别在湖北和江苏召集会议,来自全国近 20 个省区党委农村工作综合部门的负责人汇聚在一起,走村头,看地头,一边调查,一边座谈。

　　10 月 13 日,党的十七届四中全会刚一结束,中央就批准成立文件起草组。中共中央政治局委员、国务院副总理、中央农村工作领导小组组长回良玉亲自主持起草工作。来自中央和国家机关 23 个部门的 50 多人

① "农村改革需从 4 个方面尽快推进",新华社 2008 年 10 月 7 日电。
② "承载亿万农民新期待——2010 年中共中央一号文件诞生记",新华社 2010 年 2 月 3 日电。

集中办公,开始了近 3 个月的文件起草工作。他们中既有来自部门和地方经验丰富的领导干部,又有德高望重的专家、思维活跃的学者。

10 月 26 日,中央农村工作领导小组召开会议,对文件的送审稿进行审议。根据审议意见,再进行修改。

12 月 9 日,国务院常务会议对修改后的送审稿进行审议,提出了修改意见。起草组根据审议意见连夜对送审稿进行了再次修改。

12 月 10 日,中央政治局常委会议对送审稿进行审议,提出了修改意见。

根据中央政治局常委会议审议意见修改后的文件稿,又拿到中央农村工作会议上进一步讨论,体现了党中央求真务实的科学态度。

12 月 27—28 日,中央农村工作会议召开。《中共中央、国务院关于加大统筹城乡发展力度,进一步夯实农业农村发展基础的若干意见(讨论稿)》摆在了来自各地区各部门的会议代表面前,代表们进行了热烈讨论。

12 月 29 日,根据会议代表意见作了第四次修改的文件送审稿再度上报,经党中央、国务院审定同意后,于 12 月 31 日晚付印,2010 年元旦发出。

除了常规性的决策工作之外,在一些重大改革工作中,亦会成立专门的"中央领导小组",来负责决策前期的一系列工作:①

2014 年 3 月 15 日,中央军委深化国防和军队改革领导小组召开第

---

① "改革强军 奋楫中流——习主席和中央军委运筹设计深化国防和军队改革纪实",新华社 2015 年 12 月 30 日电。

一次全体会议,审议通过了改革重要举措分工方案和改革工作路线图。深化国防和军队改革的指挥部正式成立,改革工作进入实质性推进阶段。

中央军委陆续成立改革领导小组办公室、专项小组、专家咨询组、筹备工作组,按照小核心、大外围的模式和强化全局观念、形成整体合力的思路,跨部门、跨领域从全军遴选数百名想改革、谋改革、善改革的精兵强将,以对党、对事业、对历史负责的精神,集团作业、强力攻关,发挥"改革司令部"的中枢作用。

围绕改什么、怎么改,军委领导、各改革工作机构、军委改革办展开高强度、高密度、大范围的调研。仅从2014年3月到10月,就召开800余个座谈会、论证会,覆盖690余个军地单位。

2014年4月中下旬,军委改革领导小组分别听取大单位主要领导意见建议。5月初,军委改革领导小组分别听取四总部领导意见建议。

调研论证阶段,先后逐一征求大单位主官和四总部领导意见,积极吸收有价值的建议;面对面个别访谈,听取900多名在职和退休军地领导、专家的意见;就重大问题精心设计问卷,对2165名军以上单位班子成员和师旅级部队主官的问卷调查进行系统梳理、统计分析;在全军政工网开设"深化国防和军队改革大家谈"栏目,收到官兵意见建议3400余条。

改革方案建议拟制过程中,又先后3轮逐一征求军委领导和老领导,四总部领导和大单位主官意见,吸纳意见建议257条,进行150多次调整、修改和完善。

2015年1月27日,中央军委深化国防和军队改革领导小组召开第二次全体会议,对拟制改革方案作出部署。

军委改革办开发"领导管理体制模拟推演系统",构建数字化改革信息资料服务平台,运用流程管理等现代管理理念和大数据等现代信息技术为方案论证提供支撑。

改革方案初步形成后,军委改革办同各调整组建机构筹备工作组进行多轮对接,推演领导指挥体制改革运行流程,验证改革实施方案,认真查找新旧体制转换过程中可能出现的问题,力求分析解决于未然。

2015 年 7 月 14 日,中央军委深化国防和军队改革领导小组召开第三次全体会议,审议并原则通过《深化国防和军队改革总体方案建议》。

7 月 22 日、29 日,中央军委常务会议和中央政治局常委会议召开,分别审议和审定《总体方案》。

10 月 16 日,中央军委常务会议审议通过《领导指挥体制改革实施方案》。

11 月 24 日至 26 日,中央军委改革工作会议在北京召开,军改正式进入实施阶。

(二)"中央领导小组"在政策过程"末梢"中的作用

当政策得以正式出台之后,"中央领导小组"的角色就将转换到另一阶段,即监督政策的执行情况、保障政策得到顺利施行。在中国政府过程中的施政阶段,每当要实施一项重大决策,就设置相应的"中央领导小组"来专门负责落实,这基本上已经成为惯例。例如,为加强对中央扩大内需、促进经济增长政策措施贯彻落实情况监督检查,保证新增中央投资项目尽快启动、落实和顺利实施,2008 年 11 月,中央决定成立由中央纪委监察部牵头,发展改革委、财政部、审计署为成员单位的"中央扩大内需促进经济增长政策落实检查工作领导小组"。发改委、财政部等二十余个中央部门还普遍会同中央纪委监察部派驻机构成立了监督检查领导机构,负责对本部门及所属系统下达投资计划、投资预算、拨付资金和项目实施等工作的监督检查。同时,还抽调人员,另组建 24 个中央扩大内需促进经济增长政策落实检查组,分赴 31 个省区市和新疆生产建设兵团开展监督检查工作。① 中央纪委等部门先后召开两次针对 24 个中央扩大内需促进经济增长政策落实检查组的检查培训动员会，对相关政策作了讲解和辅导。

除此之外，大多数省、自治区、直辖市也成立了"扩大内需促进经济增长政策落实检查工作领导小组"，负责督促属地各有关部门和单位切实履行监管职责，并派出专项检查组对省直有关部门和所属市县落实中央决策部署的情况进行监督检查，建立起覆盖省市县三级的监督检查体系，把监督检查工作层层落实到了部门、单位和个人，有力地保证了中央扩大内需促进经济增长政策措施的尽快启动和顺利实施。

除了"中央扩大内需促进经济增长政策落实检查工作领导小组"，曾经存在于中共中央层面、专门负责对重大决策的部署执行情况进行监督检查的主要"中央领导小组"，还包括"中央治理工程建设领域突出问题工作领导小组"和"中央抗震救灾资金物资监督检查领导小组"。这"三个领导小组及 22 个成员单位按照中央要求，切实加强对监督检查工作的组织领导，有力推动了中央有关政策措施的贯彻落实，对于保证中央政令畅通，促进我国经济社会平稳较快发展、加快发展方式转变、保障和改善民生发挥了重要作用"。②

当然，现实治理过程的复杂性，决定了"中央领导小组"的角色定位与相应的功能施展并不是简单的一一对应关系。"中央领导小组"在具体发挥其功能的过程中，并不能够完全将上述三种作用机制截然分开，动态的运行远

---

① 第 1 检查组：北京？；第 2 检查组：天津？；第 3 检查组：河北？；第 4 检查组：内蒙古、山西？；第 5 检查组：辽宁、吉林？；第 6 检查组：上海？；第 7 检查组：江苏？；第 8 检查组：浙江？；第 9 检查组：安徽？；第 10 检查组：福建？；第 11 检查组：江西？；第 12 检查组：山东？；第 13 检查组：河南？；第 14 检查组：湖北？、第 15 检查组：湖南？；第 16 检查组：广东？；第 17 检查组：广西？；第 18 检查组：海南？；第 19 检查组：重庆？；第 20 检查组：四川、西藏？；第 21 检查组：贵州？；第 22 检查组：云南？；第 23 检查：宁夏？；第 24 检查组：新疆（含兵团）、甘肃、青海。

② "何勇出席中央扩大内需促进经济增长政策落实检查工作、中央治理工程建设领域突出问题工作、中央抗震救灾资金物资监督检查领导小组会议并讲话"，《中国纪检监察报》，2010 年 6 月 11 日。

没有静态性的划分和界定来得清晰和分明。事实上,在"中央领导小组"开展其工作的现实过程中,可以发现它们的角色多是交叠在一起的,三种作用机制是先后或同时实现的。

第六节 功能施展

现实治理过程的复杂性,决定了"中央领导小组"的角色定位与相应的功能施展并不是简单的一一对应关系。"中央领导小组"在具体发挥其功能的过程中,并不能够完全将上述三种作用机制截然分开,动态的运行远没有静态性的划分和界定来得清晰和分明。事实上,在"中央领导小组"开展其工作的现实过程中,可以发现它们的角色多是交叠在一起的,三种作用机制更多的是得以先后或同时实现。因此,这里还需要通过观察和归纳"中央领导小组"所经常参与和主导的现实活动,来解读"中央领导小组"是如何将上述三种角色定位融入一项具体功能的施展中去的。

一、参与重大决策

参与重大政策的制定工作,是多数"中央领导小组"施展其功能的重要领域。尤其是那些存在时间较长、任务涉及领域较广的"中央领导小组",其自成立伊始就被赋予了参与制定重大决策的职责,如中央外事工作领导小组、中央财经领导小组、中央农村工作领导小组等,从新中国成立以来,特别是改革开放以来基本上参与了自身所在业务领域内的所有关键性政策的制定工作。这里以新近出台的《国家中长期人才发展规划纲要(2010—2020 年)》为例,来观察中央人才工作协调小组参与这一规划编制过程的情况。

为更好地实施人才强国战略,中共中央于2003年5月成立了人才工作协调小组,负责协调各部门力量,研究和解决人才工作中的重大问题,中组部成立人才工作局。目前全国31个省区市全部成立了人才工作领导(协调)机构及办事机构,近85%的地(市)组织部门建立了专门人才工作机构,近80%的县(市、区)组织部门配备了专职人员。①

从2008年开始,中央人才工作协调小组围绕贯彻落实党的十七大提出的更好实施人才强国战略的总体要求,组织编制《国家中长期人才发展规划纲要(2010—2020年)》(以下简称"人才规划"),科学确定了当前和今后一个时期我国人才发展的战略目标、指导方针、重大举措。该规划纲要的编制工作,从2008年2月编制建议的提出,到2010年4月正式出台,共历时26个月。其中,中央人才工作协调小组参与此次规划编制工作的具体情况为:②

(一)工作启动(2008.2—2008.3)

2002年,中央批准印发《2002—2005年全国人才队伍建设规划纲要》,提出实施人才强国战略。2003年年底,党中央、国务院召开新中国成立以来第一次全国人才工作会议,做出《关于进一步加强人才工作的决定》,全面部署大力实施人才强国战略。

同年5月,中央人才工作协调小组成立,协调整合各部门工作力量,研究解决人才工作重大问题。

2008年2月,中央人才工作协调小组向中央提出编制"人才规划"建议。

胡锦涛、温家宝、习近平等中央领导同志做出批示,同意编制"人才规划",要求认真总结吸取我国人才培养宝贵经验,借鉴国外人才培养有益做

---

① "奏响人才强国时代乐章——2003年全国人才工作会议以来我国人才发展纪实",《人民日报》,2010年5月25日。

② "向世界人才强国阔步前行——《国家中长期人才发展规划纲要(2010—2020年)》诞生记",《人民日报》,2010年6月8日。

法,并与教育工作相结合。

2008 年 3 月 16 日,中央人才工作协调小组第十七次会议,审议通过"人才规划"编制工作方案。

(二)理论准备(2008.3—2008.9)

2008 年 3 月 18 日,中央人才工作协调小组从中央国家机关部委、部分省市党委组织部、有关科研院所抽调三十多名同志和相关领域专家学者,成立由中央组织部、人力资源社会保障部牵头的"人才规划"编制工作办公室。为充分发挥专家的作用,专门聘请 28 名专家学者参与编制。通过认真学习中央有关人才工作的一系列重要文献、文件和中央领导同志重要指示精神,深入钻研"人才规划"编制专业知识和人才工作业务知识,熟悉了解国外先进经验。还请有关专家学者前来授课,开阔思路、拓宽视野。2008 年 3 月 19 日,中央人才工作协调小组下发"人才规划"编制工作方案,明确编制工作指导思想、目标要求、编制原则、组织分工和方法步骤。

中央人才工作协调小组组长李源潮同志多次召开专题座谈会和专家会议,讨论研究"人才规划"编制工作。

人才规划办全体同志先后召开四十多次全体会议或专门会议,八十多次小组会议或专题会议,全力以赴做好编制工作。

2008 年 3 月,中央人才工作协调小组及人才规划办组织开展新中国成立以来最系统、最完整也是成果最丰富的一次人才战略专题研究,由三十多个部门、四十多名专家牵头,一千多人直接参与。经过四个多月努力,研究形成 42 个战略专题和重点问题研究报告,以及 161 个子课题研究报告,为"人才规划"提供了理论支撑。

(三)完成初稿(2008.9—2009.6)

按照中央人才工作协调小组统一部署,"人才规划"编制有条不紊地铺开。

2008年9月,在充分吸收前期专题研究成果、积极借鉴国内外人才开发和规划编制经验基础上,人才规划办着手开展"人才规划"大纲的起草工作。

大纲初稿形成后,人才规划办分别召开大纲征求意见会和省区市人才规划编制工作会议,集中听取意见。

2008年12月6日,中央人才工作协调小组第19次会议原则通过大纲框架和主要内容。

2009年3月,根据胡锦涛总书记指示精神,依据大纲框架,充分吸收前期研究成果,集中力量编制"人才规划"文本。

其间,梳理了15个人才发展亟待解决的重点难点问题,进行集中攻关。2009年3月底,在京召开8个座谈会,邀请36个中央国家机关、有关高校和科研院所有关司局负责同志、专家和人才代表一百余人进行专题研讨。4月上中旬,组成3个调研组分赴上海、浙江、广东等6省市开展专题调研。

其间,组织专家重点研究人才贡献率指标,初步构建了由国家人才发展主要指标、人才队伍统计指标、重点领域人才资源统计指标、国家人才发展监测与评价主要指标构成的国家人才资源统计指标体系。

2009年5月,"人才规划"稿起草完成。6月中旬,中央人才工作协调小组第22次会议审议并原则通过。

(四)意见征询(2009.8—2009.12)

经中央同意,2009年8月上旬开始,中央人才工作协调小组就"人才规划"稿向社会征求意见。

中央人才工作协调小组向各省区市、中央国家机关各部门、部分高校、科研院所、企业以及有关专家发出三百八十多份征求意见函,委托省区市和有关部门发出300多份征求意见稿。

中央人才工作协调小组召开五十多个座谈会和专题论证会,听取各省区市及所属县级以上党政机关、企事业单位和部分非公经济组织和社会组织,中央国家机关各部委,部分企业、高校、科研院所等各方面的意见和建议。

各地各部门召开五百多场座谈会,征求了 3 万多人的意见,梳理归纳 1051 条修改意见和建议。许多有价值的意见被"人才规划"稿吸纳。

(五)正式通过(2009.12—2010.4)

2009 年 12 月 31 日,中央政治局常委会议对"人才规划"稿进行审议并原则通过。此前,国务院第 92 次常务会议审议并原则通过"人才规划"稿。

2010 年 1 月 8 日,中央政治局第 26 次会议审议"人才规划"稿。根据中央政治局会议审议意见,中央人才工作协调小组组织中组部、人力资源社会保障部、科技部、教育部等 18 个部门,对"人才规划"稿中重大人才工程等 52 个项目开展再论证。之后,对"人才规划"稿做出修改。

2010 年 2 月 22 日,中央政治局第 27 次会议审议通过"人才规划"修改稿。

2010 年 4 月 1 日,党中央、国务院印发《国家中长期人才发展规划纲要(2010—2020 年)》。

二、完成重要事项

通过设置专门的"领导小组"来完成重要的工作事项,已经成为中国政府比较惯用的一种治理方式。在涉及这类重要程度较大的任务时,通常要强调"加强组织保障",进而"搭班子",也就是成立相应的"领导小组"。这些重要事项包括推动相关领域的改革,如中央司法体制改革领导小组、中央文化体制改革领导小组、中央各部门各单位出版社体制改革工作领导小组等就是为此而设;或者是一些更为具体的专门性任务,如中央党务公开工作领导小组、中央建设学习型党组织工作协调小组、中央治理商业贿赂领导小组、中央治理工程建设领域突出问题工作领导小组等就属于这一情况。这些"中央领导

中国"小组机制"研究(第二版)

小组"完成工作任务的方式不尽相同,有比较直接的,亲自主抓一项工作,有
的则侧重于对各层级各系统的监察督导。

承担各种专门性任务的"中央领导小组",其工作内容较为敏感,资料公
开程度非常有限,因而难以完整展现其在一项重要事务过程中的功能施展情
况。不过,由于中国的多数改革带有显著的"试验性"特征,即一项改革在全
面推开之前,通常要提前在一定范围内"先试先行",进行局部性的改革试验,
也就是经常所说的进行"试点",然后再"由点到面"。① 而几乎所有的"试点"
活动在进行之前都要"搭班子",也即成立相应的试点工作领导小组。因此,
这里以中央文化体制改革试点工作领导小组所指导的一个地方改革"试
点"——甲市文化体制改革综合试点为例,来简要展现"中央领导小组"在完
成专门事项尤其是推动改革任务中的运转情况:②

2003 年 6 月 27 号至 28 号,全国文化体制改革试点工作会议在北京召
开。会议按照党的十六大关于深化文化体制改革的要求,研究部署文化体制
改革试点工作。

2003 年 6 月,中宣部召开文化体制改革试点工作会议,甲市被列为全国 9
个文化体制改革综合试点省市之一。

2003 年 7 月 31 日,中共中央办公厅、国务院办公厅转发《中共中央宣传
部、文化部、国家广电总局、新闻出版总署关于文化体制改革试点工作的意
见》(中办发〔2003〕21 号),该文件指出:

中央成立文化体制改革试点工作领导小组,其主要职责是:按照十六大
关于文化体制改革的精神和中央的部署,提出文化体制改革试点工作的要
求,组织实施和督促检查试点工作,协调解决试点工作中的有关问题,总结交

---

① 周望:《中国"政策试点"研究》,天津人民出版社,2013 年,第 1 页。
② 有关甲市开展文化体制改革试点工作的情况,来自该市在试点工作结束后整理的文化体制改
革大事记。

流先进经验,为制定文化体制改革总体方案做好工作准备。领导小组下设办公室,办公室设在中央宣传部。文化部、国家广电总局、新闻出版总署等部门,各试点地区及试点单位所在省、市的党委宣传部要加强对试点工作的组织领导。综合性试点地区要成立文化体制改革试点工作领导小组,明确一位省、市委副书记负责试点工作。形成党委统一领导、政府大力支持、主管部门各负其责、宣传部门组织协调的试点工作领导体制。试点工作中的重大问题要及时请示报告。重大改革措施的出台,要按规定程序报批。未经批准不得擅自对外公布和宣传试点工作情况。

根据全国文化体制改革试点工作会议和《中共中央宣传部、文化部、国家广电总局、新闻出版总署关于文化体制改革试点工作的意见》的精神,2003 年8 月,甲市市委常委会审议并原则通过《甲市文化体制改革综合试点工作方案》,上报上级主管部门并获原则同意。该方案明确了甲市文化体制改革的 8项任务,即改革文化管理体制、健全文化微观运行机制、改革文化投融资体制、培育和完善文化市场体系、加快发展文化产业、完善文化经济政策、加强文化法制建设及扩大文化交流与合作。为切实推进各项改革,甲市市文化局成立了 10 个推进小组。

甲市开展试点工作后,中央精神文明建设委员会、中央宣传思想工作领导小组、中央文化体制改革试点工作领导小组的负责人多次来到甲市,对文化体制改革试点工作进行调研。2004 年 6 月,甲市所在省也派出文化体制改革调研组来到甲市调研文化体制改革工作的进展情况。

2005 年 1 月 5 日至 6 日,中央文化体制改革试点工作领导小组办公室在甲市召开推进文化市场综合执法工作座谈会,甲市的综合执法体制改革经验受到高度肯定。

2006 年 3 月 28 日至 30 日,全国文化体制改革工作会议在北京召开,甲市文化体制改革综合试点工作成为会议典型。

2007 年 4 月 16 日至 21 日,中宣部组织文化体制改革典型经验报告团赴内蒙古和东北三省作巡回报告。作为文化体制改革综合试点地区唯一代表,甲市的经验介绍受到广泛关注。

2007 年 11 月 15 日,中宣部改革办在甲市召开公共文化服务体系建设座谈会,来自全国多个省、市、自治区宣传部改革办、文改办、文产办负责人专题听取甲市公共文化服务体系建设的经验介绍。

2008 年 4 月 10 日至 11 日,全国文化体制改革工作会议在北京召开,甲市作典型发言,介绍了本市建设公共文化服务体系的经验和体会。

2009 年 3 月 23 日,人民日报刊发长篇通讯介绍甲市的文化产业改革与发展情况,该通讯提出希望通过选取甲市文化产业发展的典型案例,给各界提供一个认真研究的"标本",以把握契机,共同推动我国文化产业的跨越式发展。

2009 年 8 月 14 日至 16 日,全国文化体制改革经验交流会在江苏南京召开。甲市作为率先完成文化体制改革任务的 12 个先进地区之一受到中央表彰。

三、开展重点活动

通过"中央领导小组"来负责推动落实重点活动,可使国家治理体系中的各个要素较容易被统一、有序地组织并"动"起来。这里所说的各种"活动",包括各种学习活动、宣传活动、专项治理活动等,以来自宣传口和党建口的为主,同时也较为典型,时间短、效率高是其显著特征,相应的运作实例包括常设性的中央精神文明建设委员会、中央宣传思想工作领导小组、中央党的建设工作领导小组所经常性地组织的一系列专项活动。若是比较关键的活动,还需另设"中央领导小组"以专门负责落实,如中央深入学习实践科学发展观活动领导小组、中央创先争优活动领导小组等。

第一章　中央领导小组

为推动相关活动的快速落实,基于施展这一功能的"领导小组"往往不限于中共中央层面,而是由大量"上下对口、左右对齐"的"领导小组"形成一个组织网络。即通常所说的为了"落实领导和指导责任"和"加强督促检查",在各系统、各层级等横纵向层面上都会设置相应的"领导小组"。比如在开展"深入学习实践科学发展观活动"中,中共中央成立了深入学习实践科学发展观活动领导小组,在党中央领导下开展工作,各地区各部门各单位也先后成立了相应的"领导小组"。同时,中央及各级学习实践活动领导小组还分别派出若干指导检查组,负责指导和督促检查相关单位的学习实践活动,①从而形成一整套完备的组织保障体系。

当然,在落实一项具体活动的过程中,"中央领导小组"的运作更为复杂、涉及的环节更多,在不同阶段所发挥的具体功能亦不完全相同。这里以中央精神文明建设委员会开展的"全国文明城市"创建活动为例,概括性地剖析一

---

① 中央指导检查组第1—7组指导检查各省、市、自治区(除第一批试点的江苏、江西、四川三省)。第1组:北京市、天津市、河北省、山西省;第2组:黑龙江省、吉林省、辽宁省、贵州省;第3组:广东省、广西自治区、湖南省、河南省;第4组:湖北省、甘肃省、海南省、内蒙古自治区;第5组:陕西省、青海省、宁夏自治区、新疆自治区、新疆生产建设兵团;第6组:上海市、浙江省、安徽省、福建省;第7组:重庆市、山东省、云南省、西藏自治区。
中央指导检查组第8—23组指导检查中央和国家机关、金融机构、企事业单位(除第一批试点的中组部、财政部、国土资源部、中石油、宝钢、中国建设银行)。第8组:中央纪委监察部、教育部、中央档案馆(国家档案局)、预防和反腐败局、全国工商联;第9组:全国政协机关、中央统战部、国家民委、卫生部、人口计生委、体育总局、宗教局、食品药品监督管理局、国家中医药局、体育总局、中华红十字总会;第10组:中宣部、新闻出版总署、中央编译局;第11组:文化部、广电总局、中国社会科学院、中央电视台;第12组:国务院侨办、全国侨联;第13组:中央政法委机关、高检院、高法院、中央国家机关工委、中央编办;第14组:公安部、司法部、民政部、人力资源和社会保障部、国管局、国务院参事室(中央文史馆)、国家信访局;第15组:中央党校、全国总工会机关、团中央机关、全国妇联、国务院法制办、国家行政学院、中国残联、中国文联;第16组:发展改革委、商务部、国资委、国家工商总局、国家粮食局;第17组:国家质检总局、安监总局、煤监局、统计局、中华供销总社、电监会、贸促会;第18组:工业和信息化部、铁道部、交通运输部、邮政局;第19组:科学技术部、海洋局、中国科学院、中国工程院、中国科协、中国自然科学基金会;第20组:中国人民银行、审计署、税务总局、保监会、证监会、银监会、外汇管理局、社保基金理事会;第21组:环境保护部、住房和城乡建设部、海关总署、林业局、气象局、地震局、民航局;第22组:水利部、农业部、知识产权局、旅游局、国务院扶贫办;第23组:中国农业银行、国家开发银行、中国进出口银行、中国农业发展银行、中信集团、光大集团。

下"中央领导小组"在组织落实一项活动的过程中具体是如何发挥其功能的。

中央精神文明建设委员会所主导的"全国文明城市"（National Civilized City）创建活动，是反映中国城市整体文明水平的综合性荣誉称号。其具体是指在全面建设小康社会，推进社会主义现代化建设新的发展阶段，坚持科学发展观，经济和社会各项事业全面进步，物质文明、政治文明、精神文明与和谐社会建设协调发展，精神文明建设取得显著成就，市民整体素质和文明程度较高的城市。全国文明城市被公认为含金量最高、建设难度最大的城市创建活动，是目前国内城市创建活动中的最高荣誉和最具价值的城市品牌。

1996年10月，党的十四届六中全会通过《关于加强社会主义精神文明建设若干重要问题的决议》，该决议明确指出，要以提高市民素质和城市文明程度为目标，开展创建文明城市活动。以此为标志，文明城市创建工作正式进入中国城市治理的日程安排。

1999年9月，中央精神文明建设指导委员会命名表彰了首批58个"全国创建文明城市工作先进城市"。2002年10月，中央精神文明建设指导委员会命名表彰了第二批63个"全国创建文明城市工作先进城市"。2003年8月25日，中央精神文明建设指导委员会发出《关于印发〈中央精神文明建设指导委员会关于评选表彰全国文明城市、文明村镇、文明单位的暂行办法〉的通知》（文明委〔2003〕9号），更加明确地提出"全国文明城市"这一称号。2004年9月14日，中央精神文明建设指导委员会发出《关于印发〈全国文明城市测评体系（试行）〉的通知》（文明委〔2004〕7号），作为创建全国文明城市的具体考核标准和评判依据，并逐年对其修改完善。全国文明城市已进行了五届评选，中央文明委分别于2005年、2009年、2011年、2015年、2017年公布了入选全国文明城市的具体名单。其中，第一届12个、第二届14个、第三届27个、第四届34个、第五届89个（见表1）。对于连续三届保持荣誉称号的城市，中央文明委会授予其"全国文明城市标兵"称号。

在主持和推动"全国文明城市"创建活动的过程中,中央精神文明建设指导委员会的任务主要有以下三个方面:

(一)制定标准

文明城市的测评标准,是全国文明城市创建活动的"指挥棒"和"样板"。中央精神文明建设指导委员会分别于2004年、2008年、2011年、2015年,出台了4个版本的测评标准体系。整个测评标准体系越来越精准、精良,测评内容不断丰富、测评指标更加细化、达标要求愈发严格。

2004年9月,中央精神文明建设指导委员会制定出台了《文明城市测评体系(试行)》,首次确立了成为全国文明城市的标准化条件。首版测评体系下设物质文明、政治文明、精神文明三个类别,包含政务环境、法治环境、市场环境、人文环境、生活环境、生态环境和创建工作情况七个方面的指标。这些指标具体又可分为37条、共计119项的操作性内容。该测评体系采用了社会实验领域的相关方法,借助先进的计算机软件技术,对相应领域进行考察,使得对文明城市的测评工作一开始就走上了较为科学的轨道。

这一测评体系实施四年后,中央精神文明建设指导委员会于2008年颁布了新一版的《全国文明城市测评体系(2008年版)》。2008版的测评体系包括"基本指标"和"特色指标"两大部分。基本指标侧重于测量文明城市(城区)创建的基本情况,共设置了廉洁高效的政务环境、公正公平的法治环境、规范守信的市场环境、健康向上的人文环境、安居乐业的生活环境、可持续发展的生态环境、扎实有效的创建活动等7个测评项目,共计30项测评指标。特色指标侧重于测量城市(城区)精神文明创建工作特色、城市(城区)整体形象,共计3项(城区4项)测评指标。同时,新的测评体系在基本指标中设置了6个调节性测评内容,当考核西部、中部和东北部城市时,这6项测评内容的标准适当下调,以平衡各地区的资源差异。除此之外,2008年版测评体系的一个重要"增加项"是,规定申报前12个月内市委(区委)、市政府(区政府)主要领导存在严重违纪、违法犯罪及申报前 12 个月内曾发生有全国影响的重大安全事故、重大食品药品安全事故、重大刑事案件、重大环境污染事件的城市（城区），不得申报评选。这无疑对准备创建成为全国文明城市的候选者提出了更高的要求。

2011 年，中央精神文明建设指导委员会将原有测评体系进一步细化，颁布了《全国文明城市测评体系（2011 年版）》。2011 年版的测评体系将原先会导致评选资格取消的相关规定中的"主要领导"明确为"市委书记（区委书记）、市长（区长）"，并在对原有用词做小幅度调整的同时，增加了"有利于青少年健康成长的社会文化环境、安全稳定的社会环境"两个项目，将基本指标的测评项目扩充为 9 个，同时将测评指标扩大至 36 项，特色指标增至 4 条（城区 5 条），调节性测评内容调整至 5 个。

2015 年，中央精神文明建设指导委员会出台了《全国文明城市（地级以上）测评体系（2015 年版）》。2015 年版的测评体系由 3 大版块、12 个测评项目、90 项测评内容、188 条测评标准构成。第一版块为牢固的思想道德基础，包括理想信念教育、社会主义核心价值观建设、培育文明道德风尚等三个测评项目；第二版块为良好的经济社会发展环境，包括廉洁高效的政务环境、公平正义的法治环境、诚信守法的市场环境、健康向上的人文环境、有利于青少年健康成长的社会文化环境、舒适便利的生活环境、安全稳定的社会环境、可持续发展的生态环境等八个测评项目；第三版块为长效常态的创建工作机制这一个测评项目。同时，中央精神文明建设指导委员会还发布了与之配套的《全国文明城市（地级以上）测评体系操作手册》，详细说明指标要求，明确测评方法。此外，新的测评体系还首次提出"创建文明城市负面清单"，诸如突击迎检、扰民劳民等方面均包含在内，共计 10 个领域、30 条规定。2015 年版测评体系要求对出现负面清单所列问题的城市（区），视情节严重程度采取罚扣测评分数、停止提名城市（区）资格、停止全国文明城市（区）资格 1 年、取消全国文明城市(区)荣誉称号的惩戒办法。这是本次修订工作的一大创新之处,显然是对一直以来部分城市在创建过程中所出现的"搞形式、走过场、劳民伤财、本末倒置"等痼疾的针对性治理。

(二)考核评估

中央精神文明建设指导委员会与国家统计局共同组建测评组,按照最新的《全国文明城测评体系》《全国未成年人思想道德建设工作测评体系》等,对申报城市展开综合测评。

综合测评主要分为两个方面:一是实地测评,由测评组采取实地暗访、入户调查和随机街访相结合的方式进行;二是网上材料审核,申报城市将两个《测评体系》中涉及材料审核项目的资料,通过"全国精神文明创建评选网上申报系统"进行网上报送。

综合测评工作完成后,中央文明办依据测评总成绩提出本届全国文明城市候选名单,报中央文明委领导审定后,在中央新闻媒体上进行公示。中央文明办综合公示情况,提出新一届全国文明城市建议名单,报中央文明委审定后表彰。

(三)复查督促

"全国文明城市"这一称号虽标准极高、不易取得,但即便申报城市经历重重评审得以入选,亦并非永久性的。中央精神文明建设指导委员会将对已获得"全国文明城市"称号的各个地方,进行不定期的抽查、复审,以确保"全国文明城市"创建活动的质量,督促各个文明城市保持一贯的治理水准,杜绝出现"昙花一现"现象。

各个文明城市首先要根据最新的《全国文明单位测评体系》进行自查。然后,向省一级文明委提交三年创建工作总结、提出保留荣誉称号的申请。接着,省一级文明委依照《全国文明单位测评体系》,对申请复查的各个文明城市逐一复查审核。

复审结束后,省一级文明委要将总体复查报告、各个城市的复查申请表,通过"全国精神文明创建评选网上申报系统"报送至中央文明办。中央文明办组织对各省和中央国家机关有关部门复查后拟保留荣誉称号的文明单位,进行资格审核和抽查。符合条件的,予以确认保留,发给荣誉证书;不符合条件的,报经中央文明委审定后,取消荣誉称号。而且规定,所在省文明委和所属行业(系统)主管部门文明委不得再推荐新的单位进行递补。

第二章　国务院议事协调机构

国务院议事协调机构,是"领导小组"体系中的另一重要板块。相较于中国政府组织体系中的"部""司""局""处""科"等正式序列机构,国务院议事协调机构在组织结构、运行过程、功能定位等方面也具有明显的特色。与"中央领导小组"相类似,国务院议事协调机构在治理实践中持续性地发挥着独特且关键的作用。

第一节　历史延续

新中国成立以来,以"领导小组"为代表的议事协调机构便持续地存在于中国政府组织体系架构乃至治理实践之中,是中国国家治理现代化进程的历史见证者之一。在中央政府层面,议事协调机构经历过多次大的调整与变革,相应地在不同阶段呈现出不同的外在特质与内在机理。本书旨在通过对国务院议事协调机构自1949年新中国成立至今这一时间段的演进历程进行历史考察和回顾,从历史中寻求经验和智慧。这不仅有助于对当下议事协调机构的存在状态进行分析与解读,同时对于预设未来议事协调机构的发展方向和模式选择亦能提供有益的启示。

一、国务院议事协调机构的变迁

"议事协调机构"这一称谓,是在 1993 年才出现于中国的政治词汇中的。在此之前,中国政府对于"领导小组"等未进入正式序列机构体系中的组织,一直是使用临时机构、非常设机构以及序列外机构等各种名称来标记它们,并未有意识地进行统一和规范。在 1993 年和 2008 年,国务院先后两次统一"领导小组"等特殊机构的名称,并从 2008 年开始固定使用"议事协调机构"这一专门性称谓。① 因此,本书在整理和分析议事协调机构的历史资料时,为避免混淆,既要把"议事协调机构"作为主要分析词汇来运用,同时在不同历史阶段也会适当使用当时所用的称谓。同时,考虑到地方上机构变动的情况和规模都较为庞杂,这里的分析主要是以中央政府层面的议事协调机构的设置情况变化为分析主线,并在其间穿插、辅之以地方上的情况。

(一)改革开放前议事协调机构设置的历史沿革

1.政务院时期非正式序列机构的设置情况

在新中国成立初期,中央人民政府面临着解放战争仍在继续,尚未解放的地区亟待解放,国民党军队的残部和土匪要肃清,新解放区的人民政权要建立和巩固,工农业生产亟须恢复等艰巨任务。为适应这些艰巨任务的需要,国务院的前身政务院接连设置了一些应对专项任务的综合性、临时性机构,例如中央防疫委员会、政务院指导接收工作委员会、全国文化用纸管理委员会、全国编制委员会、全国仓库物资清理调配委员会、中央人民政府防汛总指挥部、

---

① 但各级地方政府尚未适时"跟进",目前使用各种称谓的情况都有。

中央地质计划指导委员会、中央复员委员会、政务院治淮委员会、处理接受美国津贴救济机关委员会、中央人民政府节约检查委员会、中央人民政府机关生产处理委员会、政务院劳动就业委员会、中央贯彻婚姻法运动委员会、中央救灾委员会、中央人民政府扫除文盲工作委员会、政务院转业建设委员会等。

当时,在中央人民政府设立这些机构的文件中并未明确说明其性质,不过单就这些机构的名字从未出现在政务院机构组织图中这一点来看,它们都应该是临时性的、非正式序列性机构。同时,这些机构的组织构成与运作方式与现今国务院的议事协调机构也比较相似,以"政务院劳动就业委员会"为例:①

> 这是一项艰巨而又复杂的工作。为了统一领导,全面安排,这次的政务会议还决定成立政务院劳动就业委员会,李维汉为主任,安子文、李立三、章乃器、钱俊瑞为副主任。大行政区、省和大城市均设立劳动就业委员会,并建立有专人负责的办事机构,指导劳动部门及其他有关部门办理对一切失业人员的登记处理事宜。

> 8月,政务院劳动就业委员会提出并经政务院批准公布了《关于失业人员统一登记办法》。

> 10月,政务院劳动就业委员会举行会议通过并经政务院批准,制定了对各类人员具体处理的八个办法,即:《关于处理失业工人的办法》、《关于解决失业知识分子问题的方针和办法》、《关于处理失业旧军官旧官吏的方针和办法》、《关于解决农村剩余劳动力问题的方针和办法》、《僧尼道士的生活情况及处理意见》、《关于处理少数民族劳动就业与救济问题的意见》、《对被迫害回国的难侨和有困难的归侨的安置问题》、《有关城市社会救济问题的情况及处理意见》。

---

① 马永顺:《周恩来组建与管理政府实录》,中央文献出版社,1995年,第59~60页。

从上述"政务院劳动就业委员会"的设置方式及其运转情况可以看出，在人员构成、办事机构设置、工作职责及实现形式等方面，它与当前国务院的议事协调机构都极为相似。

政务院时期成立的这些非正式序列性机构，大多数在任务完成后都被撤销或并入到正式序列机构中，不过也有少数机构经过反复的演变，得以延伸至今，当下的一些议事协调机构都能在它们身上找到一些自己的"身影"。例如全国爱国卫生运动委员会的前身可追溯至中央防疫委员会，中央机构编制委员会的前身可追溯至全国编制委员会，国家防汛抗旱总指挥部的前身可追溯至中央人民政府防汛总指挥部，国家减灾委员会的前身可追溯至中央救灾委员会，国务院军队转业干部安置工作小组的前身可追溯至政务院转业建设委员会。

2. "文革"前国务院非正式序列机构的设置情况

1954 年，一届人大一次会议召开，成立了国务院。随着社会主义改造和全面建设社会主义的开始，这一时期临时性、非正式序列性机构的设置逐渐增多，有的还进入正式序列机构中。比如在 1958 年，非正式序列机构国务院科学规划委员会（成立于 1956 年）与国家技术委员会合并为国家科学技术委员。[1] 在 1963 年，非正式序列机构全国物价委员会（成立于 1957 年）进入国务院直属机构序列；非正式序列机构国务院编制委员会（成立于 1956 年）改称为国家编制委员会，进入国务院的直属机构序列。[2]

同时，为了适应推动国民经济发展和提高效率的需要，这一时期中央和

---

[1]　"全国人民代表大会常务委员会关于将国家技术委员会和科学规划委员会合并为科学技术委员会的决议"，《中华人民共和国国务院公报》，1958 年第 34 期。

[2]　"国务院提请全国人民代表大会常务委员会批准将全国物价委员会改为国务院直属机构的议案"和"国务院提请全国人民代表大会常务委员会批准将国务院编制委员会改称国家编制委员会作为国务院直属机构的议案"，《中华人民共和国国务院公报》，1963 年第 11 期。

地方各级机关先后进行了几次比较集中的机构改革和人员精简运动。虽然从所能够获取的有限资料中难于发现国务院非正式序列机构的调整情况,不过值得注意的是,这一时期已经有一些地方政府注意到了临时性机构设置过多的弊端,并在探索解决问题的办法。例如在江西省编制委员会于1964年11月24日发布的《关于省级机关各种临时机构调查情况与意见的报告》一文中,就对这一方面的问题进行了论述:①

> 近年来,省级机关(不包括党群系统)共先后设立了二十五个临时机构(所谓临时机构,是指其所担负的任务有时间性、阶段性,不能归口给某一厅局而需几家共同承担,或需冠以省的名义,并经省委、省人委批准成立的非正式国家职能机构),共有一百二十二人。其中有正式编制的六人,本单位抽人兼管的二十四人、从外单位抽调的九十二人。这些机构在省委、省人委的领导下,在完成各项临时工作任务中,均起到了一定的作用。但目前有些临时机构,任务已经完成,还没有及时撤销;有的作用不大,可有可无;有的与职能机构业务重复,增加了不必要的工作环节。中央指出:临时机构设立过多,势必不利于加强集中统一领导,不利于发挥职能机构的作用,也不符合机关革命化的要求。为进一步发挥各部、委、厅、局职能机构的作用和促进机关革命化,经征求各部门意见,对现有二十五个临时机构,计划保留九个,撤销十六个(详见附表)。对于撤销的临时机构,人员要作妥善处理,抽调的人员哪里来的,仍回哪里去,并按照规定妥善办理移交手续。
>
> 今后如属可设可不设的或其业务可由职能机构办理的,一律不得设

---

① "江西省编制委员会关于省级机关各种临时机构调查情况与意见的报告",《江西政报》,1964年第12期。

立临时机构;凡确需成立临时机构时,均应事先履行审批手续,非经批准不得擅自设立。经批准成立的临时机构,任务一经完成,应及时报请撤销。

3."文革"时期国务院非正式序列机构的非正常运行

在"文革"时期,各级政府机构都发生了非正常的大变动,国务院的正式序列机构和非正式序列机构也都经历了不正常的大精简、大撤并。受当时形势的影响,这一时期所设立的大多数机构,不论正式的还是临时的,都被归入党的序列。例如成立于1969年8月27日的全国人民防空领导小组,成立于1970年3月8日的中共中央南方13省、市、自治区血防工作领导小组,成立于1973年4月22日的中共中央地方病防治领导小组。只有极少数非正式序列机构不属于这种情况,如成立于1973年7月16日的国务院计划生育领导小组(即"国家人口和计划生育委员会"的前身)。

与国务院的情况相同,这一时期各级地方政府和企事业单位普遍成立"革命委员会"这一党政合一、独揽大权的组织。相应地,这期间成立的各种地方性"领导小组"等机构也都是处于这些"革命委员会"或"革命领导小组"的组织体系框架中,基本上都由党委和军队管理。

(二)改革开放以来议事协调机构设置的变动情况

准确地讲,在1988年的国务院机构改革之前,有关"领导小组"等非正式序列性机构的调整和变动,一直未被纳入中国政府机构改革乃至政府组织机构体系的整体棋局。这一是指1988年之前的历次政府机构改革从来都不曾把涉及这些机构的变动情况认定为是机构改革的一部分;二是指此种类别的机构一直未有正式的"名分",它们既没有被归入某一特定的组织机构类别,没有统一、固定的称谓,更缺乏认定其身份的专门性法律法规、规范性文件。这一状况随着1986年《国务院关于清理非常设机构的通知》的出台而发生了变化,这是第一个有关"领导小组"等当时被称为非常设机构的专门性文件。而1988年的国务院机构改革则是议事协调机构改革开始得以与整体改革"同步"的起点。随后在1993年和2008年的机构改革中,议事协调机构又经历了两次关键性的变化"拐点"。

1.1986年:《国务院关于清理非常设机构的通知》的出台

在改革开放之后第一次大规模的机构改革即1982年的国务院机构改革中,与之前的情况相一致,机构调整的这个过程并未涉及"领导小组"等非正式序列机构的变动情况,唯一可以获取的信息是,截至1981年12月国务院一共有44个非常设机构。从之后的1988年国务院机构改革中非常设机构的调整情况来看,自1982年到1988年这一段时间里,国务院非常设机构的规模显然又经历了相当数量的增长。现实的压力推动着有关这一部分机构的改革,特别是精简逐步进入到改革议程中来,第一个变化产生时的时间刻度是在1986年。

1986年10月30日,国务院出台了《关于清理非常设机构的通知》(国发〔1986〕100号),这是有关"领导小组"等各类非常设机构的第一个专门性文件。该文件首先将"各级国家机关在常设机构之外设置的不少委员会、领导小组、办公室等"统一命名为"非常设机构",并指出:"从实际情况考虑,由于新旧管理体制正处于转换时期,现有常设机构不能完全适应社会发展、经济建设和各项改革的需要,临时设置一些非常设机构,加强某些方面的工作是必要的",肯定了设置这些机构的必要性所在;同时也认为:"目前非常设机构设置过多过乱,在许多地方超过了常设机构的数量,而且还在继续增加;有的任务已基本完成或主要工作已移交常设机构办理,机构依然存在;有的设置实体的办事机构,还形成上下对口的管理系统,从而加剧了政府机构的臃肿、重叠,既扩大了人员编制,增加了国家财政负担,又造成常设与非常设机构分工不清,以致助长了官僚主义,降低了工作效率",认识到了非常设机构存在的弊端和问题;在此基础上,该文件制订了如何调整和规范非常设机构的三条指导性措施。① 以这一专门性文件为出发点,从 1988 年的国务院机构改革开始,"领导小组"等非常设机构的改革开始进入中国政府机构改革已经组织结构体系设计的整体视野。

2.1988 年:非常设机构的第一次集中性调整

在 1988 年的国务院机构改革中,开始出现了"非常设机构从 75 个减到 44 个"的表述。这不但是有关于非常设机构的第一次集中性调整,更重要的还在于这次改革意味着非常设机构的改革开始与整个机构改革"同步",自此以后,在随后 1993 年、1998 年、2003 年与 2008 年的历次国务院机构改革中,对于非正式序列机构的增设与撤并都会成为改革内容的必要组成部分。

在 1988 年 8 月 11 日出台的《国务院关于非常设机构设置问题的通知》(国发〔1988〕56 号)这一文件中,决定保留的 44 个非常设机构如下:

国家机构编制委员会(1991 年 7 月改为中央机构编制委员会),国家旅游事业委员会,国家无线电管理委员会,国务院关税税则委员会,国务院环境保护委员会,国务院企业管理指导委员会,国务院物价委员会,国务院学位委员会,全国爱国卫生运动委员会,全国安全生产委员会,全国矿产储量委员会,全国绿化委员会、全国农业区划委员会,中国地名委员会,关税和贸易总协定谈判委员会,国务院三峡工程审查委员会,国务院、中央军委空中交通管制委员会,国务院古籍整理出版规划小组,国务院核电领导小组(1991 年 8 月成立国家核事故应急委员会,与国务院核电领导小组实行"一个机构、两块牌子"),国务院口岸领导小组,国务院煤炭出口领导小组,国务院外国投资工作领导小组,国务院稀土领导小组,国务院重大技术装备领导小组,全国控制社会集团购买力领导小组,国务院宁波经济开发协调小组,国务院贫困地区经

_____

① 《国务院关于清理非常设机构的通知》(1986 年 10 月 30 日)。

济开发领导小组,全国水资源与水土保持工作领导小组,国务院退伍军人和军队离休退休干部安置领导小组,国务院引进国外智力工作领导小组,国务院住房制度改革领导小组,国务院农业综合开发领导小组,国务院电子信息系统推广应用办公室,国务院机电产品出口办公室,国务院机电设备进口协调办公室,国务院三峡地区经济开发办公室,国务院税收财务物价大检查办公室,国务院三线建设调整改造规划办公室,国务院以煤代油专用资金办公室,国务院军队转业干部安置工作小组,国务院、中央军委交通战备领导小组,中华人民共和国人民防空委员会,国家防汛抗旱总指挥部,国家森林防火总指挥部。

另外,1988 年以后国务院先后增设了 41 个非常设机构,这些机构是:

全国国民经济核算协调委员会,国务院妇女儿童工作协调委员会,国务院分配制度改革委员会,中国国际减灾十年委员会,国务院、中央军委专门委员会,国家国防动员委员会,国家边防委员会,国务院高技术计划协调指导小组,对南朝鲜经济贸易协调指导小组,干线飞机研制领导小组,国务院全国人口普查领导小组,国务院联合清理拖欠领导小组,国务院清理"三角债"领导小组,国务院黄金工作领导小组,国务院纠正行业不正之风办公室,国家禁毒委员会,国家专项粮食储备领导小组,国务院农业生产资料协调领导小组,全国治理"三乱"领导小组,国务院"质量、品种、效益年"领导小组,国务院清产核资领导小组,国务院职称改革工作领导小组,全国双拥工作领导小组,全国救灾工作领导小组,全国企业管理干部培训工作领导小组,国务院三峡工程移民试点工作领导小组,国务院国民经济和社会发展总体研究协调小组,全国机电设备进口协调领导小组,国务院治淮领导小组,太湖治理领导小组,国务院知识产权领导小组,全国清理整顿书报刊和音像市场工作小组,国务院、中央军委军品出口工作领导小组,国家航天领导小组,国务院投入产出调查协调领导小组,全国治沙领导小组,全国濒危动物保护领导小组,全国打击走私协调小组,国家气候协调小组,国务院统一着装委员会,国务院、中央军委军工产品定型委员会。

3.1993年:议事协调机构的第一个变化"拐点"

在1993的国务院机构改革中,非常设机构由85个减为26个,这是历次改革中精简幅度最大的一次,同时议事协调机构还经历了第一个"拐点"性的变化。这一是因为国务院对于以"领导小组"为代表的非正式序列机构的命名发生了变化;二是相较于以往改革只公布所要保留机构的名单,这次调整在机构设置通知中增加了被撤销机构的原有工作是否需要移交以及如何移交等内容。这种机构调整方案公布的方法和模式一直被延续至今。

在国务院于1993年4月19日出台的《关于国务院议事协调机构和临时机构设置的通知》(国发〔1993〕27号)中,将国务院的"非常设机构"一律改称为"议事协调机构和临时机构",从此在中国的政府组织机构乃至政治话语体系中出现了一个新的名词——"议事协调机构"。同时这次改革也更为精细化,不但正式公布了经调整后的26个国务院议事协调机构和临时机构的名单,并且对于被撤销的其余59个非常设机构,就其原工作是否需要移交以及如何移交问题,国发〔1993〕27号文件对其中16个非常设机构的工作移交问题做了安排。

1993年国务院机构改革中,调整后的国务院议事协调机构和临时机构(共26个)设置情况,具体如下:

国家国防动员委员会,具体工作由总参谋部、总后勤部、国家计委承担;国务院、中央军委专门委员会,具体工作由国防科工委承担;国家边防委员会,具体工作由总参谋部承担;国务院、中央军委空中交通管制委员会,具体工作由总参谋部承担;全国爱国卫生运动委员会,办事机构并入卫生部,具体工作由卫生部承担;全国矿产储量委员会,具体工作由地矿部承担;国务院军队转业干部安置工作小组,具体工作由人事部承担;全国绿化委员会,具体工作由林业部承担;国家无线电管理委员会,在邮电部单设办事机构;国务院学位委员会,在国家教委单设办事机构;国务院环境保护委员会,具体工作由国家环保局承担;国务院退伍军人和军队离休退休干部安置领导小组,具体工作由民政部承担;国家防汛抗旱总指挥部,在水利部单设办事机构;国务院妇女儿童工作协调委员会,具体工作由全国妇联承担;全国拥军优属拥政爱民工作领导小组,具体工作由民政部、总政治部承担;国务院三峡工程建设委员会,在国家计委单设办事机构;国务院证券委员会,办事机构设在证监会;国务院残疾人工作协调委员会,具体工作由中残联承担;国务院、中央军委军品贸易领导小组,在总参谋部单设办事机构;国务院住房制度改革领导小组,具体工作由国家体改委承担;关税和贸易总协定谈判委员会,具体工作由外经贸部承担;国务院贫困地区经济开发领导小组,在农业部单设办事机构;国务院关税税则委员会,具体工作由国家经贸委承担;中国国际减灾十年委员会,具体工作由民政部承担;全国禁毒工作领导小组,在公安部单设办事机构;全国打击走私协调小组,具体工作由海关总署承担。

同时,对其中16个非常设机构工作移交问题的安排,具体如下:

国家农业综合开发领导小组撤销后,工作改由财政部承担;国务院电子信息推广应用办公室撤销后,工作改由电子工业部承担;国务院核电领导小组及国家核事故应急委员会撤销后,工作改由国家计委承担;国务院稀土领导小组撤销后,工作改由国家经贸委承担;国务院以煤代油专用资金办公室撤销后,工作改由国家计委承担;国务院重大技术装备领导小组撤销后,工作改由国家经贸委承担;国务院农业生产资料协调领导小组撤销后,工作改由国家经贸委承担;全国濒危动物保护领导小组撤销后,工作改由国家环境保护委员会承担。国务院口岸领导小组撤销后,办事机构并入国家经贸委,用国家口岸办公室的名义;国务院机电产品出口办公室和国务院机电设备进口协调办公室撤销后,工作由国家经贸委承担,用国家机电产品进出口办公室

中国"小组机制"研究（第二版）

的名义；国务院古籍整理出版规划小组撤销后，工作改由国家教委承担，用国家古籍整理出版规划小组的名义；国务院太湖治理领导小组和国务院淮河治理领导小组撤销后，工作由水利部承担，分别保留名义；国务院纠正行业不正之风办公室的工作由监察部承担，保留名义；国务院的其他非常设机构一律撤销。

其后，在1993年7月9日出台的《国务院办公厅关于部分已撤销的国务院非常设机构其原工作移交有关部门承担问题的通知》（国办发〔1993〕42号）中，对剩余的被撤销非常设机构的工作移交问题也予以了落实，具体情况如下：

国务院税收财务物价大检查办公室撤销后，需要进行检查时，由财政部牵头组织力量；全国整顿清理书报刊和音像市场工作小组撤销后，工作由新闻出版署承担；国务院干线飞机研制领导小组撤销后，工作由中国航空工业总公司承担；全国治沙领导小组撤销后，工作由林业部承担；全国企事业社团统一代码标识制度领导小组撤销后，工作由国家经贸委管理的国家技术监督局承担；国家旅游事业委员会撤销后，工作由国家旅游局承担；国务院物价委员会撤销后，工作由国家计委承担；全国安全生产委员会撤销后，工作由劳动部承担；国务院国民经济和社会发展总体研究协调小组撤销后，工作由国家计委承担；国务院煤炭出口领导小组撤销后，工作由国家经贸委承担；国务院职称改革领导小组撤销后，工作由人事部承担；国务院统一着装委员会撤销后，工作由财政部承担；国务院引进外国智力工作领导小组撤销后，工作由人事部管理的国家外国专家局承担；国家气候协调小组撤销后，工作由中国气象局承担；全国农业区划委员会撤销后，工作由农业部承担；国务院三线建设调整改造规划办公室撤销后，工作由国家计委承担；全国水资源与水土保持领导小组撤销后，工作由水利部承担；国家森林防火总指挥部撤销后，工作由林业部承担；全国控制社会集团购买力领导小组撤销后，工作由财政部承担；

中国地名委员会撤销后,工作由民政部承担;全国防治牲畜疫病总指挥部撤销后,工作由农业部承担;国务院高技术计划协调指导小组撤销后,工作由国家科委承担;国务院清产核资领导小组撤销后,工作由财政部管理的国家国有资产管理局承担;全国国民经济核算协调委员会撤销后,工作由国家统计局承担;国务院投入产出调查协调领导小组撤销后,工作由国家统计局承担;国务院联合清理拖欠税款领导小组撤销后,工作由财政部承担;全国治理"三乱"领导小组撤销后,工作由财政部承担;国家机构编制委员会撤销后,工作由中央编委承担。

4.1998 年国务院机构改革中议事协调机构的变化

1998 年 3 月 29 日出台的《国务院关于议事协调机构和临时机构设置的通知》(国发〔1998〕7 号)中,公布了所要设置的议事协调机构和临时机构的名单,共计 20 个,详细情况如下:

国家国防动员委员会,具体工作由国家发展计划委员会、总参谋部、总后勤部承担;国务院中央军委专门委员会,具体工作由国防科工委承担;国家边防委员会,具体工作由总参谋部承担;国务院中央军委空中交通管制委员会,具体工作由总参谋部承担;全国爱国卫生运动委员会,具体工作由卫生部承担;全国绿化委员会,具体工作由国家林业局承担;国务院学位委员会,在教育部单设办事机构;国家防汛抗旱总指挥部,在水利部单设办事机构;国务院妇女儿童工作协调委员会,具体工作由全国妇联承担;全国拥军优属拥政爱民工作领导小组,具体工作由民政部、总政治部承担;国务院三峡工程建设委员会,单设办事机构;国务院残疾人工作协调委员会,具体工作由中残联承担;国务院扶贫开发领导小组,在农业部单设办事机构;国务院关税税则委员会,具体工作由财政部承担;中国国际减灾十年委员会,具体工作由民政部承担;国务院科技教育领导小组,具体工作由科技部、教育部承担;国家履行《禁止化学武器公约》工作领导小组,具体工作由国家石油和化学工业局承担;国务院军队转业干部安置工作小组,具体工作由人事部承担;国家经济体制改革委员会,具体工作由国务院体改办承担;此外,国务院纠正行业不正之风办公室保留名义,工作由监察部承担。

同时,此次机构改革还撤销了20个议事协调机构和临时机构,具体情况如下:

撤销全国矿产资源委员会,工作改由国土资源部承担;撤销国家无线电管理委员会,工作改由信息产业部承担;撤销国务院环境保护委员会,工作改由环保总局承担;撤销国务院退伍军人和军队离休退休干部安置领导小组,具体工作由民政部承担;撤销国务院证券委员会,工作改由证监会承担;撤销国务院中央军委军品贸易领导小组,工作改由国防科工委承担;撤销国务院住房制度改革领导小组,工作由建设部承担;撤销关税和贸易总协定谈判委员会,工作改由外经贸部承担;撤销全国禁毒工作领导小组,工作改由公安部承担;撤销全国打击走私领导小组,工作改由海关总署承担;撤销全国外资工作领导小组,工作改由外经贸部承担;撤销国务院外汇体制改革协调领导小组,工作改由中国人民银行承担;撤销国务院财税体制改革协调领导小组,工作改由财政部承担;撤销国务院勘界工作领导小组,工作改由民政部承担;撤销国务院信息化工作领导小组,工作改由信息产业部承担;撤销国务院对非洲经济贸易技术合作协调小组,工作改由外经贸部承担。此外,撤销名义的机构:撤销国家口岸办公室,工作改由海关总署承担;撤销国家机电产品进出口办公室,工作由外经贸部承担;撤销国家古籍整理出版规划小组,工作由新闻出版署承担;撤销国务院太湖治理领导小组和国务院淮河治理领导小组,工作由水利部承担。国务院的其他议事协调机构和临时机构一律撤销;原保留名义的不再保留。

5.2003年国务院机构改革中议事协调机构的变化

2003年3月21日出台的《国务院关于议事协调机构和临时机构设置的

通知》(国发〔2003〕10 号)中,公布了所要设置的议事协调机构和临时机构的名单,共计 27 个,详细情况如下:

国家国防动员委员会,具体工作由国家发展和改革委员会、总参谋部、总后勤部承担。国务院中央军委专门委员会,具体工作由国防科学技术工业委员会承担。国家边防委员会,具体工作由总参谋部承担。国务院中央军委空中交通管制委员会,具体工作由总参谋部承担。全国爱国卫生运动委员会,具体工作由卫生部承担。全国绿化委员会,具体工作由国家林业局承担。国务院学位委员会,在教育部单设办事机构。国家防汛抗旱总指挥部,在水利部单设办事机构。国务院妇女儿童工作委员会,具体工作由中华全国妇女联合会承担。全国拥军优属拥政爱民工作领导小组,具体工作由民政部、总政治部承担。国务院三峡工程建设委员会,单设办事机构。国务院残疾人工作协调委员会,具体工作由中国残疾人联合会承担。国务院扶贫开发领导小组,单设办事机构。国务院关税税则委员会,具体工作由财政部承担。中国国际减灾委员会,具体工作由民政部承担。国家科技教育领导小组,办公室设在国务院办公厅。国家履行《禁止化学武器公约》工作领导小组,具体工作由国家发展和改革委员会承担。国务院军队转业干部安置工作小组,具体工作由人事部承担。国家禁毒委员会,具体工作由公安部承担。全国老龄工作委员会,办公室设在民政部。国务院西部地区开发领导小组,在国家发展和改革委员会单设办事机构。国务院抗震救灾指挥部,办公室设在中国地震局。国家处置劫机事件领导小组,办公室设在中国民用航空总局。全国整顿和规范市场经济秩序领导小组,办公室设在商务部。国家信息化领导小组,单设办事机构。国务院行政审批制度改革工作领导小组,办公室设在监察部。此外,国务院纠正行业不正之风办公室保留名义,具体工作由监察部承担。

同时,此次机构改革还撤销了 6 个议事协调机构和临时机构,具体情况

如下:

撤销国务院清理整顿经济鉴证类社会中介机构领导小组,工作由财政部承担;撤销国务院打击骗取出口退税工作领导小组,工作由国家税务总局承担;撤销全国粮食清仓查库工作领导小组,工作由国家发展和改革委员会承担;撤销国家经济体制改革委员会,工作由国家发展和改革委员会承担;撤销国务院安全生产委员会,工作由国家安全生产监督管理局承担;撤销第29届奥林匹克运动会工作领导小组,工作由第29届奥林匹克运动会组织委员会承担。

6.2008 年:议事协调机构的第二个变化"拐点"

在 2008 年的国务院机构改革中,以"领导小组"为主要代表的议事协调机构和临时机构经历了第二次"拐点"性的变化。这些变化既包括机构名称上的再次调整,也包含了改革重视程度的提升,特别是调整思路更为明晰。这标志着有关议事协调机构的改革已经逐渐成熟。

相较于以往任何一次改革,在 2008 年的国务院机构改革中,议事协调机构改革的问题得到了前所未有的高度重视。具体调整方案出台之前的一系列事例可以证明这一点:在十六届四中全会通过的《中共中央关于加强党的执政能力建设的决定》中第一次做出了"规范各类领导小组和协调机构,一般不设实体性办事机构"的表述;党的十七大报告则首次将"精简和规范各类议事协调机构及其办事机构"列为行政管理体制改革的重要内容之一,这也是"议事协调机构"作为专有名词第一次出现在党代会的报告中;十七届二中全会通过的《关于深化行政管理体制改革的意见》还进一步提出了改革议事协调机构及其办事机构的指导性原则。① 这些都是史无前例的。

---

① 该原则的具体表述为:"精简和规范各类议事协调机构及其办事机构,不再保留的,任务交由职能部门承担。今后要严格控制议事协调机构设置,涉及跨部门的事项,由主办部门牵头协调。确需设立的,要严格按规定程序审批,一般不设实体性办事机构。"

第二章　国务院议事协调机构

2008 年 3 月 21 日出台的《国务院关于议事协调机构设置的通知》(国发〔2008〕13 号)这一文件,仍旧沿袭以往的惯例,公布了设置和撤销的机构名单。但是细究起来可以发现,这一文件的标题和整个内容中都已经用"议事协调机构"一词代替了自 1993 年第一次名称变动起一直沿用的"议事协调机构和临时机构"这一传统称谓。在十六届四中全会、十七大、十七届二中全会等党的会议的文件中已经可以察觉出机构名称变化的端倪,正式的机构改革方案则对此进行了正式的确认。

与此同时,这次改革还对议事协调机构的调整方向进行了较为完整的阐述,文件指出:今后,要严格控制议事协调机构设置。凡工作可以交由现有机构承担或者由现有机构进行协调可以解决问题的,不另设立议事协调机构,涉及跨部门的事项,由主办部门牵头协调;确需设立议事协调机构的,要严格按照《国务院行政机构设置和编制管理条例》的规定,由国务院机构编制管理机关提出方案,报国务院决定,一般不单设实体性办事机构,不单独核定人员编制和领导职数。这些措施可以视为指导议事协调机构未来发展方向的战略方针。

2008 年 3 月 21 日出台的《国务院关于议事协调机构设置的通知》(国发〔2008〕13 号)中,公布了所要设置的议事协调机构和临时机构的名单,共计 29 个,详细情况如下:

国家国防动员委员会,具体工作由国家发展和改革委员会、总参谋部、总政治部、总后勤部承担。国家边海防委员会,具体工作由总参谋部承担。国务院中央军委空中交通管制委员会,具体工作由总参谋部承担。全国爱国卫生运动委员会,具体工作由卫生部承担。全国绿化委员会,具体工作由国家林业局承担。国务院学位委员会,具体工作由教育部承担。国家防汛抗旱总指挥部,具体工作由水利部承担。国务院妇女儿童工作委员会,具体工作由中华全国妇女联合会承担。全国拥军优属拥政爱民工作领导小组,具体工作由民政部、总政治部承担。国务院残疾人工作委员会,具体工作由中国残疾人联合会承担。国务院扶贫开发领导小组,单设办事机构。国务院关税税则委员会,具体工作由财政部承担。国家减灾委员会,具体工作由民政部承担。国家科技教育领导小组,具体工作由国务院办公厅承担。国务院军队转业干部安置工作小组,具体工作由人力资源和社会保障部承担。国家禁毒委员会,具体工作由公安部承担。全国老龄工作委员会,办公室设在民政部,与中国老龄协会合署办公。国务院西部地区开发领导小组,撤销其单设的办事机构,具体工作由国家发展和改革委员会承担。国务院振兴东北地区等老工业基地领导小组,撤销其单设的办事机构,具体工作由国家发展和改革委员会承担。国务院抗震救灾指挥部,具体工作由中国地震局承担。国家信息化领导小组,具体工作由工业和信息化部承担。国家应对气候变化及节能减排工作领导小组(对外视工作需要可称国家应对气候变化领导小组或国务院节能减排工作领导小组),具体工作由国家发展和改革委员会承担。国家能源委员会,具体工作由国家能源局承担。国务院安全生产委员会,具体工作由国家安全生产监督管理总局承担。国务院防治艾滋病工作委员会,具体工作由卫生部承担。国家森林防火指挥部,具体工作由国家林业局承担。国务院三峡工程建设委员会,单设办事机构,工作任务完成后撤销。国务院南水北调工程建设委员会,单设办事机构,工作任务完成后撤销。此外,国务院纠正行业不正之风办公室保留名义,工作由监察部承担。

同时,此次改革还撤销了 25 个议事协调机构和临时机构,具体情况如下:

撤销国家能源领导小组,工作由新设立的国家能源委员会承担;撤销国家处置劫机事件领导小组,工作由中国民用航空局承担;撤销全国整顿和规范市场经济秩序领导小组,工作由商务部承担;撤销国务院行政审批制度改革工作领导小组,工作由监察部等有关部门承担;撤销国家中长期科学和技术发展规划领导小组,工作由科学技术部承担;撤销全国防治非典型肺炎指挥部,工作由卫生部承担;撤销国务院血吸虫病防治工作领导小组,工作由卫生部承担;撤销国务院城市社区卫生工作领导小组,工作由卫生部承担;撤销对台经贸工作协调小组,工作由商务部承担;撤销世贸组织和自贸区工作小组,工作由商务部承担;撤销国家知识产权战略制定工作领导小组,工作由国家知识产权局承担;撤销国家保护知识产权工作组,工作由国家知识产权局承担;撤销国务院产品质量和食品安全领导小组,工作分别由国家质量监督检验检疫总局和卫生部承担;撤销全国服务业发展领导小组,工作由国家发展和改革委员会承担;撤销国家核电自主化工作领导小组,工作由国家发展和改革委员会承担;撤销全国防治高致病性禽流感指挥部,工作由农业部承担;撤销国家西部地区"两基"攻坚领导小组,工作由教育部承担;撤销国家生物技术研究开发与促进产业化领导小组,工作由科学技术部承担;撤销全国农村义务教育经费保障机制改革领导小组,工作由财政部承担;撤销全民科学素质工作领导小组,工作由中国科学技术协会承担;撤销国家文化遗产保护领导小组,工作由文化部承担;撤销国家汉语国际推广领导小组,工作由教育部承担;撤销国家中西部农村初中校舍改造工程领导小组,工作由教育部承担;撤销国家清史纂修领导小组(对外称中国国家清史纂修领导小组),工作由文化部承担;撤销国家履行《禁止化学武器公约》工作领导小组,工作由工业和信息化部承担,保留国家履行《禁止化学武器公约》工作办公室名义。此外,国务院纠正行业不正之风办公室保留名义,工作由监察部承担。

二、办事机构设置模式的变迁:代管→内设→合并

除了整理与分析议事协调机构本身的历史变迁之外,还需要对作为其"唯一"组成部分的办事机构的发展变化做出一番梳理和解读,这不仅是由于有关议事协调机构所属办事部门的改革是这项改革工作中较为重要的一部

分,同时也有助于对议事协调机构的特质及其改革的理解。

在新中国成立以来相当长的一段时期内,对于议事协调机构的办事部门的设置,都是按照正式序列机构的模式和规格来操作的,虽然各种"领导小组"未被纳入到政府组织机构的正式体系,但两者之间在内设机构的设置上却是别无二致的,比如都配备机构运行所需的各种条件,特别是相应的人员编制等。这一情况随着议事协调机构改革进程的全面启动而发生了变化。这里分别以1988年、1993年、1998年的国务院机构改革为时间刻度,来分析其在机构改革前夕的存在状况和主要特征。

（一）"代管"模式

在1986年特别是1988年议事协调机构的改革进程得以"破题"之前,其下属办事机构一般都是单独存在的,是一个实体性的部门。随着《国务院关于清理非常设机构的通知》的出台,这一设置模式开始出现了变化。这份文件首先指出了"有的设置实体的办事机构,还形成上下对口的管理系统,从而加剧了政府机构的臃肿、重叠",进而认为"清理的重点是设有工作实体的非常设机构",最后这一文件提出"其实体办事机构由依托单位代管"或者"可在有关部门挂牌子,不另设办事机构"等改革措施。

这份文件中所提出的有关议事协调机构所属办事机构的改革措施很快就得到了执行,各种"领导小组办公室"从独立的实体性机构的存在方式进入被某一正式序列机构"代管"的时代。这里以1988年机构改革前夕,即1987年的国务院议事协调机构的办事机构的存在状况为例:①

国务院旅游协调小组办公室(6),由国务院办公厅代管;

国务院东北经济区规划办公室(33),国务院上海经济区划办公室(26),

---

① 有关1987年国务院议事协调机构的办事机构的设置情况,由本书根据《中华人民共和国国务院组织机构概要》(劳动人事部编制局编著,工人出版社,1988年)一书中的相关部分整理而成,括号内为办事机构所占编制人数。

国务院能源基地规划办公室(24),国务院三线建设调整改造规划办公室(30),国务院宁波经济开发协调小组(5),国务院西藏经济工作咨询小组办公室(3),国务院以煤代油专用资金办公室(16),国家经济信息管理领导小组办公室,由国家计划委员会代管;

全国职工教育管理委员会办公室,全国企业整顿领导小组办公室,国务院重大技术装备领导小组办公室(14),国务院口岸领导小组办公室(21),国务院电子振兴领导小组办公室,国务院制止向企业乱摊派办公室,国务院机电产品出口办公室(17),由国家经济委员会代管;

国务院经济体制改革方案研究领导小组办公室,由国家经济体制改革委员会代管;

国务院学位委员会办公室,全国高等教育自学考试指导委员会办公室(18),由国家教育委员会代管;

中央职称改革工作领导小组办公室,全国技术市场协调领导小组办公室,国务院海洋资源研究开发保护领导小组办公室,国务院超导攻关领导小组办公室,由国家科学技术委员会代管;

国务院打击走私领导小组办公室,由公安部代管;

中国地名委员会办公室(7),国务院退伍军人和军队离退休干部安置领导小组办公室(安置局),国务院接待安置印支难民领导小组办公室(11),由民政部代管;

全国控制社会集团购买力领导小组办公室(8),国务院税收、财政、物流大检查办公室(17),由财政部代管;

关税和贸易总协定谈判部际协调小组办公室,外贸体制改革领导小组办公室,由对外经济贸易部代管;

全国农业区划委员会办公室,国务院"三西"地区农业建设领导小组办公室,农副产品出口生产体系领导小组办公室,国务院贫困地区经济开发领导小组办公室(23)，由农牧渔业部代管；

中华人民共和国濒危物种进出口管理办公室，全国鸟类环志办公室，全国绿化委员会办公室(17)，中央森林防火总指挥部办公室(13)，国务院"三北"防护林建设领导小组，由林业部代管；

国务院抗旱领导小组办公室，全国水土保持协调小组办公室，国务院三峡工程筹备领导小组，中央防汛总指挥部办公室，全国水资源协调小组办公室，国务院三峡地区经济开发办公室，国务院三峡工程审查委员会办公室，由水利电力部代管；

国务院环境保护委员会办公室，国务院住房制度改革领导小组办公室，由城乡建设环境保护部代管；

全国矿产储量委员会办公室（国家矿产储量管理局），由地质矿产部代管；

国务院利用外资加快发展钢铁和铝工业领导小组办公室，由冶金工业部代管；

国务院重大技术装备领导小组办公室(9)，由国家机械工业委员会办公室代管；

全国海上安全指挥部办公室，由交通部代管；

国家无线电管理委员会办公室(14)，由邮电部代管；

全国安全生产委员会办公室，由劳动人事部代管；

中央爱国卫生运动委员会办公室(27)，由卫生部代管；

国务院全国工业普查领导小组办公室，国民经济统一核算标准领导小组办公室，全国投入产出调查协调小组办公室，由国家统计局代管；

国务院物价小组办公室(5)，由国家物价局代管；

国务院关税税则委员会办公室(7)，由海关总署代管；

国务院首都航空港领导小组办公室，国家紧急处置劫机领导小组办公室，由中国民用航空局代管；

国家南极考察委员会办公室,由国家海洋局代管;

国务院外资国投领导小组办公室,由国务院特区办公室代管。

对议事协调机构的办事机构实行由正式序列机构来"代管"的设置模式,主要解决的是长期以来这些机构的独立存在、难于管理的问题,作为一种新的改革探索实践,其在实际运作中也确实起到了这一作用。不过这毕竟是议事协调机构改革在处于初始阶段时所启用的一种过渡性办法,诸如办事机构占用编制、机构臃肿等问题仍未得以完全化解。处于"代管"下的办事机构,虽然独立性、实体性不如以前,但仍旧是半独立的,实体性也很强。因此,如何进一步解决这一问题,特别是把"代管"一词中的"代"字去掉,就成了下一阶段改革任务的重点。

(二)"内设"模式

随着议事协调机构在 1988 年的机构改革中经历第一次改革"洗礼",其办事部门的存在方式也得到了再一次调整。在严控人员编制尤其是不单列编制的改革指导思路下,为进一步加强对各种"领导小组办公室"的管理,正式序列机构不再是"代管"它们,而是将这些机构直接设置在相应的正式序列机构内部,进行直接管理。这样办事机构的存在状态就从"代管"模式转换到"内设"模式。

从 1988 年机构改革结束至 1993 年机构改革前夕,绝大多数国务院议事协调机构的办事部门都设在某个正式序列机构内部,作为其内设机关。这里以 1992 年的国务院议事协调机构的办事机构的存在状况为例:①

国家禁毒委员会办公室,设在公安部;

国务院纠正行业不正之风办公室,设在监察部;

---

①　有关 1992 年国务院议事协调机构的办事机构的设置情况,由本书根据《中国政府机构名录:中央卷》(新华社《中国政府机构名录》编辑部,新华出版社,1992 年)一书中的相关部分整理而成。

国务院税收、财务、物流大检查办公室,全国控制社会集团购买力领导小组办公室,国家农业集合开发领导小组办公室,由财政部代管;

军官转业安置司(国务院军官转业安置工作小组办公室),设在人事部;

三峡工程论证领导小组办公室(事业单位),国外无缘防汛总指挥部办公室(事业单位),设在水利部;

全国爱国卫生运动委员会办公室,设在卫生部;

国家南极考察委员会办公室,设在国家海洋局。

对议事协调机构的办事部门实行"内设"的设置模式,有效地化解了这些机构所长期存在的独立存在、人员单列等问题,这在相当长的一段时期内成了办事机构的主要存在模式。但是"内设"毕竟也要"设",解决的是如何管理它的问题而非如何拿掉它的问题。如何从根本上压缩人员编制,真正实现"不设",还需要进一步的改革探索。

(三)"合并"模式

议事协调机构所属办事机构的"内设"型设置模式,一直持续到1998年的国务院机构改革。通过观察1998年机构改革前夕,即1996年的国务院议事协调机构的办事机构的存在状况,可以发现在正式序列机构内部存在着相当一部分议事协调机构的办事部门:①

国家机电产品进出口办公室,国家口岸办公室,国务院关税税则委员会办公室,设在国家经济贸易委员会;

药品行政保护办公室(科技教育司),设在国家医药管理局;

国家教委直属高校工作领导小组办公室(高等教育司),国务院学位委员会办公室,设在国家教育委员会;

① 有关1996年国务院议事协调机构的办事机构的设置情况,由本书根据《中国政府机构名录:1996》(《中国政府机构名录》编辑部,新华出版社,1996年)一书中的相关部分整理而成。

国家科学技术奖励工作办公室,国家科委科技扶贫办公室(中国农村技术开发中心),国家科委技术市场管理办公室(中国技术市场管理促进中心),火炬计划办公室(国家科委火炬高技术产业开发中心),设在国家科学技术委员会;

国务院纠正行业不正之风办公室,设在监察部;

中国国际减灾十年委员会办公室(救灾救济司),设在民政部;

财政部财政、税收、财务大检查办公室(财政监督司),国家农业综合开发办公室,设在财政部;

资产核资办公室(统计评价司),设在国家国有资产管理局;

国家防汛抗旱总指挥部办公室,设在水利部;

全国农业资源区划办公室(农业资源区划管理司),全国菜篮子工程办公室(市场信息司),国务院扶贫开发领导小组办公室,设在农业部;

全国爱国卫生运动委员会办公室,设在卫生部。

这一状况随着1998年国务院机构改革大幕的拉开再次发生了变化。为了较为彻底地解决议事协调机构所属办事机构占用人员编制的难题,同时又要确保其日常工作能够有具体的承接者,不会因人员精简而影响到机构的正常运行,国务院开始探索将议事协调机构的办事部门与相关正式序列机构的内设部门进行"合二为一"的改革办法。1998年的《国务院关于议事协调机构和临时机构设置的通知》(国发〔1998〕7号)就反映了这一重要变化:

国家国防动员委员会,具体工作由国家发展计划委员会、总参谋部、总后勤部承担;

国务院中央军委专门委员会,具体工作由国防科工委承担;

国家边防委员会,具体工作由总参谋部承担;

国务院中央军委空中交通管制委员会,具体工作由总参谋部承担;

全国爱国卫生运动委员会,具体工作由卫生部承担;

全国绿化委员会,具体工作由国家林业局承担;

国务院学位委员会,在教育部单设办事机构;

国家防汛抗旱总指挥部,在水利部单设办事机构;

国务院妇女儿童工作协调委员会,具体工作由全国妇联承担;

全国拥军优属拥政爱民工作领导小组,具体工作由民政部、总政治部承担;

国务院三峡工程建设委员会,单设办事机构;

国务院残疾人工作协调委员会,具体工作由中残联承担;

国务院扶贫开发领导小组,在农业部单设办事机构;

国务院关税税则委员会,具体工作由财政部承担;

中国国际减灾十年委员会,具体工作由民政部承担;

国务院科技教育领导小组,具体工作由科技部、教育部承担;

国家履行《禁止化学武器公约》工作领导小组,具体工作由国家石油和化学工业局承担;

国务院军队转业干部安置工作小组,具体工作由人事部承担;

国家经济体制改革委员会,具体工作由国务院体改办承担;

此外,国务院纠正行业不正之风办公室保留名义,工作由监察部承担。

这里所说的议事协调机构的具体工作由某一个正式序列机构来"承担",进一步说来是指由这个正式序列机构的内设部门来担负这项工作,抑或采用与议事协调机构的办事部门"一个机构两块牌子""合署办公"的形式,总之是为了尽量不单独设置实体性办事机构,尤其是不单独占用人员编制,所需要的编制由承担具体工作的相关机构解决。

对议事协调机构的办事机构实行"合并"式的设置方法,可以说已经基本解决了这些部门因为实体性的存在而可能会出现的占用编制、人员超编等问题,因此这一设置模式得以一直保留下来,并不断走向成熟。尤其是在2008

年的机构改革中,"一般不设实体性办事机构"成了改革的主导思路,并在地方各级政府的改革实践中推广开来。

三、对国务院议事协调机构演变的总体分析

总揽议事协调机构的历史变迁进程,可以发现其间蕴含着一些规律性的东西,调整和改革都是有着比较清晰的思路和方向的。

（一）机构存在方式逐渐由"实"到"虚"

通过细致梳理新中国成立以来特别是改革开放之后议事协调机构的变化过程,可以发现虽然改革措施的出台以及调整实践的开展接连不断,但其中都穿插着这样一条主线,即议事协调机构及其办事机构实体性的一面一直在不断被淡化,它从最初与正式序列机构的别无二致逐渐转向到非实体化的改革道路上,这反映在人员组成从"专门化"走向"兼任化"、办事机构基本上都已采用"合并"式的设置方法等多个方面,议事协调机构的"虚置化"特征越来越强。

（二）基本形成了一套较为完整的机构管理模式

经过不断的改革历练和实践总结,中国在议事协调机构的整体控制方面已经基本形成了一套较为完整的管理模式,本书将其归纳为议事协调机构管理的"三部曲":①严格控制议事协调机构的设立,凡工作可以交由现有机构承担或者由现有机构进行协调可以解决问题的,不另设立议事协调机构,涉及跨部门的事项,由主办部门牵头协调。②为办理一定时期内某项特定工作设立的议事协调机构,应当明确规定其撤销的条件和期限。③不单独核定人员编制和领导职数,所需要的编制由承担具体工作的行政机构解决,一般不单设实体性办事机构。目前中国各级政府基本上都是按照这一流程来操控议事协调机构的具体运转的。

第二节　现状概览

议事协调机构不同于正式序列机构的一大特点在于,它的种类和数量都要繁杂得多,名称也较为丰富和多变。因此在对议事协调机构的各方面特征展开深入分析之前,还有必要对议事协调机构目前在中国的现实存在状况作一些大致的梳理,以大致勾勒出议事协调机构的现时整体轮廓。

一、中央政府一级的议事协调机构

在目前中央政府层面的议事协调机构中,一部分是被直接归入了国务院议事协调机构行列,另一部分则不是。在 2008 年的国务院机构调整之后,国务院正式公布的议事协调机构共有 30 个,其中名称为"领导小组"的有 8 个,"委员会"的有 18 个,"指挥部"的有 3 个,"办公室"的 1 个(见表 2.1)。

表 2.1　国务院议事协调机构概况

机构名称	成立时间	办事机构
国家国防动员委员会	1994 年	国家国防动员委员会综合办公室
国务院中央军委专门委员会	1988 年	国家国防科技工业局
国家边海防委员会	1981 年	具体工作由总参谋部承担
国务院中央军委空中交通管制委员会	1986 年	具体工作由总参谋部承担
全国爱国卫生运动委员会	1978 年	具体工作由国家卫生健康委员会疾病预防控制局承担

全国绿化委员会	1982 年	全国绿化委员会办公室（与国家林业和草原局造林绿化管理司"一个机构两块牌子"）
国务院学位委员会	1980 年	国务院学位委员会办公室（与教育部学位管理与研究生教育司"一个机构两块牌子"）
国家防汛抗旱总指挥部	1992 年	国家防汛抗旱总指挥部办公室（设在水利部）
国务院妇女儿童工作委员会	1990 年	国务院妇女儿童工作委员会办公室（设在中华全国妇女联合会）
全国拥军优属拥政爱民工作领导小组	1991 年	全国拥军优属拥政爱民工作领导小组办公室
国务院残疾人工作委员会	1993 年	国务院残疾人工作委员会秘书处（具体工作由中国残疾人联合会办公厅承担）
国务院扶贫开发领导小组	1986 年	国务院扶贫开发领导小组办公室（单独设置）
国务院关税税则委员会	1987 年	具体工作由财政部关税司承担
国家减灾委员会	1989 年	国家减灾委员会办公室
国家科技教育领导小组	1998 年	具体工作由国务院办公厅秘书三局承担
国务院军队转业干部安置工作小组	1975 年	国务院军队转业干部安置工作小组办公室（与人力资源和社会保障部军官转业安置司"一个机构两块牌子"）
国家禁毒委员会	1990 年	具体工作由公安部禁毒局承担
全国老龄工作委员会	1999 年	全国老龄工作委员会办公室（设在民政部、与中国老龄协会合署办公）
国务院西部地区开发领导小组	2000 年	具体工作由国家发展和改革委员会西部开发司承担
国务院振兴东北地区等老工业基地领导小组	2003 年	具体工作由国家发展和改革委员会东北等老工业基地振兴司承担
国务院抗震救灾指挥部	2000 年	具体工作由中国地震局震灾应急救援司承担
国家信息化领导小组（已撤销）	1996 年	具体工作由中央网络安全和信息化委员会办公室（国家互联网信息办公室）承担

续表

国家应对气候变化及节能减排工作领导小组	2007 年	具体工作由国家发展和改革委员会资源节约和环境保护司承担
国家能源委员会	2008 年	具体工作由国家能源局承担
国务院安全生产委员会	2001 年	具体工作由国家安全生产监督管理总局承担
国务院防治艾滋病工作委员会	2004 年	具体工作由国家卫生健康委员会疾病预防控制局承担
国家森林防火指挥部	2006 年	国家森林防火指挥部办公室(与国家林业和草原局森林公安局"一个机构两块牌子")
国务院三峡工程建设委员会(并入水利部)	1993 年	具体工作由水利部承担
国务院南水北调工程建设委员会(并入水利部)	2003 年	具体工作由水利部承担
国务院纠正行业不正之风办公室	1990 年	具体工作由中央纪委国家监察委党风政风监督室承担

资料来源:根据《国务院关于非常设机构设置问题的通知》(国发〔1988〕56 号),《关于国务院议事协调机构和临时机构设置的通知》(国发〔1993〕27 号),《国务院关于议事协调机构和临时机构设置的通知》(国发〔1998〕7 号),《国务院关于议事协调机构和临时机构设置的通知》(国发〔2003〕10 号),《国务院关于议事协调机构设置的通知》(国发〔2008〕13 号)等资料整理而成。

注:2018 年 3 月最新的机构改革之后,对部分信息进行了更新。

除难于获取信息的国务院中央军委专门委员会之外,下面就每一机构的具体情况作一简要介绍:

(一)国家国防动员委员会

1994 年 11 月,国务院、中央军委决定成立国家国防动员委员会。国家国防动员委员会是在国务院、中央军委领导下,主管全国国防动员工作的议事协调机构。国家国防动员委员会主任由国务院总理兼任,副主任由国务院、中央军委的副职领导兼任,委员包括国家有关部委、解放军各总部的领导及所属办公室的领导等。各军区和省(自治区、直辖市)、地区、县(市、区)人民政府均设立相应的国防动员委员会,负责主管本区域的动员工作。各级国防动员委员会下设有人民武装动员、国民经济动员、人民防空、交通战备、国防教育等办公室和综合协调机构,负责承办相关工作。地方各级国防动员委员会主任由本级政府的主要领导担任,副主任由本级政府的副职领导和同级军事机关的主要领导担任。

国家国防动员委员会成员单位有:中央军委机关有关部门、中央组织部、中央宣传部、中央编办、发展改革委、教育部、科技部、工业和信息化部、公安部、民政部、司法部、财政部、人力资源和社会保障部、国土资源部、住房和城乡建设部、交通运输部、商务部、文化部、卫生和计生委、国资委、新闻出版广电总局、统计局、全国总工会、共青团中央、全国妇联等。

国家国防动员委员会的主要任务是:贯彻积极防御军事战略方针,组织实施国家国防动员工作;协调国防动员工作中经济与军事、军队与政府、人力与物力之间的关系,以增强国防实力,提高平战转换能力。主要职责是:①贯彻党中央、国务院、中央军委有关国防动员工作的方针、政策和指示。②组织拟订国防动员工作的法律、法规和措施。③组织编制国防动员规划、计划。④检查监督国防动员法规的实施和国防动员计划的执行。⑤协调军事、经济、社会等方面的重大国防动员工作。⑥组织领导全国的人民武装动员、国民经济动员、人民防空、交通战备、国防教育工作。⑦行使党中央、国务院、中央军委赋予的其他职权。

2000 年 1 月 28 日,为加强规划、协调工作,经国务院、中央军委批准,成立了国家国防动员委员会综合办公室。综合办公室是国家国动委的办事机构,在国家国动委的直接领导下,负责国防动员的综合计划、组织协调、理论研究和文秘服务等工作。主要职责有:组织协调国防动员建设计划、规划的制定和国防动员方面的政策、理论研究;组织拟制国防动员法规建设规划和国防动员综合性法规的草拟工作;组织协调有关部门宣传贯彻党和国家国防动员的方针、政策,总结交流国防动员工作经验,督促国防动员工作落实;了解掌握国内外国防动员建设情况,组织协调有关部门研究提出加强国防动员建设的意见和建议;根据国家国动委领导的指示,承办国防动员方面国家与军队有关部门之间,国家国动委各办公室之间,需要进行综合协调的工作等。

(二)国家边海防委员会

成立于1981年,具体工作由总参谋部承担。中国的边海防工作由国务院、中央军委统一领导,实行军地分工负责的边海防管理体制。国家边海防委员会由国务院和军队的有关部门组成,在国务院和中央军委领导下,负责指导协调全国的边海防工作。各军区和沿边沿海省、地、县三级都成立了边海防委员会,负责指导协调辖区内的边海防工作。

(三)国务院中央军委空中交通管制委员会

国务院中央军委空中交通管制委员会于1986年1月30日成立。中国的空管体制实行"统一管制、分别指挥",即在国务院、中央军委空中交通管制委员会的领导下,由空军负责实施全国的飞行管制,军用飞机由空军和海军航空兵实施指挥,民用飞行和外航飞行由民航实施指挥。国家空管委负责维护国家领空主权、服务国家经济建设、管理国家空域资源和保障飞行安全顺畅。

国务院中央军委空中交通管制委员会的具体工作由总参谋部承担,办公室设在总参谋部作战部空管局,办公室主任由总参作战部领导兼任;副主任由总参作战部、总参作战部空管局、国家民航局空管局、空军空管训练中心等领导兼任。

(四)全国爱国卫生运动委员会

全国爱国卫生运动委员会于1988年11月23日由中央爱国卫生运动委员会(成立于1978年4月3日,其前身可追溯至成立于1952年3月14日的中央防疫委员会)改组而成,负责领导、协调全国爱国卫生工作。全国爱卫会的组成单位及委员由国务院批准。委员一般由国务院有关部委、中央有关部门和社会团体领导同志组成,每届任期五年。个别委员因工作变动需要调整的,由所在单位提出安排意见,经全国爱卫会办公室审核后报请全国爱卫会主任批准。

基本职能是:①依据我国新时期的战略任务、工作重点,制定国家爱国卫生工作的方针、政策和发展规划,协调、推动政府有关部门和团体制定和执行本系统爱国卫生工作计划;②动员组织群众,除四害、讲卫生,推动卫生城市(镇)建设,在农村继续以改水改厕为重点,带动环境卫生的整治,改善城乡环境卫生,协调防治社会性重大疾病活动及除害防病工作。开展全民健康教育,普及卫生知识,提高全民族卫生素质;③协调国务院有关部门及社会团体,为爱国卫生活动的开展,创造条件,提供必要的人力、物力、财力保证。开展群众性卫生监督,不断改善城乡生产、生活环境的卫生质量。组织检查和进行卫生效果评价,提高人民健康水平;④指导、督促检查重点行业和各省、自治区、直辖市人民政府爱国卫生工作开展情况;⑤开展爱国卫生立法工作,促进爱国卫生逐步纳入法制化管理轨道。

全国爱国卫生运动委员会的具体工作由国家卫生健康委员会疾病预防控制局承担。其工作内容是:①依法负责全国疾病预防控制和爱国卫生工作;②研究拟订疾病预防控制和爱国卫生运动方面的法律法规草案和政策建议;③制订全国重大疾病防治规划与策略和严重危害人民健康的公共卫生问题的干预措施,提出并组织实施疾病预防控制规划和重大疾病防治项目,对落实情况进行监督检查;④协调有关部门对重大疾病和公共卫生实施防控和干预,防止和控制疾病的发生与疫情的蔓延;⑤承办全国爱国卫生运动委员会、国务院防治艾滋病工作委员会、国务院血吸虫病防治工作领导小组的日常工作。

(五)全国绿化委员会

为加强对全民义务植树运动的组织领导,1982年2月,国务院决定成立中央绿化委员会,1988年改称全国绿化委员会。全国绿化委员会主任由国务院副总理担任,国家有关部委的领导任副主任和委员。全国绿化委员会办公室是全国绿化委员会的常设办事机构,设在国家林业和草原局,国家林业和草原局局长担任全国绿化委员会常务副主任兼办公室主任。全国绿化委员会办公室承担全民义务植树和国土绿化的宏观指导、宣传发动、组织协调、督促检查和评比表彰等日常工作。

主要职责是:①负责制定全民义务植树和国土绿化的方针政策、法规,并监督执行;②组织贯彻执行全国人大《关于开展全民义务植树运动的决议》、国务院《关于开展全民义务植树运动的实施办法》,以及国家有关国土绿化的其它法律、法规;③组织指导各地、各部门(系统)全民义务植树发展规划的编制,并监督实施;④指导和检查全民义务植树、部门绿化和城市绿化等工作;⑤组织开展全民义务植树和国土绿化的宣传发动工作;⑥协调编制跨地区、跨部门的重点绿化工程规划,并监督实施;⑦组织开展国土绿化教育和植纪念树、造纪念林等绿色文明建设活动;⑧组织开展全国古树名木的普查、保护工作;⑨组织开展全国绿化评比表彰工作;⑩掌握各地、各部门(系统)绿化动态、信息,汇总统计义务植树、部门绿化和城市绿化的各项成果;⑪深入基层,调查研究,树立典型,推广经验,研究和解决绿化实践中的实际问题;⑫负责向全国绿化委员会报告全民义务植树运动和整个国土绿化的开展情况。

全国绿化委员会办公室与国家林业和草原局造林绿化管理司"一个机构两块牌子"。同时各省、自治区、直辖市和有关部门也相继成立了相应的绿化领导机构,设立了专门办公室,负责统一领导本地区、部门的义务植树运动和整个造林绿化工作,对社会各行各业进行组织、协调、督促、检查。

(六)国务院学位委员会

国务院学位委员会成立于1980年12月,负责贯彻实施《中华人民共和国学位条例》,领导全国的学位工作,贯彻国务院关于学位工作的重大方针和政策,统筹规划学位工作的开展和改革,指导、组织和协调各部门、省市的有关学位工作。

主要职责为:①制定和修改学位条例实施办法,报国务院批准后,组织实施并制定有关规章制度;②领导国务院学位委员会学科评议组的工作;③组织制定授予博士、硕士学位的学科、专业目录;组织审批授予博士、硕士学位的单位及其学科、专业;④指导和检查博士、硕士学位的授予工作;⑤负责名誉博士学位的审批工作;⑥负责学位工作的国际交流和合作;⑦推动学位工作的改革,提出修改学位条例的建议等。

国务院学位委员会办公室与教育部学位管理与研究生教育司"一个机构两块牌子",负责工作如下:①组织实施《中华人民共和国学位条例》,②拟订全国学位与研究生教育工作的改革与发展规划,③指导与管理研究生培养和学科建设的有关工作,④承担研究生院的设置和国家重点学科的建设与管理工作,⑤承担"211 工程"、"985 工程"的实施和协调工作,⑥承办国务院学位委员会的具体工作,⑦协助中心领导协调各处工作,⑧负责人事、文秘、财务、外宣、档案、机要和行政后勤等工作,⑨承担《国务院学位委员会公报》《教育部学位与研究生教育发展中心工作简讯》及学位中心工作信息的编辑和发行工作。

(七)国家防汛抗旱总指挥部

国家防汛抗旱总指挥部成立于 1992 年 8 月 15 日(国办发〔1992〕45 号文件),其前身包括:1988 年的国家防汛总指挥部(国发〔1988〕34 号文件)、1985 年的中央防汛总指挥部(国发〔1985〕84 号文件)、1971 年的中央防汛抗旱总指挥部以及最早的中央防汛总指挥部(成立于 1950 年 6 月 7 日)。它是在国务院领导下,负责领导组织全国的防汛抗旱工作。国家防汛抗旱总指挥部办公室作为国家防汛抗旱总指挥部的办事机构,设在水利部,负责国家防汛抗旱总指挥部的日常工作,简称国家防总办公室。

同时各级地方政府也仿照国务院的模式建立了本地的防汛抗旱指挥部,通常由地方政府的首长任总指挥,水利部门(厅局、处、科)的副职首长任副总指挥,常设办事机构(办公室)也隶属水利部门(见图2.1)。

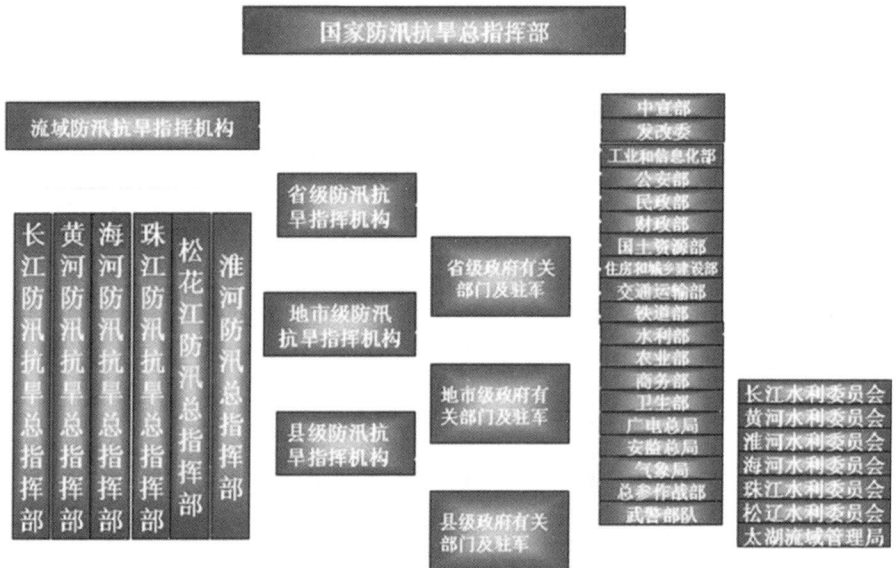

图2.1 国家防汛抗旱总指挥部在各级地方政府的设置情况①

(八)国务院妇女儿童工作委员会

1993年8月4日,国务院妇女儿童工作协调委员会(成立于1990年2月22日,前身为由全国妇联牵头的全国儿童少年工作协调委员会)更名为国务院妇女儿童工作委员会,简称国务院妇儿工委,是国务院负责妇女儿童工作

---

① 参见国家防汛抗旱总指挥部办公室网站的相关介绍:http://sfdh. chinawater. com. cn/jgsz/jg-sz1. htm。

的议事协调机构,负责协调和推动政府有关部门执行妇女儿童的各项法律法规和政策措施,发展妇女儿童事业。

基本职能为:协调和推动政府有关部门做好维护妇女儿童权益工作,协调和推动政府有关部门制定和实施妇女和儿童发展纲要,协调和推动政府有关部门为开展妇女儿童工作和发展妇女儿童事业提供必要的人力、财力、物力,指导、督促和检查各省、自治区、直辖市人民政府妇女儿童工作委员会的工作。

国务院妇女儿童工作委员会办公室是国务院妇女儿童工作委员会的常设办事机构,设在全国妇联,其主要职责为:①编制国家妇女儿童发展中长期规划并组织实施和监测评估;②协调和推动国务院妇女儿童工作委员会的33个成员单位做好维护妇女儿童权益,实施妇女、儿童 发展纲要工作;③开展调查研究,为委员会决策妇女儿童发展中的重大问题提供依据;④承办全国妇女儿童工作会、国务院妇女儿童工作委员会全委会、专题会和经验交流与表彰工作;⑤指导省级妇女儿童工作委员会办公室的工作;⑥负责日常行政事务,编发各类文件,并完成国务院妇女儿童工作委员会交办的其他工作;⑦执行与联合国儿基会合作项目。

(九)全国拥军优属拥政爱民工作领导小组

成立于1991年6月24日,简称"全国双拥工作领导小组",在国务院、中央军委领导下工作。其主要职责是:统一指导和协调全国的拥军优属、拥政爱民工作,研究解决双拥工作中涉及全国性的问题,制定有关政策、法规;协调处理军地关系中一些重大问题;组织交流情况,推广先进经验,表彰先进典型;承办国务院、中央军委交办的有关事项。其具体工作由全国拥军优属拥政爱民工作领导小组办公室承担。

(十)国务院残疾人工作委员会

成立于1993年9月29日(原为国务院残疾人工作协调委员会,2006年4

月 6 日更为现名），负责综合协调有关残疾人事业方针、政策、法规、规划、计划的制定与实施工作，协调解决残疾人工作中的重大问题，组织协调联合国有关残疾人事务在中国的重要活动。秘书处设在中国残联，具体工作由中国残疾人联合会办公厅承担。

（十一）国务院扶贫开发领导小组

成立于 1986 年 5 月 16 日，当时称国务院贫困地区经济开发领导小组，1993 年 12 月 28 日改用现名。

领导小组的基本任务是：组织调查研究，拟订贫困地区经济开发的方针、政策和规划，协调解决开发建设中的重要问题，督促、检查和总结交流经验。

领导小组下面单独设置办公室，即国务院扶贫开发领导小组办公室，负责办理日常工作。具体职责为：①研究拟定扶贫开发工作的政策. 规划并组织实施；②协调社会各界的扶贫工作，协调组织中央国家机关定点扶贫工作和东部发达地区支持西部贫困地区的扶贫协作工作；③拟定农村贫困人口和国家扶贫开发工作重点县的扶持标准，研究提出确定和撤销重点县的意见；④组织对扶贫开发情况进行统计和动态监测，指导扶贫系统的统计监测工作；⑤协调拟定中央扶贫资金分配方案，指导、检查和监督扶贫资金的使用，指导跨省区重点扶贫项目；⑥组织开展扶贫开发宣传工作；⑦负责有关扶贫的国际交流与合作；⑧承担全国贫困地区干部扶贫开发培训工作；⑨承办国务院扶贫开发领导小组交办的其他事项。

相关省、自治区、直辖市和地（市）、县级政府也成立了相应的组织机构，负责本地的扶贫开发工作（见图2.2）：

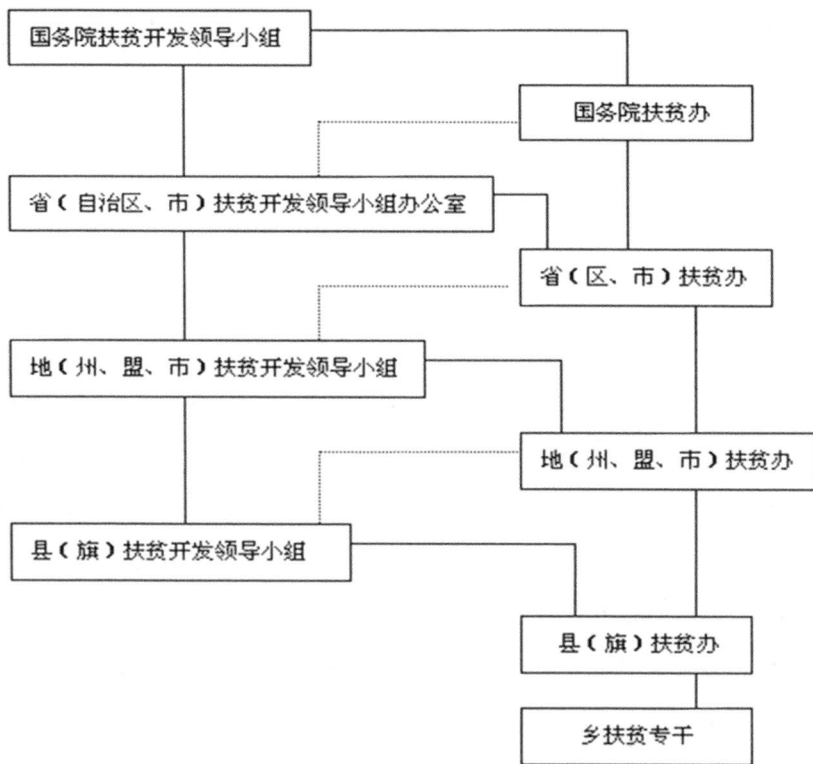

（图例：_____ 领导关系 ······ 指导、协调关系）

图2.2 中国各级政府扶贫机构示意图①

（十二）国务院关税税则委员会

成立于1987年3月7日(国办发〔1987〕12号文件)，其主要职责为：负责《中华人民共和国进出口税则》和《中华人民共和国进境物品进口税税率表》的税目、税则号列和税率的调整和解释，报国务院批准后执行；决定实行暂定税率的货物、税率和期限；决定关税配额税率；决定征收反倾销税、反补贴税、保障措施关税、报复性关税以及决定实施其他关税措施；批准有关国家、地区

---

① 参见国务院扶贫办网站的相关介绍：http://www.cpad.gov.cn/data/2006/0303/article_180.htm。

适用税则优惠税率的方案;审议上报国务院的重大关税政策和对外谈判方案;决定特殊情况下税率的适用,以及履行国务院规定的其他职责。委员会的具体工作由财政部关税司承担。

（十三）国家减灾委员会

国家减灾委员会的前身,是中国政府响应联合国倡议于 1989 年 4 月成立的中国国际减灾十年委员会,2000 年 10 月更名为中国国际减灾委员会,2005 年 4 月更名为国家减灾委员会,其成员由国务院有关部委局、军队、科研部门和非政府组织等 34 个单位组成。委员会的具体工作由国家减灾委员会办公室承担。

其主要任务是:研究制定国家减灾工作的方针、政策和规划,协调开展重大减灾活动,指导地方开展减灾工作,推进减灾国际交流与合作。

（十四）国家科技教育领导小组

1998 年 6 月 25 日,为加强对科技、教育工作的宏观指导和对科技重大事项的协调,实施科教兴国战略,推进科技、教育体制改革,提高我国科技、教育水平,促进经济与社会事业的发展,国务院决定成立国家科技教育领导小组（国发〔1998〕20 号文件）。

主要职责为:研究、审议国家科技和教育发展战略及重大政策,讨论、审议科技和教育重要任务及项目,协调国务院各部门及部门与地方之间涉及科技或教育的重大事项。领导小组的具体工作由国务院办公厅秘书三局承担。

（十五）国务院军队转业干部安置工作小组

成立于 1975 年,下设国务院军队转业干部安置工作小组办公室,与人力资源和社会保障部军官转业安置司"一个机构两块牌子"。各级地方也设有相应的军队转业干部安置工作小组。

（十六）国家禁毒委员会

1990 年 11 月 3 日,国务院第 72 次常务会议决定成立国家禁毒委员会,委员会的具体工作由公安部禁毒局承担。国家禁毒委员会主要负责研究制定禁毒方面的重要措施和政策,协调有关毒品的重大问题,统一领导全国的禁毒工作。各省市、自治区及地(州)、县(市)各级人民政府也按照中央的统一要求,相继设立地方各级禁毒委员会或禁毒工作领导小组。

(十七)全国老龄工作委员会

全国老龄工作委员会是国务院主管全国老龄工作的议事协调机构,成立于1999年10月20日(国发〔1999〕22号文件)。

主要职责为:①研究、制定老龄事业发展战略及重大政策,协调和推动有关部门实施老龄事业发展规划;②协调和推动有关部门做好维护老年人权益的保障工作;③协调和推动有关部门加强对老龄工作的宏观指导和综合管理,推动开展有利于老年人身心健康的各种活动;④指导、督促和检查各省、自治区、直辖市的老龄工作;⑤组织、协调联合国及其他国际组织有关老龄事务在国内的重大活动。

全国老龄工作委员会下属办公室设在民政部。2005年8月,经中央编委批准,"全国老龄工作委员会办公室与中国老龄协会实行合署办公。在国内以全国老龄工作委员会办公室的名义开展工作;在国际上主要以中国老龄协会的名义开展老龄事务的国际交流与合作"(中央编办发〔2005〕18号文件)。

全国老龄工作委员会办公室的职责是:①办理全国老龄工作委员会决定的事项;②研究提出全国老龄工作发展的方针政策和规划,拟订实施办法;③督促、检查全国老龄工作委员会决定事项在有关部门和各地的落实情况并综合上报;④负责各成员单位的联系、协调工作;⑤开展调查研究,收集、整理老龄工作的有关情况和信息,总结推广先进经验;⑥承办全国老龄工作委员会交办的其他事项。

(十八)国务院西部地区开发领导小组

2000年1月16日,为实施西部大开发、加快中西部地区发展,国务院决定成立国务院西部地区开发领导小组（国发〔2000〕3号文件）。

国务院西部地区开发领导小组的主要任务是：①组织贯彻落实中共中央、国务院关于西部地区开发的方针、政策和指示；②审议西部地区的开发战略、发展规划、重大问题和有关法规；③研究审议西部地区开发的重大政策建议，协调西部地区经济开发和科教文化事业的全面发展，推进两个文明建设。

国务院西部地区开发领导小组的具体工作由国家发展和改革委员会西部开发司承担。主要职责为：①研究提出西部地区开发战略、发展规划、重大问题和有关政策、法规的建议，推进西部地区经济持续快速健康发展；②研究提出西部地区农村经济发展、重点基础设施建设、生态环境保护和建设、结构调整、资源开发以及重大项目布局的建议，组织和协调退耕还林（草）规划的实施和落实；③研究提出西部地区深化改革、扩大开放和引进国内外资金、技术、人才的政策建议，协调经济开发和科教文化事业的全面发展；④承办领导小组交办的其他事项。

（十九）国务院振兴东北地区等老工业基地领导小组

2003年12月2日，为实施东北地区等老工业基地振兴战略，加快东北地区等老工业基地发展，国务院决定成立国务院振兴东北地区等老工业基地领导小组（国发〔2003〕28号文件）。

国务院振兴东北地区等老工业基地领导小组的主要任务是：组织贯彻落实中共中央、国务院关于振兴东北地区等老工业基地的方针、政策和指示；审议东北地区等老工业基地振兴战略、专项规划、重大问题和有关法规；研究审议振兴东北地区等老工业基地的重大政策建议，协调东北地区等老工业基地经济社会全面发展。领导小组的具体工作由国家发展和改革委员会东北等老工业基地振兴司承担。

（二十）国务院抗震救灾指挥部

为了进一步加强防震减灾工作，提高对破坏性地震的应急反应和指挥能力,国务院决定于 2000 年 2 月 24 日成立国务院抗震救灾指挥部。中国地震局作为指挥部具体工作的承担者,负有提供指挥场所和建设技术系统的职责。

国务院抗震救灾指挥部的具体工作由中国地震局震灾应急救援司承担。主要职责为:汇集、上报震情灾情和抗震救灾进展情况;提出具体的抗震救灾方案和措施建议;贯彻国务院抗震救灾指挥部的指示和部署,协调有关省(区、市)人民政府、灾区抗震救灾指挥部、国务院抗震救灾指挥部成员单位之间的应急工作,并督促落实;掌握震情监视和分析会商情况;研究制定新闻工作方案,指导抗震救灾宣传,组织信息发布会;起草指挥部文件夹、简报,负责指挥部各类文书资料的准备和整理归档;承担国务院抗震救灾指挥部日常事务和交办的其他工作。

(二十一)国家信息化领导小组

国家信息化领导小组是为了进一步加强对推进我国信息化建设和维护国家信息安全工作的领导,于 2001 年 8 月由中共中央、国务院重新组建而成(其前身为成立于 1999 年 12 月 23 日的国家信息化工作领导小组,参见国办发〔1999〕103 号文件)。目前,其具体工作已由中央网络安全和信息化委员会办公室(国家互联网信息办公室)承担。

(二十二)国家应对气候变化及节能减排工作领导小组

2007 年 6 月 12 日,国务院下发《关于成立国家应对气候变化及节能减排工作领导小组的通知》(国发〔2007〕18 号文件),成立国家应对气候变化及节能减排工作领导小组。同时国务院规定,对外视工作需要可称国家应对气候变化领导小组或国务院节能减排工作领导小组(一个机构、两块牌子),作为国家应对气候变化和节能减排工作的议事协调机构。领导小组的具体工作由国家发展和改革委员会资源节约和环境保护司承担。

领导小组的主要任务是:研究制订国家应对气候变化的重大战略、方针和对策,统一部署应对气候变化工作,研究审议国际合作和谈判对案,协调解决应对气候变化工作中的重大问题;组织贯彻落实国务院有关节能减排工作的方针政策,统一部署节能减排工作,研究审议重大政策建议,协调解决工作中的重大问题。

领导小组会议视议题确定参会成员。领导小组下设国家应对气候变化领导小组办公室、国务院节能减排工作领导小组办公室,均设在发展改革委,具体承担领导小组的日常工作,相应充实力量。国家应对气候变化领导小组办公室在现有国家气候变化对策协调小组办公室的基础上完善和加强。国务院节能减排工作领导小组办公室,有关综合协调和节能方面的工作由发展改革委为主承担,有关污染减排方面的工作由环保总局为主承担。

(二十三)国家能源委员会

2010 年 1 月 22 日,国务院办公厅下发《国务院办公厅关于成立国家能源委员会的通知》(国办发〔2010〕12 号文件),国家能源委员会成立。主要职责为:负责研究拟订国家能源发展战略,审议能源安全和能源发展中的重大问题,统筹协调国内能源开发和能源国际合作的重大事项。国家能源委员会办公室主任由发展改革委主任兼任,副主任由能源局局长兼任,办公室具体工作由能源局承担。

(二十四)国务院安全生产委员会

国务院安全生产委员会成立于 2001 年 3 月 17 日(国发办〔2001〕20 号文件)。

国务院安全生产委员会的的主要为:①在国务院领导下,负责研究部署、指导协调全国安全生产工作;②研究提出全国安全生产工作的重大方针政策;③分析全国安全生产形势,研究解决安全生产工作中的重大问题;④审定和下达年度安全生产控制考核指标;⑤研究提出煤炭行业管理中涉及安全生产的法规、重大方针政策和标准,推动指导煤炭行业加强安全管理和科技进步等基础工作,协调解决相关问题;⑥必要时,协调总参谋部、公安部和武警总部调集军队和武警参加特大生产安全事故应急救援工作;⑦完成国务院交办的其他安全生产工作。

委员会的具体工作由国家安全生产监督管理总局承担。其工作内容有:①研究提出安全生产重大方针政策和重要措施的建议;②监督检查、指导协调国务院有关部门和各省、自治区、直辖市人民政府的安全生产工作;③组织国务院安全生产大检查和专项督查;④参与研究有关部门在产业政策、资金投入、科技发展等工作中涉及安全生产的相关工作;⑤研究拟订年度安全生产控制考核指标;⑥负责组织国务院特别重大事故调查处理和办理结案工作;⑦组织协调特别重大事故应急救援工作;⑧指导协调全国安全生产行政执法工作;⑨承办安委会的会议和重要活动,督促、检查安委会会议决定事项的贯彻落实情况;⑩承担安委会协调煤炭行业管理涉及安全生产方面的工作,督促检查各项工作和措施的落实情况;⑪承办安委会交办的其他事项。

(二十五)国务院防治艾滋病工作委员会

2004年2月10日,为加强对艾滋病防治工作的领导,动员各方面的力量进一步做好艾滋病防治工作,实现中国预防控制艾滋病的目标,国务院成立了防治艾滋病工作委员会(国办发〔2004〕15号文件)。

委员会的主要职责为:研究制定艾滋病防治工作的重大方针、政策和规划,协调解决全国艾滋病防治工作中的重大问题,组织有关部门和单位并动员社会各方面力量积极参与艾滋病防治工作。

委员会的具体工作由国家卫生健康委员会疾病预防控制局承担。其工作内容包括:研究提出艾滋病防治规划及有关政策、措施;指导有关部门制订艾滋病防治工作年度计划、工作方案并提供技术支持;组织有关部门开展艾滋病防治工作督导检查;协调有关部门研究解决艾滋病防治工作中的具体问题;承担艾滋病防治工作信息沟通和联络工作;承办委员会召开的会议和重要活动,督查落实委员会会议议定事项;承办委员会交办的其他事项。

（二十六）国家森林防火指挥部

国家森林防火指挥部成立于 2006 年 9 月 25 日（国办发〔2006〕41 号文件），主要职责包括指导全国森林防火工作和重特大森林火灾扑救工作，协调有关部门解决森林防火中的问题，检查各地区、各部门贯彻执行森林防火的方针政策、法律法规和重大措施的情况，监督有关森林火灾案件的查处和责任追究，决定森林防火其他重大事项。

国家森林防火指挥部办公室与国家林业和草原局森林公安局是"一个机构两块牌子"，其主要职责为：联系指挥部成员单位，贯彻执行国务院、国家森林防火指挥部的决定和部署，组织检查全国森林火灾防控工作，掌握全国森林火情，发布森林火险和火灾信息，协调指导重特大森林火灾扑救工作，督促各地查处重要森林火灾案件，承担国家森林防火指挥部日常工作。

各级地方也相应地建立起了森林防火指挥机构（见图2.3）：

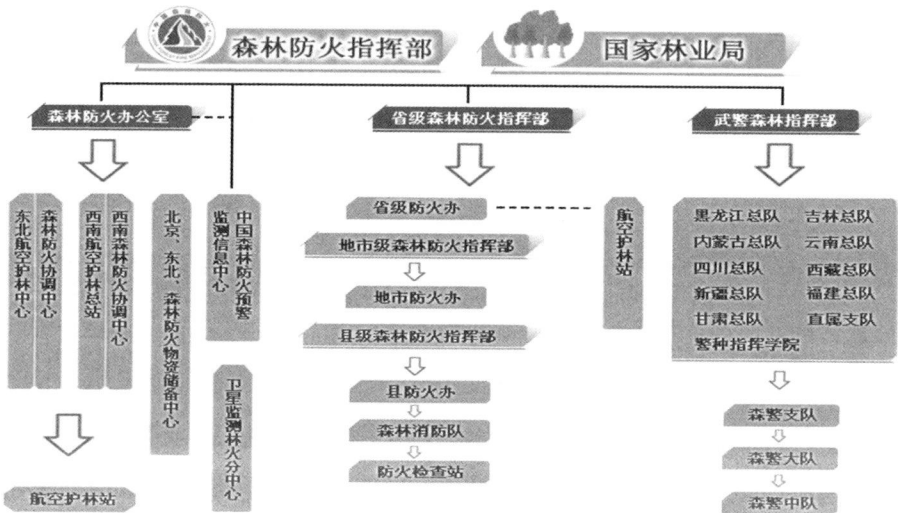

图2.3　森林防火指挥部的层级设置情况①

---

① 参见中国森林防火网的相关介绍：http://www.slfh.gov.cn/slfh/jigoushezhi.asp。

（二十七）国务院三峡工程建设委员会

国务院三峡工程建设委员会成立于1993年1月3日（国发〔1993〕1号文件）。这是为确保三峡工程建设的顺利进行，国务院用于领导三峡工程建设和移民工作的高层次决策机构。委员会下设办公室和三峡工程移民开发局。1996年11月，国务院三峡工程建设委员会监察局正式成立。2002年1月，原三峡建委办公室、移民开发局和监察局合并，重新组建国务院三峡工程建设委员会办公室（国务院三峡工程建设委员会三峡工程稽查办公室），为国务院三峡工程建设委员会的办事机构，具体负责三峡建委的日常工作。根据《国务院关于议事协调机构设置的通知》（国发〔2008〕13号文件）的规定，国务院三峡工程建设委员会办公室单独设置，工作任务完成后撤销。

（二十八）国务院南水北调工程建设委员会

国务院南水北调工程建设委员会成立于2003年7月31日（国发〔2003〕17号文件），其任务是决定南水北调工程建设的重大方针、政策、措施和其他重大问题。

国务院南水北调工程建设委员会办公室（正部级）是国务院南水北调工程建设委员会的办事机构，承担南水北调工程建设期的工程建设行政管理职能。它的职责为：①研究提出南水北调工程建设的有关政策和管理办法，起草有关法规草案；负责国务院南水北调工程建设委员会全体会议以及办公会议的准备工作，督促、检查会议决定事项的落实；就南水北调工程建设中的重大问题与有关省、自治区、直辖市人民政府和中央有关部门进行协调；协调落实南水北调工程建设的有关重大措施。②负责监督控制南水北调工程投资总量，监督工程建设项目投资执行情况；参与南水北调工程规划、立项和可行性研究以及初步设计等前期工作；汇总南水北调工程年度开工项目及投资规模并提出建议；负责组织并指导南水北调工程项目建设年度投资计划的实施和监督管理；负责计划、资金和工程建设进度的相互协调、综合平衡；审查并提出工程预备费项目和中央投资结余使用计划的建议；提出因政策调整及不可预见因素增加的工程投资建议；审查年度投资价格指数和价差。③负责协调、落实和监督南水北调工程建设资金的筹措、管理和使用；参与研究并参与协调中央有关部门和地方提出的南水北调工程基金方案；参与研究南水北调工程供水水价方案。④负责南水北调工程建设质量监督管理；组织协调南水北调工程建设中的重大技术问题。⑤参与协调南水北调工程项目区环境保护和生态建设工作。⑥组织制定南水北调工程移民迁建的管理办法；指导南水北调工程移民安置工作，监督移民安置规划的实施；参与指导、监督工程影响区文物保护工作。⑦负责南水北调工程（枢纽和干线工程、治污工程及移民工程）的监督检查和经常性稽查工作；具体承办南水北调工程阶段性验收工作。⑧负责南水北调工程建设的信息收集、整理、发布及宣传、信访工作；负责南水北调工程建设中与外国政府机构、组织及国际组织间的合作与交流。⑨承办国务院和国务院南水北调工程建设委员会交办的其他事项。根据《国务院关于议事协调机构设置的通知》（国发〔2008〕13号文件）的规定，国务院南水北调工程建设委员会办公室单独设置，工作任务完成后撤销。

（二十九）国务院纠正行业不正之风办公室

国务院纠正行业不正之风办公室（简称国务院纠风办，正部级机构）是我国专司纠风工作的机构，成立于1990年12月6日（国办函〔1990〕76号文件），设在监察部，由监察部部长兼任办公室主任，一名副部长兼任副主任。监察部内设一个室（简称纠风室，正局级机构）具体履行国务院纠风办的职责，室主任同时担任国务院纠风办的副主任。

主要职能为：协助政府组织协调开展纠风专项治理工作；依法行使监察机关的检查权、调查权和处分权，纠正和查处不正之风问题；根据本级政府的授权，督促、检查、指导各地区、各部门的纠风工作，承担汇总和分析有关情况、向本级政府提出报告。

目前,各级纠风机构经常性工作职能主要体现在五个方面:①根据上级部署的纠风工作任务和同级政府的要求,研究制定本地区、本部门的纠风工作实施方案,确定工作目标、任务、措施;②建立协调机制,加强与部门的联系和沟通,督促有关部门落实各自的纠风工作责任,以及协调共同承担纠风专项治理任务的各部门之间的工作关系,使其紧密配合、齐心协力完成任务;③开展调查研究,及时了解和掌握纠风工作中遇到的新情况、新问题,独自或会同有关部门研究制定相应的政策规定;④对纠风工作进行监督检查和具体指导,帮助总结经验,查找工作中存在的漏洞和薄弱环节,及时查处不正之风案件;⑤向同级政府或上级纠风办及时反映纠风工作的进展情况,针对全局性、倾向性等重大问题,及时向同级政府和上级纠风办提出对策和建议。

二、地方各级政府中的议事协调机构

与地方各级党委中议事协调机构的设置情况相同,中国地方各级政府中的议事协调机构也可分为这样两种情况:一部分是按照上级政府的要求对口设置的,另一部分是根据属地工作情况独自设置的。在对口设置的议事协调机构中,国防动员委员会、爱国卫生运动委员会、绿化委员会、防汛抗旱总指挥部、妇女儿童工作委员会、拥军优属拥政爱民工作领导小组、残疾人工作委员会、扶贫开发领导小组、减灾委员会、科技教育领导小组、军队转业干部安置工作小组、禁毒委员会、老龄工作委员会、抗震救灾指挥部、信息化领导小组、应对气候变化及节能减排工作领导小组、安全生产委员会、防治艾滋病工作委员会、森林防火指挥部、纠正行业不正之风办公室等 20 个机构在区县一级及其以上的各级地方政府中基本上均设有相应的对口机构或承担相关工作的部门;国家边海防委员会、国务院西部地区开发领导小组、国务院振兴东北地区等老工业基地领导小组、国务院三峡工程建设委员会、国务院南水北调工程建设委员会等只在相关省市设置对应机构；学位委员会、能源委员会只在省（自治区、直辖市）一级政府设立对应机构；空中交通管制委员会、关税税则委员会只存在于中央政府一级。

除此之外，各个地方政府根据自身工作需要设置了许多议事协调机构。与存在于党委领导下的各类议事协调机构不同的是，行政机关对于议事协调机构的设置所具有的灵活性更大，数量更为庞杂，撤销和增设的频繁程度和力度更强。

三、不属于国务院议事协调机构的各种领导小组

虽然议事协调机构中的大多数都以"小组"特别是"领导小组"作为名称后缀，但这并不意味着只要是名称为"某某小组"或"某某领导小组"的，就一定是议事协调机构。这是因为在2008年的国务院机构改革后，中央政府确立了加强对议事协调机构进行分类管理的调整思路，不再沿袭长期以来只要是成立一个"领导小组"，就将其归入到议事协调机构类别的做法，开始把一些"领导小组"剥离出去。这些"领导小组"的称谓相同，组成方式、运作过程也极为相似，因此为避免混淆，在这里对它们作一简要辨析。

（一）作为"阶段性工作机制"的"领导小组"

应该说在相当长的一段时期里，"领导小组"已经成为议事协调机构的"代名词"。在过去当某个"领导小组"成立时，政府不需要做出任何附加说明，因为"领导小组"就是议事协调机构，这基本上已经成为一种"常识"。不过这一情况在2008年的国务院机构改革后发生了变化。在2008年4月17日出台的《国务院办公厅关于成立第二次全国经济普查领导小组的通知》（国办发〔2008〕22号）这一文件中，出现了这样的表述：

领导小组属于阶段性工作机制,不属于新设立议事协调机构,任务完成后即撤销。

"领导小组属于阶段性工作机制,不属于新设立议事协调机构"这一新提法的出现,实际上是2008年议事协调机构改革主导思路的进一步延伸。如前所述,在2008年的改革中,首先用"议事协调机构"代替了以前惯用的"议事协调机构和临时机构"这一名称,这表明中央政府将更为清晰地对议事协调机构的性质做出界定的意图,以转变一直以来笼统地将所有"领导小组"都归为议事协调机构、各种"小组"杂且混乱的格局。同时,为严格控制议事协调机构的数量,防止出现以往一批机构撤并后、每逢跨部门事务就即刻新设另一批协调性机构的局面,仍旧保留了设置"领导小组"以应对各种需要跨部门、跨领域的新型公共事务的做法,只是进行了一些修正和创新,即把一些新设立的"领导小组"定位为"阶段性工作机制",而不再是议事协调机构,这样做的出发点在于——任务完成后就即刻撤销。作为"阶段性工作机制"存在的"领导小组",可以视为是对过去临时性较强的议事协调机构、临时机构的改革替换物。

(二)协调小组与部际联席会议

除了注意要将一部分已经成为"阶段性工作机制"的"领导小组"与议事协调机构相区别开来之外,这里还需要提及另外两类与议事协调机构有着相似特征的协调性制度:一是各种"协调小组",另一种是"部际联席会议"。

1.协调小组

"协调小组",过去也曾被称作"领导协调小组",与"领导小组"这一称谓有着一词之差,组织方式也很相近,但却不能归为一类。这两者之间的区别在于,一般而言,"协调小组"是由某个国务院组成部门因工作需要,在向国务院做出请示报告后,国务院以"批复"的形式批准成立的,不同于"领导小组"

一般是以国务院通过发布"成立通知"的形式。这一差别表明,经由国务院进行"批复"而成立的"协调小组"肯定不是议事协调机构,与"领导小组",包括作为"阶段性工作机制"的"领导小组"都不是同一类别。这是因为在 2008 年的《国务院关于议事协调机构设置的通知》(国发〔2008〕13 号)中,已经明确说明:"确需设立议事协调机构的,要严格按照《国务院行政机构设置和编制管理条例》的规定,由国务院机构编制管理机关提出方案,报国务院决定"。各种"领导小组"的成立都是按照这一程序来操作的,即是说由国务院组成部门而非机构编制管理机关来提出机构设置方案,首先就不符合设立议事协调机构的第一个条件,由此可以断定"协调小组"不属于议事协调机构。至于"协调小组"的定位,在 2009 年 7 月 14 日出台的《国务院关于同意成立保障性安居工程协调小组的批复》(国函〔2009〕84 号)这一文件中,清楚地体现了"协调小组"的各种特点:

> 住房城乡建设部:
>
> 你部《关于成立保障性安居工程协调小组的请示》(建保〔2009〕113 号)收悉。现批复如下:
>
> 同意成立保障性安居工程协调小组。协调小组不刻制印章,不正式行文,请按照国务院有关文件精神认真组织开展工作。
>
> 协调小组根据工作需要不定期召开会议,由组长或副组长主持。协调小组会议以会议纪要形式明确议定事项,经与会单位同意后印发有关方面。必要时,协调小组会议可邀请其它部门参加。

从上述文件中所说的"协调小组不刻制印章,不正式行文"以及"协调小组会议以会议纪要形式明确议定事项,经与会单位同意后印发有关方面"来看,"协调小组"是一种比较松散的协调性工作制度,由于是以某一个国务院组成部门来牵头,其在规格上要大大低于多数都为"超部级"的议事协调机构。

促使"协调小组"呈现以上特征的因素,与推动部分"领导小组"走向"阶段性工作机制"的因素是一样的,那就是议事协调机构改革的进一步深入。2008 年的《国务院关于议事协调机构设置的通知》(国发〔2008〕13 号)中曾经提出:"凡工作可以交由现有机构承担或者由现有机构进行协调可以解决问题的,不另设立议事协调机构,涉及跨部门的事项,由主办部门牵头协调"。这里所说的再不另设立议事协调机构的情况下,涉及跨部门的事项要由主办部门来牵头进行协调,那么主办部门牵头协调的具体方式,就是在新的制度框架内,对过去较为熟悉的"遇事就成立领导小组"这一治理手段进行改造,于是乎各种带有新型特点的"协调小组"便得以出现。

2. 部际联席会议

"部际联席会议"也是与"领导小组""协调小组"等有着极为相似的运作形式和功能的一种协调性工作机制。2003 年 7 月 18 日出台的《国务院办公厅关于部际联席会议审批程序等有关问题的通知》(国办函〔2003〕49 号)这一文件中,对"部际联席会议制度"有详细的说明:

国务院各部委、各直属机构:

近年来,为充分发挥职能部门的作用,相继批准建立了一些部际联席会议,对涉及多个部门职责的事项,明确由主办部门进行协商。为进一步规范部际联席会议的审批程序、名称以及刻制印章、行文等问题,经国务院领导同志同意,现就有关事项通知如下:

一、部际联席会议是为了协商办理涉及多个部门职责的事项而建立的一种工作机制,各成员单位按照共同商定的工作制度,及时沟通情况,协调不同意见,以推动各项工作任务的落实。建立部际联席会议,应当从严控制。可以由主办部门与其它部门协调解决的事项,一般不建立部际联席会议。

二、建立部际联席会议，均须正式履行报批手续，具体由牵头部门请示，明确部际联席会议的名称、召集人、牵头单位、成员单位、工作任务与规则等事项，经有关部门同意后，报国务院审批。部际联席会议工作任务结束后，应由牵头部门提出撤销申请，说明部际联席会议的建立时间、撤销原因等，经各成员单位同意后，报国务院审批。

三、新建立的部际联席会议，由国务院领导同志牵头负责的，名称可冠"国务院"字样，其它的统一称"部际联席会议"。

四、部际联席会议不刻制印章，也不正式行文。如确需正式行文，可以牵头部门名义、使用牵头部门印章，也可以由有关成员单位联合行文。

从这一文件可以看出，"部际联席会议"与"协调小组"有着诸多类似之处，比如都需要牵头部门向国务院请示、经由国务院审批才能成立，不能刻制印章和不正式行文等。相较于"领导小组""协调小组"等，"部际联席会议"是一种更为松散、更为灵活，同时也运用得更为广泛的跨部门协调方式。它的一个重要特点在于，由于对作为联席会议召集人的资格放得更宽，这一制度能够发挥效用的辐射面也就更大。如前所述，从目前的实际情况来看，议事协调机构和作为"阶段性工作机制"的"领导小组"的设立需要由国务院机构编制管理机关提出方案，"协调小组"的设立则一般需要由国务院组成部门做出请示，而建立"部际联席会议"，是国务院的组成部门、直属机构、直属事业单位都有资格向国务院做出请示的。

四、"议事"与"协调"的"分"与"合"

应该说，在2008年的机构改革后，国务院议事协调机构的定位正在逐步发生变化,中央政府虽未出台相关规定说明这一点,但实践证明,以往较为笼统地扎堆在一起的议事协调机构正在向着不同的层次和功能设计发展。

(一)逐渐以"议事"为主的议事协调机构

通过对 2008 年机构改革之后新设立的国务院议事协调机构进行观察可以发现,中央政府对议事协调机构的定位进行了重新设计,尤其是为了能够比较彻底地解决长期以来议事协调机构设置得过多过滥的问题,明确了以后新设立的议事协调机构必须满足三个方面的要素:重要性、长期性、高层次。这就是说,只有面临十分重要、牵涉面较广的跨部门协调性工作,且这一工作又具有长期性,才会设置相应的议事协调机构,同时这一机构必须是高规格的,通常是由国务院总理、副总理、国务委员根据其业务分工,来出任相关议事协调机构的负责人。

从机构实际运作的情况来看,中央政府之所以采取这一调整方式,其目的在于更为精准地界定议事协调机构的职责范围,特别是更加凸显了议事协调机构的"议事"功能,在达到"在议事过程中实现协调"的效果的同时,进一步指导和督促相关工作以保证政策得到执行。由于所承担的协调性事务往往事涉重大,再加上较高规格的人员配置,目前的议事协调机构更多地把工作重心放在研究拟定相关政策、统筹部署全局性的工作安排上,强调通过"议事"来完成"事先协调",以为政策执行减少阻力。同时议事协调机构还可监督各成员部门对工作任务的完成情况,特别是 1997 年 8 月 3 日颁布的《中华人民共和国国务院行政机构设置和编制管理条例》中明确规定:"国务院议事协调机构议定的事项,经国务院同意,由有关的行政机构按照各自的职责负责办理。在特殊或者紧急的情况下,经国务院同意,国务院议事机构可以规定临时性的行政管理措施"。这样它的工作方式也就更多地体现为一种督促和推动。

(二)逐渐以"协调"为主的各种非议事协调机构

将议事协调机构的工作侧重点设定为"议事",是为了摆脱过去"一遇跨部门的协调性事务即设一新机构"的困境,把议事协调机构从大量繁杂的协调性事务中解放出来。至于这些协调性事务的新的承接者,就是前述所提到的作为"阶段性工作机制"的"领导小组",以及"协调小组"和"部际联席会议"等。中央政府显然已经意识到,如果不设计新的制度和机制以承担大量的日常性跨部门协调事务,就难以较为有效地控制议事协调机构数量的增长。作为非议事协调机构存在的各种"小组",其主要任务就在于"协调",具体而言是加强和确保工作落实过程中各部门之间的有效呼应,比如部门间互通信息、互相配合、形成合力等。作为"阶段性工作机制"的"领导小组"有一定的检查督促权,但实际作用并不大;而"协调小组"和"部际联席会议"由于不刻制印章,不正式行文,只能以会议纪要形式明确议定事项,经与会单位同意后印发有关方面。这样它的工作方式也就更多地体现为一种平行关系。

对"议事"与"协调"的不同侧重和相对分流,并不是意味着就是要将两者截然分开。"议事"是为了达到"协调",议事的过程同时也是一个协调的过程,同时在协调组织落实具体工作时又会包含进一步的议事行为。"议事"与"协调"的"分"是相对的,是一种功能性的制度安排;"分"是为了"合",是为了能够在尽可能地控制新设机构,同时又能较为丰富地健全机构之间的配合协调机制的情况下做出的改革探索,"合"才是"分"的目的,事实上两者是不可能完全分开的。

第三节　设置原因

议事协调机构是中国政府体制中独具特色的一种组织模式,被广泛应用于中国政府的运行过程中。它既不完全等同于中国政府组织机构体系中的其他部分,也迥异于传统公共组织理论中归纳出的一般类型,而这都与中国政府过程的特殊性不无关联。因此,有必要就影响议事协调机构形成并长期存在的一些深层次要素进行分析,这对于厘清目前现实中存在的纠结以及未来的改革都具有十分有益的作用。同时,鉴于有的因素不但会影响到"政"的"领导小组"的成立,亦会涉及"党"的"领导小组",这里就一并进行分析。

一、结构性因素

(一)政府横向间机构设置的"小部门结构"

这是导致议事协调机构不断产生的直接因素。新中国成立初期,政府机构的设置模式基本照搬了苏联的政府管理体制,在高度集中的计划经济体制背景下,机构按照国民经济产业部门的划分而设置,强调以部门管理为主的管理方式,成立了为数众多的专业经济管理部门。随着计划经济规模的不断扩大,政府机构的设置也经历了一个逐渐拆分、细化的过程,导致机构数量越来越庞大,机构设置越来越"零碎化"(见表2.2)。历经2008年、2013年、2018年这三轮机构改革,中央政府机构的数量已经稳定在二十五个左右,达到了新中国成立以来的最低水平线("文革"时期的非正常变动除外)。不过,即便在最新一轮的机构改革之后,国务院仍下辖有1个直属特设机构、10个直属机构、2个办事机构、9个直属事业单位、16个部委管理的国家局。这与发达国家中央政府核心机构的设置规模一般在二十个左右相比,数量仍然偏多一些,尤其是在部分领域,分工较细的部门管理体制仍然存在。

表2.2　新中国成立以来中央政府机构数量变化情况

年份	机构数量	年份	机构数量
1949	35	1982	61
1953	42	1988	66

续表

1956	81	1993	59
1958	68	1998	29
1959	60	2003	28
1965	79	2008	27
1975	52	2013	25
1981	100	2018	26

注："文革"期间中央政府机构发生的非正常变动未列入统计

资料来源：根据历次中央政府机构改革方案，中央机构编制委员会办公室网站（http://www.scops.gov.cn/）中的相关部分整理而成。

中国政府机构在横向设置上长时期以来遵循"小部门结构"，使得部门分割设置的情况严重，小部门职责范围狭窄、资源整合能力有限，一旦遇到涉及面稍广一点的任务，就必须寻求同一级其他部门的支持和协助，导致组织横向间协调事务数量高企的状况一直得不到缓解。同一级政府的部门之间机构权限交叉、机构重叠、权责脱节等问题比较突出，"政出多门""多头管理""九龙治水"的局面难以改变，于是通过专门设置跨越各部门之上、政治规格更高一级的议事协调机构来处理涉及多个部门的事务，成为很自然的选择。

（二）政府纵向间职责配置的"职责同构"格局

所谓"职责同构"，是指在政府间关系中，不同层级的政府在纵向间职能、职责和机构设置上的高度统一、一致。通俗地讲，就是在这种政府管理模式下，中国每一级政府都管理大体相同的事情，相应地在机构设置上表现为"上下对口，左右对齐"①。在中国政府纵向间的职责配置中，由于每一级政府都在管理大体相同的事情，不同层级的政府承担相似的职权，造成机构设置随

---

① 朱光磊等："'职责同构'批判"，《北京大学学报》（哲学社会科学版），2005年第1期；张志红：《当代中国政府间纵向关系研究》，天津人民出版社，2005年。

之上下对应,层层共管,"职责同构"的格局明显。这一格局不但存在于"政"的方面,在"党"的组织结构体系上也是如此。

"职责同构"的格局不仅影响到正式序列机构的设置,同时还"蔓延"到并未进入正式机构序列的议事协调机构的设置上。一般而言,部分中共中央和国务院层面的议事协调机构在成立时的通知中都会明确要求地方各级党政机关设置相对应的机构,通常设置至区县一级,个别甚至会延伸到乡镇和街道一级;地方党政机关中存在的独自设置的议事协调机构,下一级机关也一般会被上级要求或主动对口设置:省(自治区、直辖市)一级党政机关中设立的议事协调机构通常在本省(自治区、直辖市)辖区内各个下级党政机关均会有对口设置,省(自治区、直辖市)以下的设置情况照此类推。总的来说,地方党政机关中的议事协调机构,普遍而言在"党"的方面以对口设置为主,而且依上对口而设的议事协调机构的数量往往超过出于自身工作需要而设立的议事协调机构的数量,比如甘肃省委在对议事协调机构进行一次调整后,在"保留的 27 个领导小组中,有中央明文要求成立的 17 个,有根据工作需要保留的 6 个,有属临时性工作暂时保留的 4 个"[1]。而在"政"的方面虽也有相当一部分是对口而设,但相比较而言还是单独设置的数量更多一些,在辽宁省政府对议事协调机构的一次清理整顿中,"对 21 个依据国家法律法规或国家对口设置的议事协调机构和 42 个协调任务较重的议事协调机构予以保留"[2],双方在数量上的对比由此可见一斑。

二、功能性因素

"单任务—泛职能"是中国党政机关中的议事协调机构在功能设计上的

---

① "甘肃省委大力改进领导方式　撤掉 43 个领导小组",《中国青年报》,2004 年 4 月 2 日。

② "辽宁省委省政府拟撤销 68 个议事协调机构",《时代商报》,2004 年 12 月 7 日。

中国"小组机制"研究(第二版)

显著特点,也是议事协调机构得以长期不断形成的最主要影响因素。与 OECD 国家政府中的协调机构尤其是临时机构一般只发挥咨询功能不同,中国的议事协调机构是承担专门任务的泛职能型机构,它依某项具体的专门性工作任务而设置,目标指向明确、职责配备全面。

中国党政系统中的议事协调机构首先是作为专项任务型组织而存在的,在这一目的导向下,"只要出现被认为值得关注的新任务,这些'小组'就会形成"①。"出一任务、设一机构"是中国的议事协调机构在形成上的集中特点和最显著特征。随着新工作任务的不断产生,议事协调机构的设置自然就源源不断,同时随着原有任务的持续完成和新近任务的持续涌现,议事协调机构的新老更替自然也就十分频繁。议事协调机构的方方面面都取决于其承担的工作任务的性质。议事协调机构的政治规格、存在时限以至名称都与其所承担任务的重要性、迫切性有着直接关联。

另外,议事协调机构在职能配置上有着区别于一般性机构的显著特点和巨大优势。议事协调机构在运行中的实际职能是十分宽泛的,只要是为完成该项专门工作任务的需要,议事协调机构可以"绕道走捷径",避开既定的法定程序行使权力,拥有广泛地获得党政系统各层级组织支持、调动社会各方面资源的能力。这在一些较为复杂、涉及部门与领域都比较多的问题和工作的解决上,特别是在对重大自然灾害和社会突发事件的处理中,体现得尤为明显。正是由于议事协调机构拥有这个一般性常设机构所无法比拟的优势,使得中国党政系统中各个层级,尤其是地方上党政部门的负责人将议事协调机构视为一种十分高效、便捷的管理手段,每遇到事关全局、牵涉面广或较为紧急的重要事务,就倾向于设置议事协调机构来解决问题。

① Brødsgaard, Kjeld Erik, *Institutional Reform and the Bianzhi System in China*, The China Quarterly ,170: 361 – 386, 2002.

142

三、体制性因素

（一）政府中的归口管理方式

前面已经讲到，"党"的主要几个"中央领导小组"都是作为归口领导体制的支持性机制和具体组织实施手段而相继建立起来的，这一因果联系也同样适用于行政系统中。各级政府中"分工把口"的归口管理方式是导致议事协调机构易于形成的重要因素。

在中国的各级政府领导机构中，除了设置一名行政首长，还同时设置若干名副职。这些副职领导人除了作为各级人民政府的组成人员，参加本级人民政府的全体会议和常务会议，协助首长进行决策外，还直接分管某一领域的日常管理和决策事务，承担重要的管理功能。这种管理形式就是中国行政系统中所实行的归口管理制度。①

新中国成立后，当时代行全国人民代表大会职权的第一届全国政协通过了《中央人民政府组织法》，其中规定：在政务院下设政治法律委员会、财政经济委员会、文化教育委员会、人民监察委员会，前3个委员会指导政府35个职能部委的工作，并有权对其所属各部门和下级机关颁发决议和命令，审查其执行情况。当时之所以要设置这些指导性质的委员会，就是为了在政务院和其下属的部门之间增加一道归口管理的中间层次，这样中国政府治理中的归

---

① 有关政府系统的"归口管理制度"以及后文的"分管型副职模式"，这里主要参考了《中国政府发展研究报告（第1辑）：公务员规模问题与政府机构改革》（朱光磊主编，中国人民大学出版社，2008年，第299~313页）。

中国"小组机制"研究(第二版)

口管理制度便确立了下来:①

    国务院为领导全国的政治、经济、文化、国防等政务工作,设立了许多专业机构。如何有效地指挥这些机构,协调配合,运转自如,发挥整体的领导作用,周总理采取了统一领导,按业务性质,分门别类,归口管理的体制。

    政务院时期,设立了30个部、会、院、署、行。周总理指出:政务院是国家最高行政首脑机关,包括范围很广,政务院不可能经常领导所有部门,必须在民主集中制的基础上,采取分工办法,组成有系统的分工机构。所以,在政务院和各部之间,设立了4个委员会,其中3个是指导性的委员会,按业务性质,归口管理,分工指导各部门的工作。

1954年第一届全国人大通过的《国务院组织法》,撤销了这四个委员会,同时增设了新的承担归口管理任务的办公机构,作为国务院各部门的归口领导单位。这些办公机构分别管理若干部委,使每一部委都有一个归口的"办",构成了国务院和其下属部门之间的新的中间层次。当时国务院设有政法、文教、重工业、轻工业、财贸、交通、农林水和国家资本主义8个办公室,分

---

    ① 政治法律委员会,负责指导内务部、公安部、司法部、法制委员会和民族事务委员会等政法系统各部门的工作;财政经济委员会,负责指导财政部、贸易部、重工业部、燃料工业部、纺织工业部、食品工业部、轻工业部、铁道部、邮电部、交通部、农业部、林业部、水利部、劳动部、人民银行和海关总署等财政系统各部门的工作。文化教育委员会,负责指导文化部、教育部、卫生部、科学院、新闻总署和出版总署等文教系统各部门的工作。人民监察委员会的职责是监察政府机关和公务人员是否履行职责,并检举纠正违法失职的机关和人员。详细分析请参见《中华人民共和国中央政府机构:1949—1990》(苏尚尧主编,经济科学出版社,1993年)和《周恩来组建与管理政府实录》(马永顺著,中央文献出版社,1995年)中的相关内容。

口管理各有关部门。① 这些办公室都由一个副总理牵头,对该办公室分管的各个部门进行统一领导,协调管理,其功能与之前负责指导部门工作的委员会是一致的:②

> 政务院时期采取设委员会,分别指导各部门,国务院时期采取设办公室,分别掌管各部门,虽然形式不同,但都是为了分门别类,按业务性质归口管理,统一领导,统筹全局。在这样的组织形式下,总理、副总理为便于领导各部门的工作,采取了兼职或分工的办法。

随着中央政府机构的不断调整和形势的发展,这些定位于归口管理功能的委员会、办公室等也经历了相应的变迁(见表2.3)。其中多数机构在经历了"文革"时期的非正常撤销后,再也没有被恢复设置。在改革开放之后,国务院已经不再设置专门性的归口管理机构,但是由若干名副总理和国务委员来分别掌管有关部门的归口管理制度却延续下来了。

---

① 这8个办公室分别是:第一办公室(政法),负责掌管内务部、公安部、司法部、监察部的工作;第二办公室(文教),负责掌管文化部、教育部、高等教育部、卫生部、新华通讯社、广播事业管理局的工作;第三办公室(重工业),负责掌管重工业部、第一机械工业部、第二机械工业部、燃料工业部、建筑工程部、地质部的工作;第四办公室(轻工业),负责掌管纺织工业部、轻工业部、地方工业部、劳动部、中央手工业管理局的工作;第五办公室(财贸),负责掌管财政部、粮食部、商业部、贸易部、中国人民银行的工作,并负责指导中华全国供销总社的工作;第六办公室(交通),负责掌管铁道部、交通部、邮电部、中国民用航空总局的工作;第七办公室(农林水),负责掌管农业部、林业部、水利部、中央气象局的工作;第八办公室(国家资本主义),负责掌管对资本主义工商业进行社会主义改造的工作,并负责掌管中央工商行政管理总局的工作。详细分析请参见《中华人民共和国中央政府机构:1949—1990》(苏尚尧主编,经济科学出版社,1993年)和《中华人民共和国政府与政治》(王敬松著,中共中央党校出版社,1995年)中的相关内容。

② 马永顺:《周恩来组建与管理政府实录》,中央文献出版社,1995年,第147页。

表2.3　中央政府中归口管理部门的发展沿革

1949.10—1954.9	1954.11—1959.6	1959.6—1970.6
政治法律委员会	国务院第一（政法）办公室	国务院政法办公室
财政经济委员会	国务院第三（重工业）办公室	
	国务院第四（轻工业）办公室	
	国务院第五（财政、金融、贸易）办公室	国务院财贸办公室
	国务院第六（交通）办公室	国务院工业交通办公室
	国务院第七（农林水）办公室	国务院农林办公室
	国务院第八（对私改造）办公室	
文化教育委员会	国务院第二（文教）办公室	国务院文教办公室
		国务院外事办公室

资料来源：根据《中华人民共和国中央政府机构：1949—1990》（苏尚尧主编，经济科学出版社，1993年）,《中华人民共和国政治体制沿革大事记：1949—1978》（洪承华等编，春秋出版社，1987年）等资料中的相关部分整理而成。

注：国务院政法办公室在1960年12月9日就已经撤销。

改革开放初期，国务院曾先后设置"国务院财贸小组"（1977.6—1982.5）和"国务院财政经济委员会"（1979.7—1981.3）,作为财经口的管理机构；设置"国家农业委员会"（1979.2—1982.5）,作为农业口的管理机构。

与中央政府相类似，各级地方政府也采取了分口式的管理制度。省级政府机构通常按工作领域分为综合、政法、农村、工交、财贸、基建、文教卫生和其他8个口。1982年机构改革以后，分为综合、监督、经济、文教卫、政法和其他6个口，每个口通常由一名副省级干部分管。在县一级机构，也大致分为综合口、政法口、农林口、工交口、基本建设口、文教卫口及其他口，与上级政府机构相对应。

总的来说，在中国各级政府的领导机构中，都形成了由副职领导、分口把关的归口管理制度。在不同的时期，形式虽然有一定的变化，但都是按业务性质归口、分门别类进行管理。正式序列机构是这样，议事协调机构亦是如此。即是说协调相关领域和不同行政部门的工作,也要按类别归入到某一个"小口"里面,形成"大口中有小口"的格局。当新的工作任务找不到可以归入的"口"时,为了便于管理,就需要设立相应的议事协调机构,成员部门的选择以这一领域为主,"领导小组"的负责人事实上就是这个"口"的分管领导。这种管理方式和管理理念是目前政府组织中设置议事协调机构的重要原因之一。

（二）分管型副职模式

"分管型副职模式"是中国各种组织团体普遍应用于副职设置问题上的一种特色制度模式。[①] 在中国的各级政府领导机构中,除了设置一名行政首长,还同时设置若干名副职。这些副职领导人除了作为各级人民政府的组成人员,参加本级人民政府的全体会议和常务会议,协助首长进行决策外,还直接分管某一领域的日常管理和决策事务,承担重要的管理功能。与党的归口领导体制相对应,政府中的分管领导与党的归口领导的领域或口有重叠者,政府中的分管领导还要对管理该口的党的主管领导负责。

议事协调机构作为对分管型副职模式的一种必要补充而存在。在分管型副职模式下,党政机关中正副职各自的日常工作分管领域都有明确的划分,分管负责人领导自身工作领域内的相关职能部门。与此相适应,当出现承担涉及多个部门、多个领域管辖范围的特殊任务,不进入政府机构正式组成序列的特殊部门——议事协调机构,一般就根据该议事协调机构所承担任务的具体内容,按照政府原有的职能领域划分将其归类,由相关分管领域的领导出任议事协调机构的负责人,这从议事协调机构的领导人与各个领域分管领导人的高度对应性就可以看出。这样可以最大化地利用原有体制的优

---

① 参见朱光磊等:"从'分管'到'辅佐':中国副职问题研究",《政治学研究》,2007 年第 3 期;李利平:"中外副职设置模式的比较研究",《中国党政干部论坛》,2008 年第 4 期。

势,利于分管领导协调相关领域和不同党政部门的工作。

(三)会议决策制度

会议决策制度是中国政府决策过程中比较有特点的一项制度安排。①中国现行宪法和各级政府组织法都明确规定,县级以上各级政府工作中的重大问题,须经政府常务会议和全体会议讨论决定,从而强调了这两种决策会议在政府领导和决策制度中的重要地位,任何一位行政首长都不能脱离这两种决策会议,不能对政府工作中重大问题的决策搞个人专断和独裁。

现代政府的管理内容日益复杂,需要政府做出决策的事务千头万绪,显然不可能把所有的决策活动放到上述两类法定的常规决策会议中进行,因此在中国政府决策过程中还存有大量针对专项任务和问题的决策性会议,而议事协调机构就是用以承担专项问题决策任务的一个重要组织平台。议事协调机构原本就是为处理牵涉面比较广的工作任务而设置,尤为重视决策参与范围的广泛程度。议事协调机构在成立时根据所承担任务的性质,尽可能多地将相关联的部门纳入其中,其目的就在于形成一个代表广泛的决策集体,以充分保障决策的科学化和民主化。在相关职能部门主要负责人的共同参与下,各个组成部门成员在议事协调机构的会议上可以就各种决策方案充分发表意见、共同讨论、集思广益,这样不仅可以克服行政首长个人在学识、经验、意志和精力上的不足,防止首长个人专断和独裁,减少了决策失误,同时参与部门的广泛性和表达意见的充分性也确保了决策实施通道的顺利畅通,提高了施政效能。

---

① 谢庆奎:《中国政府体制分析》,中国广播电视出版社,1995年,第216页。

第四节　基本类型

相对于中国政府组织体系中其他类型的机构,议事协调机构数量繁多、名目繁杂。为了使对议事协调机构的分析脉络更为清晰,本书从存在时限、职责内容和权属关系等角度对议事协调机构进行了不同的分类。这种分类并不是绝对的,也不可能框定所有的议事协调机构,但大体上还是能反映出议事协调机构的不同类型之间的差异。基于上述三种划分标准,本书认为,当前中国行政组织系统中的议事协调机构大致可以分为以下几种类型:

一、根据存在时限划分

这是基于历史思路的一种划分,根据存在时间长短的不同,议事协调机构可以分为"常设型""阶段型"和"短期型"。

(一)常设型的议事协调机构

这一类型的议事协调机构一般针对涉及面广、关乎全局的重大战略性、基础性任务而设立,因此存在时间很长,甚至超过了政府的某些正式序列组成部门,而且它们相对其他类型的议事协调机构而言政治地位更高、权威性更强,通常始设于中央政府层面,各级地方政府则都按要求对口而设。国务院议事协调机构中的大多数都属于这一类型。比如国家边海防委员会、全国绿化委员会、国务院学位委员会等议事协调机构自 20 世纪 80 年代成立伊始就一直存在。另外如全国爱国卫生运动委员会,其前身可追溯至 1952 年成立的"中央防疫委员会",在"文革"期间其工作一度中断,后于 1978 年恢复设置,堪称存在时间最长的议事协调机构。

(二)阶段型的议事协调机构

这一类型的议事协调机构通常是为完成某一项阶段性的特定任务和工作而设置,是数量较多、存在较为广泛的一种类型。由于阶段型的议事协调机构所承担的工作任务一般会持续较长的时间,因此这类议事协调机构虽不是常设性的,但也在一定的时间段内长期存在:短则几年,如成立于2003年的全国第一次经济普查领导小组,在2005年经济普查工作完成后即刻撤销;长则十多年,例如成立于1993年的国务院三峡工程建设委员会,开展工作至今已达16年,这是由于三峡工程的庞大规模和极端复杂性,决定了该议事协调机构不得不长期存在。当前在设置承担阶段性任务的议事协调机构时一般都会做出特别说明,这可以拿来作为判断议事协调机构的类型的一个标志。如成立于2003年的国务院南水北调工程建设委员会、成立于2008年的第二次全国经济普查领导小组等,在国务院办公厅所发成立通知中都被明确注明"工作任务完成后撤销"。

(三)短期型的议事协调机构

这一类型的议事协调机构存在最为普遍、数量最多,更替也最为频繁。它一般为应对重大自然灾害、社会突发事件或负责某项建设工程项目而设置,此外绝大多数地方政府在开展某些专项整治活动、迎接检查评比时也会普遍成立一些短期性的议事协调机构,任务完成后即行撤销,临时性和机动性很强,这类议事协调机构的存在时间一般仅能维持几个月,最短的甚至只有几天。以围绕2008年北京奥运会和残奥会而设置的议事协调机构为例,除了存在于中央一级的"北京奥委会和残奥会领导小组",为保障奥运会各项工作的顺利进行,在主办城市、协办城市以及相关部门中成立的议事协调机构多达数十个,在奥运会和残奥会结束后,这些议事协调机构自然也就随之撤销。

当然,如果所承担任务发生变动或被重新定位,有的议事协调机构还会出现"升级"的情况,从短期型转换为阶段型、常设型,甚至升格为正式序列机构,这样议事协调机构的存在时间就得以大大延长。成立于1979年的进出口管理委员会就属于这种情形:[①]

> 为了打开对外开放的局面,加强对外经济贸易工作的领导,1979年3月国务院决定成立进出口领导小组。余秋里同志任组长,王任重、王震、方毅、谷牧、康世恩、陈慕华同志任副组长,由谷牧同志全权负责日常领导工作。经过几个月的实践,发现对外开放是新事物,又是涉及国内外许多方面的系统工程,这样的机构还应进一步加强,才能承担推动我国对外开放如此重大战略部署的使命。在该年7月,党中央向全国人民代表大会常务委员会提出建议,为加强对进出口、外汇平衡和引进技术工作的管理,成立中华人民共和国进出口管理委员会;为加强对外国投资的管理,成立中华人民共和国外国投资管理委员会;并提名谷牧副总理兼任两委主任。1979年7月30日,这个建议在第五届全国人大常务委员会第十次会议上得以审议通过。

另外,目前作为国务院组成部门的国家人口和计划生育委员会,其前身可追溯至成立于1973年的国务院计划生育领导小组,由议事协调机构转型为正式序列机构特别是国务院组成部门,这种情况也是比较少见的:[②]

> 一九七三年国务院成立了计划生育领导小组,对推动计划生育工作的开展,降低人口出生率,发挥了积极的作用。我国人口自然增长率从

---

① 李岚清:《突围——国门初开的岁月》,中央文献出版社,2008年,第92～93页。
② "关于设立国家计划生育委员会的说明",《中华人民共和国国务院公报》,1981年第3期。

一九七三年的千分之二十点九九，降到一九七九年的千分之十一点七，一九八〇年预计在千分之十左右，基本上实现了"五五"计划对人口增长控制的要求。但是，由于六十年代人口出生率过高，年平均在两千万以上，这些人现在陆续到了结婚年龄，今后继续降低我国人口增长率，争取在本世纪末把我国人口控制在十二亿以内，任务非常艰巨，需要进一步加强对计划生育工作的领导。

计划生育工作涉及面广，有关计划生育政策的具体贯彻落实，计划生育的科研，避孕药具的研制、生产、供应和技术指导，计划生育的宣传教育，等等，需要把各方面的力量组织起来，分工协作，共同搞好。

从上述计划生育的任务和工作性质来看，目前国务院的计划生育领导小组作为一个临时性机构，与它所担负的长期艰巨的任务是不相适应的。为了进一步加强对计划生育工作的领导，建议设立国家计划生育委员会。它的主要任务是：统一管理全国的计划生育工作；贯彻执行国家关于计划生育的方针、政策和法律、法令；编制国家人口发展的长远规划和年度计划，并负责督促检查落实；组织和协调有关部门搞好宣传教育、培训干部、落实节育措施、科学研究和药具生产供应；承办有关计划生育的外事工作。

二、根据职责内容划分

这是基于横向思路的一种划分，根据的是议事协调机构所承担职责在具体内容上的差异。在"政"这一方面，虽然议事协调机构之间在职责内容以及人员构成上的差异不如前面所说的"党"的方面那么明显，但通过仔细分析，还是能在它们之间发现些许不同，而且这些不同从议事协调机构的名称上就可以加以判断。

以国务院议事协调机构为例,其中名称以"国家"开头的,意味着该议事协调机构所承担的任务会涉及国内、国外两个方面,如国家国防动员委员会、国家边海防委员会、国家禁毒委员会、国家能源委员会、国家信息化领导小组、国家科技教育领导小组会涉及对外关系、国际交流与合作等,而国家防汛抗旱总指挥部、国家减灾委员会、国家应对气候变化及节能减排工作领导小组、国家森林防火指挥部则关系到国际支持与援助等,这些议事协调机构在人员构成上跨度最大,一般都涵盖了党、政、军三个方面。

名称以"全国"开头的,表明该议事协调机构的工作内容仅涉及国内、但遍及全国范围内的各个方面,如全国爱国卫生运动委员会、全国绿化委员会、全国拥军优属拥政爱民工作领导小组、全国老龄工作委员会等所承担任务几乎涉及国内各种组织团体,牵涉面极广,相应地组成这类议事协调机构的相关部门数量也就最多,一般都囊括了国务院半数以上的组成部门。

名称以"国务院"开头的议事协调机构,以处理较为专门性的任务为主,通常只涉及国家社会经济生活的某一方面,如国务院学位委员会、国务院残疾人工作委员会、国务院纠正行业不正之风办公室等,或仅是作为处理区域性的问题而存在,如国务院西部地区开发领导小组、国务院振兴东北地区等老工业基地领导小组、国务院南水北调工程建设委员会、国务院三峡工程建设委员会等,工作牵扯面比起前两者稍窄,但专业性要更强一些,在数量上也更多。

三、根据权属关系划分

这是基于纵向思路的一种划分,根据权责所属关系的不同,可以将议事协调机构分为"职责同构型"和"权责自属型"。

　　"职责同构型"的议事协调机构,具体又可分为两种情况。一是全局性上下对口的议事协调机构,自中央层面到各级地方都有相应设置,一条线串起来。比如位于中央政府一级的议事协调机构中的绝大多数在各级地方政府中都有对口设置的机构。二是局部系统或区域范围内上下对口的议事协调机构,前者如成立于1978年的全国教育科学规划领导小组,这是教育部统管全国教育科学规划工作的最高机构,组长由教育部长担任,它在整个教育行政系统内,即各级地方政府中的教育厅(委、局)中皆设置有同类机构;后者如成立于2007年的国务院京沪高速铁路建设领导小组,由于铁路建设涉及沿线多个省市,因此还在北京市、天津市、河北省、上海市、江苏省、安徽省和山东省等沿线7个省市及其省市内的部分地市(区县)存有许多相对应的机构。

　　"权责自属型"的议事协调机构,意即该议事协调机构根据部门或属地自身工作需要独自设置,仅设置于某一级党政机关中,除此之外在对上或对下的任何一级部门中皆没有对口或类似的机构存在。在中共中央和国务院、各级地方党政机关等各个层级均能找到这样的议事协调机构,甚至某些单个部门也有自身独立设置的议事协调机构。就中央政府层面的议事协调机构而言,典型的如国务院中央军委空中交通管制委员会、国务院关税税则委员会等只存在于中央一级,在各级地方政府并无对应机构存在。相比较而言,在各级地方政府方面独立设置的议事协调机构的数量更多一些,只要是涉及当地经济社会发展的重要工作,一般都会成立相应的议事协调机构以确保任务能够顺利完成,如北京市"奥运场馆工程建设监督工作领导小组"、天津市"加快滨海新区开发开放领导小组"、重庆市"统筹城乡综合配套改革试验区工作领导小组"等,至于地方上其他为开展专项整治活动、迎接检查评比等而设置的议事协调机构更是名目繁多。另外,某些部门因工作需要也设置了一些自属性的承担议事协调职责的各种"领导小组",如民政部"全国婚姻登记互查领导小组"、农业部"农业社会化服务体系领导小组"等。

第五节　弹性特质

对议事协调机构的研究,不仅需要有制度层面上的静态分析,更关键的是对其作一个技术层面上的动态分析。分析议事协调机构在现实方面的各种情况,重点是把握议事协调机构的实际运行过程,其中核心又在于认识清楚这一运行过程的特殊性。要通过分析过程去发现体制问题,并以过程的特殊性来解读体制的特殊性,最终寻求体制创新基础上的过程优化。① 这是研究议事协调机构问题的要义所在。

一、作为弹性要素存在的议事协调机构

政府机构中的弹性要素,是指存在于政府基本要素之外的一些成分,是在政府的发展过程中逐步呈现出来的、对政府完成其基本功能和职责起辅助作用的一些机构、机制、程序和规则等。② 政府机构中的弹性要素是相对于政府机构的基本要素而言的。政府机构中的基本要素是为保障政府的日常运作而设置的,它们通过运用其正式和规范的运作将庞杂的社会事务分门别类,以纳入到可供观察和解决的轨道上来;它们是政府履行其职能的基本组织形式,是现实中政府保持正常运行的必要条件。然而任何政府都不会是一个绝对刚性的政府——一个完全依靠既定组织体系和制度框架的政府。随

----

① 张彬等:"从'利益综合'环节入手深化中国政府过程研究——对近三十年中国政治发展的一个技术性分析",《天津社会科学》,2009 年第 1 期。

② 有关政府弹性要素的详细分析,请参见《现代政府理论》(朱光磊主编,高等教育出版社,2006 年)一书中第八章的相关部分。

着经济社会环境的愈加复杂,政府很难完全恪守在由一系列基本要素所组合而成的框架和规则内而万事无虞。当经济社会的发展超出一套既定政府组织体系所能容纳的范围时,完全依赖政府机构中的基本要素往往会显得束手无策。因此政府主体除了基本要素和常规制度的构建之外,通常还会在政府机构体系中预设一些具有高度伸缩性的备用手段,也即弹性要素。

议事协调机构就是中国政府机构体系中一个重要的弹性要素。作为广泛存在于中国各级政府中的一种特殊组织模式,以"领导小组"为主要代表的议事协调机构与中国政府机构体系中的"部""司""局""处""科"等基本性要素相比,它在组织架构、存在方式、系统化运行等方面都体现出了明显的弹性化特质。首先,议事协调机构存在和运行都具有一定的隐匿性。它不进入到政府组织的正式序列中,并不彰显于政府组织体系的外层,也不是政府处理常规事务的方法和手段,就是说它并不是常见于政府运作的日常过程之中,而是政府在正规、经常和基本状态之外的表现,是隐匿于外层制度安排下、但又广泛分布于政府体系各个层面并在事实上发挥着作用的一种衍生性机制。其次,议事协调机构的灵活性比较突出。它既不具有正式序列机构的科层分明的组织架构,也不必完全遵循基本的常规政治程序,即是说没有那么多固定的原则或者程序需要遵守,不需要太"循规蹈矩",在必要的时候可以突破陈旧的条条框框,为特定工作条件下的权变提供运作空间。同时由于议事协调机构的"身份特殊",在工作需要时可以及时设置,任务完成后亦可即刻撤销,这也大大扩展了它的应用范围。

二、中轴依附的组织架构

（一）"中轴依附"的含义

本研究从议事协调机构的权力和职责分配重心的差异的角度出发,将议事协调机构的结构特点概括为"中轴依附"。中国各种类型的议事协调机构，包括党政两方面的各种"领导小组"、以及作为"阶段性工作机制"的各种"领导小组"等，它们的组织结构都普遍带有这一特点。

这是"中轴依附"的结构框架（见图2.4）。本研究在对议事协调机构的各个组成部分在实际运行中的权责分配情况进行考察后认为，在议事协调机构的组织结构中，职能和权力重心主要集中于"领导成员—牵头部门—办事机构"这条线上，它们构成了议事协调机构在实际运行过程中的一条中轴线，而其它组成部门只是"依附"于这条中轴线而开展工作。

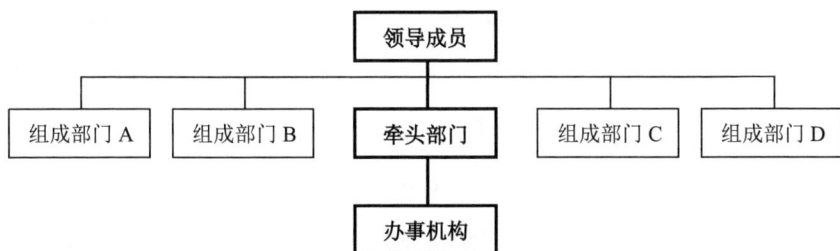

图2.4　议事协调机构的"中轴依附"的结构

（二）"中轴依附"结构的具体内容

1. 领导成员

议事协调机构没有专职的领导，其领导成员都是由常设党政机关的相关领导兼任的。通过采用兼任领导的模式，议事协调机构可以充分运用领导成员原有职务的权力，来完成计划所设定的任务，当原有职务不符合完成计划所需要的权力时，还通过正常的组织渠道，在宣布领导成员组成的同时，正式授予领导小组成员必要的"附加权力"[1]。

---

[1]　朱光磊:《当代中国政府过程（第三版）》，天津人民出版社，2008年，第153页。

议事协调机构的正职领导,一般是根据党政机关领导的原有业务分工,来出任相关议事协调机构的负责人。就多数情况而言,在中央一级,通常是由一位政治局委员或国务院副总理、国务委员出任议事协调机构的领导正职,个别情况下也可以由相关部委的负责人担任,如国务院关税税则委员会主任为财政部部长、国务院军队转业干部安置工作小组组长为人力资源和社会保障部部长、国家禁毒委员会的主任为公安部部长等;在地方上,议事协调机构的负责人同样也是根据党政领导的日常分工来确定。议事协调机构的副职领导则有多种情况。党的方面的情况较为简单,基本上是一正一副或一正两副;在政的方面,副职的数量和构成则是视议事协调机构所承担工作的规模和复杂性,以及正职的情况等多种因素而定。如果该议事协调机构的工作非常重要,正职直接由行政首长担任,则副职一般就由对应的相关分管副职出任,通常就只有 1 至 2 人;如果议事协调机构的正职已经是常设机构的相关分管副职,则副职多由主要涉及的几个部门的代表出任,一般达 4 至 7 人。

议事协调机构采用高密度集合型的政治权力结构,充分"借用"高层级领导的原有权力,这一独特的领导构成和权力来源方式造就了议事协调机构不同于一般性常设机构的巨大权威性。虽然对议事协调机构的政治级别在制度上没有明确的规定,但它们在实际运行中的影响显然要比其他正式序列机构高出许多。比如中共中央层面的议事协调机构,其实际中的政治地位明显要高于中共中央各部,它们直接向政治局及其常委会负责;国务院的议事协调机构的实际地位也高于各部委,其在与多个部门联合的发文通知中一般都居于首位。地方上的议事协调机构同样如此。这些都与议事协调机构的领导成员的高规格有着直接关联。

2. 组成部门

数量多、涉及面广是议事协调机构在部门构成上的一个显著特点。议事协调机构根据其所担负工作任务的性质和具体内容,本着宽泛的原则,尽量将涉及的相关联部门吸纳为成员单位,并且依据各部门原有的政治排序来确定它们在议事协调机构结构中的次序。议事协调机构的非领导成员就是由这些组成部门各派出一名"代表"构成,通常是各个部门内分管相关工作的副职,如果涉及的任务与本部门工作职能的相关性程度较高,也可能直接派出部门的负责人作为代表。

关于这些组成部门在议事协调机构中的具体分工,一般是在各个部门日常工作职能的基础上,结合议事协调机构所承担任务的特点,明确规定有相应的职责分配。由于各个组成部门自身职能安排与议事协调机构的任务指向的结合程度存在差异,彼此之间所承担工作量的大小不尽相同,因此还可以将它们进一步区分为主要部门和一般部门,而这从各个组成部门所派出的代表是否担任议事协调机构的领导副职就可以加以判断。首先,在议事协调机构的结构中存在有几个主要的责任部门,它们与议事协调机构的联系较为紧密,承担着议事协调机构的大部分工作,因此相对于其他部门成员其重要性更为突出,这些部门的代表通常也就担任着议事协调机构的副职领导,尤其是这几个主要部门中工作任务最重的,通常称之为牵头部门或承办部门,其代表一般担任着议事协调机构的第一副职。其余一般性的部门,与议事协调机构工作的关联性弱于前者,所担负工作量较小,其派出代表通常就担任议事协调机构的一般成员。

3. 办事机构

议事协调机构的办事机构,主要有以下几种设置模式:绝大多数的议事协调机构现在已经不再单独设置办事机构,而是将议事协调机构的日常工作直接交由主要责任部门的某个内设机构承担,也即这个内设机关"兼任"着议事协调机构的办事机构的角色;还有一部分议事协调机构将办事机构设置在牵头的主要责任部门内,通常是采取与部门内设机关"一个机构两块牌子"的形式,如全国绿化委员会办公室与国家林业和草原局造林绿化管理司就是

"一个机构两块牌子"；也有一些办事机构是与某个常设机构"合署办公"，如全国老龄工作委员会办公室与中国老龄协会就是如此；只有少数几个议事协调机构的办事机构是完全单独设置的，如常设的国务院扶贫开发领导小组办公室，临时存在的国务院南水北调工程建设委员会办公室、国务院三峡工程建设委员会办公室，以及近期成立的国务院食品安全委员会办公室等，这些机构都内设有职能机构，个别还下辖有直属事业单位，它们不但拥有相应的经费核拨，而且还占有行政和事业编制，这同时也是议事协调机构的所有组成部分中唯一单独占有编制的。

相应地，各个办事机构负责人的任职方式也不尽相同。与议事协调机构的领导成员类似，大多数办事机构的负责人是由对应常设机构的负责人兼任的：有的是由来自主要责任部门的议事协调机构的副职领导兼任办事机构的正职，并同时由这个部门某个内设机构的主管出任常务副职，这个常务副职也在事实上负责办事机构的日常工作；也有一种情况是直接由承担相关工作的部门内设机构正副主管一起兼任办事机构的正副职。除此之外，那些完全独立设置的办事机构，其机构负责人则同样是单独任命的专职人员，并拥有相应的行政级别。

（三）"中轴依附"的表现形式

1. 中轴线主导

在"中轴依附"结构中，领导成员、牵头部门及其相应的办事机构承担了议事协调机构绝大部分的工作，在议事协调机构中发挥着主导性的作用，它们一起构成了议事协调机构在权力和职责上的一条中轴线。

就具体的权责划分而言，领导成员的工作职责主要可以概括为"协调、组织、决策"。首先是协调，即协调和统一各成员部门配合议事协调机构的工作，执行议事协调机构的相关决策，如果议事协调机构的工作范围还涉及国际合作与对外交流的，则还要负责协调外国、国际组织在国内的相关活动；其次是组织贯彻重大方针政策的实施,这既包括组织实施上级和同级党委和政府在这一方面的方针、政策、法规、规划、计划等,也包括议事协调机构自身做出的一些决策,并组织各成员部门交流执行情况,推广先进经验,表彰先进典型等,一般是通过召开动员性大会或专题性会议,由议事协调机构的领导发表会议讲话的形式启动政策实施活动,而具体的组织实施工作则是由办事机构承办;领导成员还有一项重要职责是决策,即就议事协调机构所承担业务的方针、政策、工作规划等进行审议并做出决定,如果是比较重大的决策事项,还需要向同级党委和政府请示、报告。

在议事协调机构的所有组成部门中,牵头部门的作用相对而言是比较突出的,而这又具体通过办事机构体现出来,牵头部门与办事机构在议事协调机构中的职责是高度重合的。议事协调机构的办事机构或者是由牵头部门的某个内设机构"兼任",或者挂靠到这个牵头部门,即使是完全单独设置的办事机关,它与牵头部门在业务上也有着密切往来和相近似的部分。办事机构的主要职责是负责"研究、执行、承办"。首先是开展调查研究,提出有关法规、政策建议,供议事协调机构的决策做参考;其次是具体组织贯彻落实议事协调机构所做出的各项决策,并且还要指导、督促和检查各个成员单位以及下面对口的议事协调机构执行政策的情况;最后是承办议事协调机构交办的日常工作及其他工作事项,包括文件的起草、有关会议的会务工作、议事协调机构的财务管理、联络各成员单位并向议事协调机构报告其工作进展、组织宣传活动、编发工作简报及相关刊物等。在办事机构内部一般都还设置有相应的部、处、室,对上述职责又各自作了进一步划分。

2.外围依附

在中轴线的外围,则是其他组成部门在依附于这条中轴线而运行。议事协调机构里面的一般成员能参与法规、政策的审议和决定,能提出自己的意见,但它们的主要职责还是在于代表自己所在部门为议事协调机构的工作提供协助,将议事协调机构的决议和要求"带回"到各自的部门中去,并将所在部门的意见反馈回来,它们只是"依附"在议事协调机构的在实际运行中的"中轴线"周围,仅仅与议事协调机构保持着短线联系。

在议事协调机构中,除牵头部门之外的各个组成部门普遍居于比较被动的地位。首先,这些部门一般是在议事协调机构的成立通知中,按工作业务的相关联程度被列入成员单位名单,并规定有相应的工作职责,并不会事先周知;其次,这些部门的职责发挥基本上以执行议事协调机构的决策为主,虽然它们会参加议事协调机构的相关会议,但主要是以接受工作安排为主,而较少发表意见,只是在议事协调机构做出决议后,各成员单位"分头去办",并按要求向议事协调机构定期作政策执行情况的报告。在这一情况下,一般性组成部门的作用得不到凸显。尤其是议事协调机构所交办的部分工作实际上就已经在各成员单位已有的职责范围之内,因此这些部门不过是在完成本职工作而已,参加议事协调机构的会议等活动更多的是一种"政治表态"。

三、虚实相依的存在方式

议事协调机构在存在方式上呈现出虚实结合的特点,这是议事协调机构在运行过程特殊性方面的另一项重要体现。

一方面,议事协调机构并不进入各级政府机构的正式序列,不被列入政府机构名录。首先,议事协调机构不具备一般性组织机构所需的相关要件,就议事协调机构本身而言,它既不挂牌子,没有固定的办公场所,也不单独确定人员编制,不核拨经费,不确定机构规格,游离于"三定"(定职能、定机构、定编制)规定的约束范围之外;其次,各种类型的议事协调机构并无常规性的工作职责,一般只是在每年的几个固定时间段,以召开会议、报告或检查工作等形式开展活动,平时则处于"休眠"状态;最后,议事协调机构也不具备有独立的"法人"资格,不是法律意义上的行政主体,一般不能独立发布行政命令,不能独立做出影响客体权利义务的行政行为,而是以上级机关或涉及的职能部门联合的名义发文或行动,并且其本身无法对外承担行政法律责任,不能作为行政诉讼或行政复议中的被告或被申请人。这些都是议事协调机构虚的一面。

另一方面,虽然议事协调机构本身并不具备正式机构通常应有的条件,但议事协调机构的办事机构却是实实在在的,并受"三定"规定的约束。它不但挂牌子、拥有固定的办公场所(多数情况是"一个机构两块牌子",或者采用合署办公的形式),而且占有人员编制(一般由承担具体工作的行政机构解决),享有下拨财政经费,有相应的行政级别,即使没有单独下设实体性办事机构,也会明确承担日常具体工作的正式序列部门;同时,议事协调机构可以通过召开协调性的决策会议,在会议结束后以会议通知、会议纪要等形式发布政治系统内部的决定和命令,这些决策和命令都具有事实上的效力和约束力,并且各种议事协调机构还可以通过定期工作指导、突击检查等形式确保决策得以实施。这些显然都是议事协调机构实的一面。

当然,对议事协调机构的"虚"和"实"这一双重性特征既不可一概而论,也不能将两者截然分开。议事协调机构在存在方式上以虚的一面保证了工作的灵活性和高度机动能力,又以实的一面确保了工作力度和施政效率,议事协调机构在实际运行过程中的显性化功效正是通过表面上看似隐性化的存在才得以充分发挥出来,二者相得益彰。

四、倍量增减的运行过程

"倍量增减"是议事协调机构在运行过程中的一个总体特征,其具体又可以分为"倍量扩增"和"倍量缩减"两个阶段。由于常设性的议事协调机构所

中国"小组机制"研究(第二版)

占比例很小,而承担阶段性和短期任务的议事协调机构却占了大多数,因此议事协调机构的新旧更替自然就十分频繁,每隔一段时间就会出现比较集中且规模较大的撤销、合并,并又陆续设立一批新的议事协调机构,如此往复。同时因为议事协调机构的组成人员是由正式部门人员兼任的,且多是一人兼任数个议事协调机构的职务,于是当这些部门出现人事变动时,议事协调机构的成员也要相应地做出力度比较大的调整。

(一)倍量扩增

议事协调机构的倍量扩增,既包括议事协调机构在数量规模上的快速扩张,还包括议事协调机构在能量或功能上的增强。在这一阶段,某项任务或问题由于特定的原因而受到党和政府高度重视,继而迅速集中涉及这方面问题的各个部门和相关人员,研究制定解决方案和应变措施,保证所需的人力、物力、财力,甚至在任务十分紧急时,如在"非典"时期、"北京奥运"时期,还会停缓其他各类机构的部分日常工作,紧急抽调所需人员和物资。

议事协调机构之所以要倍量扩增,主要是由其所承担任务的特殊性所决定的。与正式序列机构职能的单一性、程序性不同,议事协调机构多是承担广域性、突发性的重大任务。越是处理紧急而迫切、重要而复杂的新问题、新任务,就越需要及时地倍量扩增,集中、准确地投入相关力量,以"集中力量办大事",这是议事协调机构获取高效的必然路径选择。在这一阶段,议事协调机构在数量上的膨胀以及功能上的加强是必然的,也是合乎情理的,甚至还是高度自觉的、有选择的,并不是随意扩增的。

(二)倍量缩减

议事协调机构在这一阶段之所以倍量缩减,是因为议事协调机构的主要任务已基本完成,或任务有了接替者,继续保留或扩张已有结构就必然造成巨大的资源浪费。在此之前,议事协调机构的倍量扩增是必要、合理的,但工作完成之后,再继续保留原有的人员、职责配置已不再必要。因此,议事协调机构在倍量扩增之后,续之以及时转换、适时撤销的机制,它们一起构成了议事协调机构完整的运行过程。

在近年来的机构改革中,不难发现这样的经常性调整。而且受议事协调机构存在基数差异的影响,中央与地方之间在调整变化的规模和力度上还有所差异。在中央一级,以国务院 1988 年、1993 年、1998 年、2003 年、2008 年这 20 年间的 5 次机构改革为例,议事协调机构和临时机构在每次改革前后都有较大数量的更替(见表 2.4),其中在 1998 年的国务院机构改革中议事协调机构和临时机构的调整力度甚至超过了正式序列机构。[①]

表 2.4　1988—2008 年间国务院机构改革中议事协调机构和临时机构的调整情况

年份	设置数量	撤销数量
1988	44 个	31 个
1993	26 个	59 个
1998	20 个	20 个
2003	27 个	6 个
2008	29 个	25 个

资料来源:根据《国务院关于非常设机构设置问题的通知》(国发〔1988〕56 号),《关于国务院议事协调机构和临时机构设置的通知》(国发〔1993〕27 号),《国务院关于议事协调机构和临时机构设置的通知》(国发〔1998〕7 号),《国务院关于议事协调机构和临时机构设置的通知》(国发〔2003〕10 号),《国务院关于议事协调机构设置的通知》(国发〔2008〕13 号)等资料统计而成。

在地方上,由于议事协调机构存在的基数更大,议事协调机构在运行过程中倍量增减的力度也更强。在 2008 年的地方政府机构改革中,各个地方政

[①]　1998 年 3 月 10 日,九届全国人大一次会议审议通过了关于国务院机构改革方案的决定。不再保留的部委有 15 个,新组建 4 个部委,3 个部委更名。改革后除国务院办公厅外,国务院组成部门由原有的 40 个减少到 29 个。其撤销和新设立机构的数量均低于同期议事协调机构和临时机构。

府都对所属的议事协调机构和临时机构进行了大规模的撤销或合并。如北京市政府共减少议事协调机构和临时机构 27 个,精简比例为 32.5%;宁夏回族自治区政府将各类领导小组由 264 个削减至 64 个,减少了 75.8%;哈尔滨市对所属的 198 个议事协调机构加以全面清理,保留 98 个,撤销 46 个,合并 9 个,转为部门联席会议工作制度的 44 个,转由市委组织部管理 1 个,撤减比例达到 50.5%;沈阳市将对市政府下属的 87 个议事协调机构进行大规模撤并,只保留了 25 个,清理 62 个,撤减比例达 71.3%;重庆市分别合并、撤销了 54 个和 173 个市级议事协调机构和临时机构(见表 2.5)。

表 2.5　2008 年地方政府机构改革中部分省市议事协调机构的撤并比例

省市名	撤并比例
北京	32.5%
宁夏	75.8%
哈尔滨	50.5%
沈阳	71.3%

资料来源:根据上述省市各自公布的机构改革方案整理而成。

　　议事协调机构在缩减过程中,其具体去向大致有以下几种:绝大多数的议事协调机构在完成了特定的任务之后自然被撤销;另外一种情况是新的议事协调机构接替旧的议事协调机构,如在最近一次国务院议事协调机构的调整中,撤销了国家能源领导小组,而另外新设立国家能源委员会来承担其工作;还有一种情况是以正式机构来接替议事协调机构,由于个别议事协调机构的工作已进入正式序列机构的日常工作范围,虽然随着原有问题的逐步解决,这个议事协调机构已经随之被撤销,但会同时设置相应的日常管理机构来接替其工作,比如"全国防治非典型肺炎指挥部"在完成使命、被撤销后,鉴于公共卫生安全重要性的凸显,在卫生部设置了一个常设机构——卫生应急办公室(突发公共卫生事件应急指挥中心)来承担相关职责。

议事协调机构倍量增减的运行过程,实质上是其应变能力的调整过程。议事协调机构为实现工作目标需要集中使用各种部门、数量庞杂的工作人员,经历了机构人员数量和权限的快速扩增,在这一阶段的任务完成之后,即应撤销与此相关的人员,并及时转换新阶段所需要的相关人员。议事协调机构所涉问题的复杂性、多变性决定了议事协调机构人员构成的非固定性,决定了议事协调机构在运行过程中的弹性转换机制。

五、对议事协调机构的系统化分析

在以上对议事协调机构的组织结构特点、存在方式以及其在运行过程中的种种弹性化特征进行简要阐述之后,最后还有必要对议事协调机构的系统化运行作一个总体性的分析。

作为弹性要素存在的议事协调机构,它们一般是"附着于"政府机构中的基本要素或者通过基本要素发挥其作用,并不能"另起炉灶",拥有一套独立的组织运行网络,亦不能完全独立地主导一项政策的决定以及实施的过程。议事协调机构的各个组成系统依赖于对正式序列机构的"定向选取"和"重新组合",这些系统发挥的功能也就是政府机构的基本要素在其基本功能之外体现出来的附属性或伴随性功能。

议事协调机构的决策系统,可以视为同级党政部门中相关决策成员在某项特定任务上的"临时协作",其权力皆系原有职权,在某种情况下也有来自于上级部门对这一特色机构的"特殊授权"。议事协调机构的决策系统,作为介于职能部门与同一级党委和政府的一个层级,是一个超部(门)级的权力单元。它由部门领导过渡到了政府领导,并出现了政治权力权威上的放大。议事协调机构通常与同级党政部门的决策系统保持着密切联系,在某种程度上也可视为最终决策出台前的"预演"。

> 国家科技教育领导小组5年召开了12次会议,审议了29项有关科技教育改革和发展的重要议题,关于解决教育投入问题曾做出过重大决策。1998年7月,在第七次全国高校党建工作会议上,当时的教育部部长陈至立同志向朱镕基同志提出了1998年至2000年中央本级财政支出中教育经费所占比例连续3年每年比上年提高一个百分点的建议。朱镕基同志和我当时都表示原则同意。教育部立即将此写入了《面向21世纪教育振兴行动计划》上报国务院。10月28日,国家科教领导小组第二次会议专门就此进行了研究讨论。当时我们都认为每年增加一个百分点的要求并不过分,应予支持,并获得了顺利通过。1999年1月,国务院批准了该行动计划。[①]

议事协调机构的参谋—咨询系统是易于变动,具有极高弹性的部分,并且从目前的情况来看还尚未成型,参与议事协调机构的活动并不明显。它一般由各类相关专家构成,负责提供多种不同的选择方案供决策系统选择。在这个系统中保证高质量的专门人才,对整个议事协调机构的工作效率具有重要意义。咨询—参谋系统的人员构成需要的是质的保证,而不是量的堆积。

议事协调机构的执行系统,通常由党政机关的常设机构组成,而并非自成体系地在原有组织体系之外另建一套执行网络。除非确有必要或特殊情况(如专业性特别强),一般在已有的党政机关组织结构能够准确地完成决策指令的情况时,执行系统将由原结构代替。

议事协调机构的反馈—监督系统,是较为薄弱的部分,亟待加强。议事

---

① 李岚清:《李岚清教育访谈录》,人民教育出版社,2003年,第58页。

协调机构的"中轴依附"结构里面对各部门政策执行情况的反馈和督导工作，通常仅由其办事机构独立承担，这一单通道的反馈回路显得有些单薄；在外围上，也缺乏对议事协调机构的较为完整的监督系统，议事协调机构经常性地被纪检、监察、审计等部门忽视，媒体等社会性监督力量也对其关注不多。

如果将议事协调机构与一般性的正式序列机构进行比较就会发现，议事协调机构最为薄弱的就是参谋咨询系统和反馈监督系统。

正式序列机构拥有完整的组织体系，尤其是相较于议事协调机构而言，积累了决策时所需的充足信息量，形成了完善的能够自我调节的反馈回路，可以有规律、有计划地实现日常工作的有序进行。同时，由于常规的政府组织体系不可能预先为各种议事协调机构储备所有的各类机构人员，然而面临构成"刚性需要"的社会新事物、新问题等不确定性因素，又使得议事协调机构必须设立特定的决策信息系统和相应的反馈回路。可以说，议事协调机构之所以难以像正式序列机构那样工作，就在于针对社会上新事物、新问题的调查研究工作，不可能如正式序列机构般，及时准确地传递到它的决策系统中，以致未能有效采取相应的对策。因此，常设机构能够顺利形成惯性运行，且能实行精简的原则，而议事协调机构却要通过倍量扩增的方式进入惯性运行的轨道。

议事协调机构要导入惯性运行，需要重点加强参谋咨询系统和反馈监督系统。议事协调机构的弹性运行机制，实质上就是通过倍量扩增的方式重点加强薄弱环节，以丰富信息来源，并建立有效的反馈回路。这种方式所带来的快速运转在特殊时期比起日常机构的平缓运转更为有效。投入的力量增多了，却在时效上获得了报偿。议事协调机构在处理社会突发事件、应对重大自然灾害时的高效能和决断力即是最好的例证。

议事协调机构的这一弹性运转机制决定了其多数组织人员抽调自常设的职能部门，它们皆处于"兼职"状态。因此，通过优化工作程序和流程，建立健全有效的聚合离散的途径和通道,实现组织人员快速流动等,就成为实现议事协调机构转换机制的另一个重要基础。

议事协调机构具有弹性机制,但这并不意味着可以随意扩增膨胀。首先,这种扩增是有选择的,是通过补充精干力量加强薄弱环节的自我调节过程,而不是对原有机构等比例的扩大;其次,弹性机制还包含着及时转换、适时撤销的过程。此外,扩增是灵活的阶段性措施,并非每一次扩增都完全一样。

第六节　角色功能

议事协调机构这一中国政府过程中独具特色的组织运转模式,是受特定的政治、历史环境,尤其是中国特殊的政治体制等多种因素的影响,产生、发展并延续至今的,它与归口管理体制、分管型副职制度、会议决策制度等一起构成了中国政治制度中的"特色板块"。

任何组织或模式的存在都需要一个前提,即它发挥着别的组织无法替代的功能。[①] 中国政府过程中的议事协调机构这一政治组织模式之所以能长久且广泛地存在,基本的解释只能是这个模式承担着不可或缺的功能,这一功能还没有被其他政治组织的功能所取代。主要以各种"领导小组"为面貌出现的议事协调机构,在解决或完成临时性、综合性,尤其是正式序列机构无力独自完成或解决的问题及任务,保证政府正常运转、管理活动的正常有序等方面发挥着重要的作用,有其独到的优势。

---

① 周振超:《当代中国政府"条块关系"研究》,天津人民出版社,2009年,第98页。

一、常规治理手段的有效补充

现代社会事务纷繁复杂,政府管理环境急剧变迁,对政府机构的适应性提出了新的要求。当社会环境不断发生变化时,政府机构必须在职能和设置上都做出相应的调适。政府管理主体一般是通过正式的政府部门设置来实现这一目的的,但是由于公共事务的复杂性、多变性、不可预测性,还必须有一些灵活的、协调性强的、回旋余地大的,但同时又有着浓厚临时色彩的机构设置存在。尤其是当发生重大自然灾害或社会突发事件时,更需要通过成立高度统一的领导机构来迅速扩大资源整合的范围,调动各方力量来共同应对。这是世界各国政府当前普遍采用的一项重要管理手段。

在中国,这一角色的最主要承载者就是各级各类各种名目的议事协调机构。议事协调机构作为中国党政系统中常规治理方式之外的重要补充手段,在处理综合性、协调性、紧急性、突发性的社会公共事务方面发挥着不可或缺的作用。

典型的如国务院议事协调机构中的"三大指挥部":国家防汛抗旱总指挥部、国务院抗震救灾指挥部、国家森林防火指挥部,它们共同形成了中国政府应对突发性公共灾害的一个重要的组织体系。

当危机时刻真正来临时,有时仅仅依靠几个常规性的议事协调机构还不足以完全能够化解危机。尤其是在面临灾害性较大的危急状态下,常常还会设立额外的"领导小组""指挥部"等机构,以组织、负责第一线的救灾工作。例如在 2008 年中国四川省汶川地震期间,面对烈性地震所造成的巨大物质破坏和人员伤亡,政府通过任何的常规管理方式都无法应对,正是依托于临时成立起来的各种议事协调机构,才使这一任务得以完成。在抗震救灾活动中,中国整个党政系统乃至举国上下之所以能做到"从中央到地方政令畅通、步调一致,动员和组织各方力量,形成强大合力"①,其中一个关键的影响因子就在于议事协调机构强有力的社会资源整合和动员功能。在地震期间,仅在中央层面,成立的议事协调机构就包括中央"抗震救灾总指挥部"、"抗震救灾资金物资监督检查领导小组"等,另外绝大多数的国务院部委都在自己的业务范围内成立了相关的议事协调机构;②至于在各级地方党政机关中成立的各种相关的议事协调机构更是难以计数。这些议事协调机构的活动贯穿于整个抗震救灾活动始终,在中央"抗震救灾总指挥部""抗震救灾资金物资监督检查领导小组"这两个议事协调机构的总指挥下,其余议事协调机构在各自的业务领域内开展救灾工作,关于救灾的一切事项几乎都被各级各类各种名目的议事协调机构所掌控,自上而下地形成了一套运转体系。它们显然都是临时性的,存在时长仅限于救灾应急期间,但却发挥出一般常设性机构难以比拟的作用。议事协调机构在这一时期成为党政系统中常规组织体系之外的重要辅助性力量。

除了处理较为紧急的危机性事务外,"领导小组"等机构在中国各级政府层面中的广泛出现还在于它能够应对各种类型的临时性工作。总有一些社会事务是在现有的政府组织体系中找不到适宜的落脚处的,它们可能超出了政府的日常工作范围,同时政府又不可能为其设立专门的部门或制度,这时就需要有新的承接者。在中国,为处理这些"额外"而又不得不完成的临时性事务,包括全国性的数据统计工作、重大活动或工程的组织统筹、重要领域的

① 吴邦国:"抗震救灾胜利得益于中国特色社会主义的制度优势",人民网,2008年6月19日。
② 这些议事协调机构包括:教育部"地震灾后学校恢复重建工作领导小组"、工业和信息化部"抗震救灾应急指挥领导小组"、司法部"抗震救灾领导小组"、财政部"抗震救灾资金物资监督检查领导小组"、人力资源和社会保障部"抗震救灾领导小组"、国土资源部"抗震救灾应急指挥领导小组"、住房和城乡建设部"抗震救灾资金物资监督检查工作领导小组"、交通部"抗震救灾应急抢险指挥领导小组"、铁道部"抗震救灾资金物资监督检查领导小组"、水利部"抗震救灾前方领导小组"、商务部"抗震救灾应急领导小组"、卫生部"抗震救灾领导小组"、国家食品药品监督管理局"抗震救灾工作领导小组"等。

改革或调整任务等,成立相关的"领导小组"基本上已成为惯例。

二、沟通并列机构间的信息联系

美国行政学者福莱特认为,在一个组织中,信息的沟通和权威的使用不仅应该以纵向方式进行,还应该以横向水平的方式开展。[①] 现代公共行政组织的机构设置方式,基本上以上下层级的线性结构为主,这在一般情况下是能够满足工作需求的。然而政府在实际运行过程中,经常要面对和若干并列机构都有关系,但其中任何一个机构都无法独立解决或完成的新问题、新任务。虽然现代政府管理的科层化是行政组织设置进步的体现,但是这种分割式的管理机构在面对综合性的社会事务时,往往显得缺乏弹性。[②] 特别是当某项重要工作并不明确地属于任何一个常设机构的职责范围,客观上又找不到明确的独立承担者时,整个政治运转系统可能出现断节。[③] 而议事协调机构的一大优势,就在于通过借助其独具特色的组织结构尤其是人员构成模式,能够将断开的政府管理活动链条衔接起来。

议事协调机构在设置上依托于高层级党政领导人,最大限度地吸纳相关联的部门加入,同时在主要责任部门设立办事机构,从而形成以纵向联系和横向联系这一双向信息沟通渠道为主要架构的矩阵型信息传输网络。议事协调机构充分利用了更高一级党政领导人的权威影响来协调平级部门之间的关系,有利于打破部门壁垒,以及克服由于各部门之间的"门户之见"而引起的信息阻塞,达到加强各相关机构之间的横向信息沟通与联系的目的,为工作任务的顺利完成提供强有力的组织和信息保障。

---

① 丁煌:《西方行政学说史》,武汉大学出版社,2006 年,第 139 页。
② 童宁:"地方政府非常设机构成因探析",《中国行政管理》,2007 年第 3 期。
③ 程同顺等:"当代中国'组'政治分析",《云南行政学院学报》,2001 年第 6 期。

为了使用好世界银行和政府间的项目贷款,国务院成立了以谷牧副总理为组长的指导小组。根据指导小组的指导原则,由国家外资委协调管理这方面工作。

指导小组的任务,是协调有关部委和单位的工作,及时了解情况和研究问题,向国务院或主管部门提出解决这些问题的建议,而绝不是包办代替有关部门的工作。有关部委要各负其责,密切配合,共同把工作做好。[①]

议事协调机构对于不同成员部门间信息的传送,基本上是通过召开各种会议的形式达成的。会议是议事协调机构最主要的信息发布载体和沟通平台。议事协调机构的成员部门基本上是通过这些会议,了解和掌握党政高层机关在议事协调机构这一业务领域的战略方针、政策意图以及其他成员部门彼此间的动态等,平时则都处理各自的日常事务。另外,议事协调机构在会议后还会发布各类政策性通知、会议纪要等,这也是议事协调机构传送信息的一种重要方式和渠道。

议事协调机构的会议,通常包括全体会议、办公会议、办事机构会议、成员单位联络员会议等几种形式。议事协调机构的全体会议,一般每年召开一至两次,会议由议事协调机构的正职或副职领导召集,出席人员为议事协调机构的正副职领导、各位成员以及办事机构的负责同志,有时还可能根据需要邀请议事协调机构的成员部门之外的有关部门负责人、相关领域专家等列席会议;议事协调机构的办公会议由议事协调机构的正职负责人视情况召集,出席人员为议事协调机构的正副职领导、办事机构负责人等;议事协调机构的办事机构会议由办事机构负责人主持,机构全体人员参加,如果是上下

---

① 李岚清:《突围——国门初开的岁月》,中央文献出版社,2008年,第287~288页。

对口设置的议事协调机构,则还会召开由各个地方相对应办事机构的负责人一起参加的全国性会议;另外,由于有的议事协调机构在常规的部门代表之外,还会要求各成员部门再指派一名联络员,具体负责所在部门与议事协调机构之间的协调联络工作,根据工作需要参加由议事协调机构办事机构的负责人不定期召集的会议,也就是议事协调机构的成员单位联络会议。

三、决策形成过程中的前期准备

在中国政府过程中的决策形成阶段,尤其是国家重大事项的决定过程中,议事协调机构发挥着重要的基础性作用。在最高国家权力机关行使"决定—决策权"之前,中共中央、国务院、全国政协及国家政治中枢中其他与某一特定问题相关的组成部分,要协同进行大量决策前的准备工作或系统内的初步决策。[①] 在这期间,议事协调机构一般承担着开展调查研究,组织专家论证,并起草、拟定政策建议报告等工作,为决定国家生活中的重大事项做准备。由于议事协调机构的领导成员同时又是领导集体的主要成员,因此议事协调机构所拟定的政策建议基本上都能得以通过,且十分"接近"于最后通过的正式政策文本。

国务院的议事协调机构中的绝大多数都担负着本业务领域内的政策研究和起草工作,有的还要为全局性的决策提供政策建议和草案等。例如国务院南水北调工程建设委员会在成立时,就已经被明确定位为"高层次的决策机构,其任务是决定南水北调工程建设的重大方针、政策、措施和其他重大问题"。另外作为西部大开发工作"总统筹"部门的国务院西部地区开发领导小组也是这方面的典型,该领导小组基本上"准备"了涉及西部大开发各个方面

---

① 朱光磊:《当代中国政府过程(第三版)》,天津人民出版社,2008年,第113页。

工作的原始政策文本，包括战略目标和各种规划的编制、法律法规的建议以及重大问题、重点项目、重要政策的研究和审议等：[1]

通过成立跨部门领导小组来组织实施重大战略任务，是我们党和政府在长期实践中形成的一种有效工作方法。自新中国成立以来，党中央、国务院各个部门，大都按照专业和行业进行职能分工。有的重大任务一个部门难以完全统领，这就需要建立跨部门协调机制。其形式有的是领导小组，这些小组一般都下设办公室；有的是部际联席会议，由主要负责部门担任牵头单位。总的来看，在重大决策具体落实和实施过程中，建立跨部门的协调合作机制，有利于减少层级、提高效率。

为加强对西部大开发工作的组织和领导，根据中央决定，国务院成立西部地区开发领导小组。2000年1月16日，国务院印发《关于成立国务院西部地区开发领导小组的决定》，即国发[2000]3号文件。朱镕基总理任组长，国务院副总理温家宝任副组长，组成人员包括国家计委、国家经贸委、教育部、科技部、国防科工委、国家民委、财政部、国土资源部、铁道部、交通部、信息产业部、水利部、农业部、文化部、中国人民银行、中央宣传部、国家广电总局、国家林业局、国家外专局等19个部门的主要负责同志。同年6月，领导小组成员增加至党中央、国务院23个部门的主要负责同志。

西部地区开发领导小组的主要任务是：组织贯彻落实党中央、国务院关于西部地区开发的方针、政策和指示；审议西部地区的开发战略、发展规划、重大问题和有关法规；研究审议西部地区开发的重大政策建议，

---

[1] 曾培炎："战略抉择：第三代中央领导集体的远见卓识——西部大开发战略决策的提出和实施"，《党的文献》，2010年第2期。

协调西部地区经济开发和科教文化事业的全面发展,推进两个文明建设。

领导小组下设办公室,在国家计委单设机构,具体承担领导小组的日常工作。我兼任办公室主任,国家计委副主任王春正、中财办副主任段应碧兼任办公室副主任。之后,中央调来深圳市市长李子彬担任国家计委副主任兼西部开发办副主任,负责西部开发办的具体工作,国家林业局局长王志宝任副主任。

国务院西部开发办的主要职责是:研究提出西部地区开发战略、发展规划、重大问题和有关政策、法律法规的建议,推进西部地区经济持续快速健康发展;研究提出西部地区农村经济发展、重点基础设施建设、生态环境保护和建设、结构调整、资源开发以及重大项目布局的建议,组织和协调退耕还林(草)规划的实施和落实;研究提出西部地区深化改革、扩大开放和引进国内外资金、技术、人才的政策建议,协调经济开发和科教文化事业的全面发展,以及承办西部地区开发领导小组交办的其他事项。

2003 年 3 月,十届全国人大一次会议选举产生新一届政府。同年 5 月国务院决定,对西部地区开发领导小组的组成人员进行调整。国务院总理温家宝任组长,我担任副组长。此时我已被任命为国务院副总理。党中央、国务院 27 个部门的主要负责人为领导小组成员。国务院西部开发办由国家发展改革委主任马凯兼任主任,王春正、李子彬、段应碧、王志宝同志任副主任。后来,中央任命王金祥、曹玉书同志担任西部开发办副主任。

2008 年 3 月政府换届后,国务院决定继续保留西部地区开发领导小组,温家宝总理任组长,国务院副总理李克强任副组长。党中央、国务院 24 个部门的主要负责人为领导小组成员。撤销国务院西部开发办,有关职能由国家发展改革委承担。

回顾这八年时间,国务院西部开发办人员始终不多。刚成立时只有10 个编制,一年半以后增加到 24 个。由于任务繁重,常年从其他单位临时借用工作人员。进入这个部门的同志,大都是各单位的优秀干部和骨干力量。大家走到一起,怀着饱满的政治热情,认真履行职责,团结合作,勤奋工作,经常加班加点。他们的工作涉及西部大开发的方方面面,包括研究西部大开发的战略目标、重点领域、重点区域、标志性工程,提出重大政策措施和法律法规建议,参加西部开发五年规划、年度计划和人才规划的编制工作,参与重大项目的组织协调,等等。西部开发办发挥了国务院西部开发领导小组的参谋助手作用,他们尽职的态度、求实的作风、高效的服务,为西部大开发做出了重要贡献,其中一些同志,至今仍活跃在西部大开发的工作岗位上。

四、决策实施过程中的重要组织保障

在正式性的决策做出之后,议事协调机构还要负责决策实施过程中具体的组织落实工作。这或者由参与决策准备的议事协调机构继续承担,或者另单设一个议事协调机构来专门贯彻落实、检查监督政策的执行情况。议事协调机构在这一过程中也会有一系列局部、具体的决策权力和行为,但仅限于组织保障政策实施的范围内。

中国党政系统在实施重大决策时,一般都要经过传达、试点、计划、组织、指挥、协调、总结这七个工作环节。[1] 其中在组织这一环节的具体操作手段就是由相关议事协调机构来部署落实。议事协调机构在组织决策实施的效率

---

[1] 朱光磊:《当代中国政府过程(第三版)》,天津人民出版社,2008 年,第 150 页。

方面相对于一般常设机构有着显著的优势。这样的议事协调机构为布置某项专门政策的执行任务而工作,任务导向单一、明确;议事协调机构配置了较高层级的领导成员,其余成员也都是来自各个部门的相关负责人,纵向、横向信息沟通完善,可以有效地解决各部门之间相互扯皮、相互推诿的问题,减少各部门之间的工作矛盾和冲突;专门负责决策实施的议事协调机构一般没有对口的下级机构,而是直接向相关部门发出信息和指令,信息传输的中间层次较少,大大减少了信息传输的时限,降低了信息失真的程度,保证了信息传输的质量,有利于政策执行指令的快速传递。

　　为确保三峡工程建设的顺利进行,于1993年1月设立的国务院三峡工程建设委员会就是这方面的典型。作为专为保障三峡工程建设而设置的议事协调机构,国务院三峡工程建设委员会负责三峡工程建设的一切事务。截至2008年7月,国务院三峡工程建设委员会共召开了16次全体会议,对三峡枢纽工程、输变电工程建设和库区移民进展中的重大问题,及时做出了决策和部署、落实,保证和推进了三峡工程建设这一重大决策得以顺利实施(见表2.6)。

表2.6　国务院三峡工程建设委员会会议召开情况

会议次数	会议主题	会议时间
第1次	研究三峡工程建设有关问题	1993年4月2日
第2次	审查《长江三峡水利枢纽初步设计报告(枢纽工程)》	1993年7月26日
第3次	研究三峡工程移民问题	1993年12月25日
第4次	研究三峡工程正式开工问题	1994年11月17日
第5次	研究三峡工程有关问题	1995年11月1日
第6次	审议批准《长江三峡工程大江截流前验收报告》	1997年10月13日
第7次	研究三峡二期工程的目标、任务和重点工作的有关问题	1998年1月12日
第8次	研究三峡工程建设、移民等有关问题	1998年4月30日

第9次	研究三峡工程建设、库区移民等有关问题	2000年6月16日
第10次	研究三峡工程建设、外迁移民等有关问题	2001年5月31日
第11次	研究三峡工程建设、明渠截流等有关问题	2002年10月29日
第12次	研究三峡工程建设、库区移民、右岸机组招标等问题,批准国务院长江三峡二期工程验收委员会的验收意见	2003年5月29日
第13次	研究三峡工程建设、库区移民、地质灾害防治、生态建设与环境保护等问题,部署三峡三期工程建设任务和重点工作	2003年9月5日
第14次	研究三峡工程建设、移民和库区经济社会发展等问题	2004年12月24日
第15次	研究三峡工程建设、库区移民安置、生态建设、环境保护和经济社会发展等问题,批准三峡水库2006年汛后蓄水至156米	2006年5月12日
第16次	高质量完成三峡工程建设任务,实现库区全面协调可持续发展	2008年07月18日

资料来源:国务院三峡工程建设委员会办公室网站(http://www.3g.gov.cn/zzjg.ycs)

第三章　新时代领导小组的新动态

　　党的十八大尤其是十八届三中全会以来,"领导小组"特别是中央领导小组、国务院议事协调机构,发生了较大的变化。这些调整和优化既包括全新"领导小组"的成立、部分"领导小组"的撤并更名,还包括"领导小组"在运行方式上的转变和更新。可以说,在一系列新思路的指导下,"领导小组"的发展演化迈进了一个新时代。

第一节　全新发展

　　随着全面深化改革事业的启动,"领导小组"继续在新时期,以新的形式发挥作用。为完成重大战略性任务、有效推进各项重大改革,一批新的中央领导领导小组、国务院议事协调机构陆续成立并开始运转。

　　党的十八大之后、十九大之前,新的中央领导小组主要包括成立于2013年11月12日的中央国家安全委员会、成立于2013年12月30日的中央全面深化改革领导小组、成立于2014年2月27日的中央网络安全和信息化领导小组、成立于 2014 年 3 月 15 日的中央军委深化国防和军队改革领导小组、成立于 2015 年 7 月 30 日的中央统战工作领导小组、成立于 2017 年 1 月 22 日的中央军民融合发展委员会等。

新的国务院议事协调机构,主要包括成立于 2014 年年中的京津冀协同发展领导小组、成立于 2014 年下半年的推动长江经济带发展领导小组、成立于 2014 年下半年的国务院国有企业改革领导小组、成立于 2015 年初的推进"一带一路"建设工作领导小组、成立于 2015 年 4 月 18 日的国务院推进职能转变协调小组、成立于 2015 年 6 月 16 日的国家制造强国建设领导小组、成立于 2016 年 6 月 21 日的政府购买服务改革工作领导小组、成立于 2016 年 12 月 23 日的国家新材料产业发展领导小组、成立于 2017 年 7 月 3 日的国家教材委员会等。

可以看到,新时代"领导小组"的活动频率明显提高(见表 3.1)。

表 3.1　新时代部分"领导小组"召开和参加会议简况

名称	时间	主要内容
中央国家安全委员会	2014 年 4 月 15 日	中央国家安全委员会第一次会议
	2017 年 2 月 17 日	参加"国家安全工作座谈会"
	2018 年 4 月 17 日	十九届中央国家安全委员会第一次会议,审议通过了《党委(党组)国家安全责任制规定》,明确了各级党委(党组)维护国家安全的主体责任,要求各级党委(党组)加强对履行国家安全职责的督促检查,确保党中央关于国家安全工作的决策部署落到实处

中央网络安全和信息化领导小组	2014 年 2 月 27 日	中央网络安全和信息化领导小组第一次会议,审议通过了《中央网络安全和信息化领导小组工作规则》《中央网络安全和信息化领导小组办公室工作细则》《中央网络安全和信息化领导小组 2014 年重点工作》,并研究了近期工作
	2016 年 4 月 19 日	参加"网络安全和信息化工作座谈会"
中央军委深化国防和军队改革领导小组	2014 年 3 月 15 日	中央军委深化国防和军队改革领导小组第一次会议,宣布了中央军委深化国防和军队改革领导小组人员组成和机构设置,审议通过了有关工作规则和改革重要举措分工方案,研究了近期工作
	2015 年 1 月 27 日	中央军委深化国防和军队改革领导小组第二次会议,对拟制改革方案作出部署
	2015 年 7 月 14 日	中央军委深化国防和军队改革领导小组第三次会议,审议并原则通过《深化国防和军队改革总体方案建议》
	2018 年 12 月 18 日	中央军委深化国防和军队改革领导小组第四次会议,会议审议了《政策制度改革组织实施工作安排建议》、《政策制度改革项目总体工作计划建议》、《政策制度改革专项组工作规则、各专项组政策制度改革任务清单、军事法律和重大法规研究起草专门工作班子组建方案》、《拟紧前出台的政策制度清单及工作打算》等,对政策制度改革实施工作的组织领导、机构设置、任务分工及运行机制等作了安排
	2019 年 1 月 21 日	中央军委深化国防和军队改革领导小组第五次会议,会议审议了《中央军委深化国防和军队改革领导小组 2019 年工作要点》《关于调整重大非战争军事行动任务津贴审批发放办法的通知》《战区机关军官选调交流暂行办法》《关于改革期间现役干部转改文职人员岗位等级调整等有关问题的通知》《关于做好改革期间士官参谋人员选拔配备工作的通知》《中国人民解放军军事训练监察条例(试行)》等

	2019 年 2 月 21 日	中央军委深化国防和军队改革领导小组第六次会议,会议审议了《关于做好改革期间作战部队部分营主官岗位配备和培养使用工作的通知》《关于改革期间专业技术干部职级管理有关事项的通知》《关于改革期间军队科技人才分类评价有关问题的通知》《关于改革期间调整驻高原、海岛部队相关政策的通知》《关于做好改革期间自主择业军队转业干部安置工作有关问题的通知》《关于改革期间调整明确原非现役公勤人员生活待遇经费保障有关问题的通知》《军队院校聘请普通高等学校师资管理暂行办法（草案）》《军队表彰发放奖金奖品暂行办法》《关于军队全面停止有偿服务后进一步加强新闻出版管理有关工作的通知》《关于改革期间部分类型党组织设置有关问题的通知》《军队演习训练活动信息披露管理暂行规定》《关于调整部队基本伙食费标准的通知》《军队油料管理暂行规定》《关于加强和改进军队科学技术奖励工作的意见》等
	2019 年 4 月 12 日	中央军委深化国防和军队改革领导小组第七次会议,会议审议了《关于调整军人及其家属医疗保障有关事项的通知》《关于调整部分被装供应标准》《关于加强军队科研诚信建设的指导意见》等
	2019 年 6 月 21 日	中央军委深化国防和军队改革领导小组第八次会议,会议审议了《关于改革生长军官学员毕业分配制度的意见建议》、《关于调整优化生长军官来源结构的意见建议》、《关于加快推动国防领域国家科技重大专项组织实施的意见》、《国防科技卓越青年科学基金项目管理办法（试行）》、《军队建设项目立项备案审查暂行办法》等
	2019 年 8 月 30 日	中央军委深化国防和军队改革领导小组第九次会议,会议审议了《关于颁发军队院校教学大纲总则及首批目录（试行）的通知》、《关于公布军队有关人员养老保险个人账户记账利率等参数的通知》等

续表

中央军民融合发展委员会	2017 年 6 月 20 日	中央军民融合发展委员会第一次会议,审议通过了《中央军民融合发展委员会工作规则》《中央军民融合发展委员会办公室工作规则》《中央军民融合发展委员会近期工作要点》和《省(区、市)军民融合发展领导机构和工作机构设置的意见》
	2017 年 9 月 22 日	中央军民融合发展委员会第二次会议,审议通过了《"十三五"国防科技工业发展规划》、《关于推动国防科技工业军民融合深度发展的意见》、《"十三五"期间推进军事后勤军民融合深度发展的实施意见》、《经济建设与国防建设密切相关的建设项目贯彻国防要求管理办法(试行)》,部署了当前和今后一个时期工作
	2018 年 3 月 2 日	十九届中央军民融合发展委员会第一次会议,审议通过了《军民融合发展战略纲要》《中央军民融合发展委员会 2018 年工作要点》《国家军民融合创新示范区建设实施方案》及第一批创新示范区建设名单
	2018 年 10 月 15 日	十九届中央军民融合发展委员会第二次会议,会议审议通过了《关于加强军民融合发展法治建设的意见》
中央宣传思想工作领导小组	2013 年 8 月 19 日至 20 日	参加"全国宣传思想工作会议"
	2016 年 12 月 7 日至 8 日	参加"全国高校思想政治工作会议"
	2018 年 8 月 21 日至 22 日	参加"全国宣传思想工作会议"
中央党的建设工作领导小组	2016 年 10 月 10 日至 11 日	参加"全国国有企业党的建设工作会议"
	2016 年 12 月 7 日至 8 日	参加"全国高校思想政治工作会议"
	2018 年 7 月 3 日至 4 日	参加"全国组织工作会议"
	2019 年 7 月 9 日	参加"中央和国家机关党的建设工作会议"

注:统计时间截止到 2019 年 12 月 31 日。

新时代最为引人注目的"领导小组",无疑是中央全面深化改革领导小组及6个专项小组。

一、中央全面深化改革领导小组的成立

2013年11月12日,中国共产党第十八届中央委员会第三次全体会议公报首次提出:中央成立全面深化改革领导小组,负责改革总体设计、统筹协调、整体推进、督促落实。2013年12月30日,中共中央政治局召开会议,决定成立中央全面深化改革领导小组,同时进一步确立了该领导小组的具体职责,它们包括研究确定经济体制、政治体制、文化体制、社会体制、生态文明体制和党的建设制度等方面改革的重大原则、方针政策、总体方案;统一部署全国性重大改革;统筹协调处理全局性、长远性、跨地区跨部门的重大改革问题;指导、推动、督促中央有关重大改革政策措施的组织落实。

2014年1月22日,"中央深改组"召开第一次会议,审议通过了《中央全面深化改革领导小组工作规则》《中央全面深化改革领导小组专项小组工作规则》《中央全面深化改革领导小组办公室工作细则》,以及中央全面深化改革领导小组下设经济体制和生态文明体制改革、民主法制领域改革、文化体制改革、社会体制改革、党的建设制度改革、纪律检查体制改革6个专项小组名单。至此,"中央深改组"的组织框架已全部建立起来(见表3.2)。

表3.2　"中央深改组"的组织框架

"中央深改组"	3条工作规则	《中央全面深化改革领导小组工作规则》
		《中央全面深化改革领导小组专项小组工作规则》
		《中央全面深化改革领导小组办公室工作细则》
	4项功能定位	总体设计
		统筹协调
		整体推进
		督促落实
	6个专项小组	经济体制和生态文明体制改革专项小组
		民主法制领域改革专项小组
		文化体制改革专项小组
		社会体制改革专项小组
		党的建设制度改革专项小组
		纪律检查体制改革专项小组

二、中央全面深化改革领导小组的运行特点

相较于已有"领导小组",特别是"中央领导小组"的运作特征,"中央深改组"在公开程度和职责配置方面发生了显著变化。

（一）公开化

"中央深改组"从成立伊始到正式运作,在公开程度方面迈出了突破性的步伐。成立之初,"中央深改组"就公布了小组的工作规则、功能定位、具体职责、专项小组名单等重要内容。之后,"中央深改组"每次会议的召开时间、会议内容、会议所审议文件的具体名称都是完全公开的。从"中央深改组"所进行历次会议的具体情况来看,其在会议的间隔周期、持续时间、会议容量等方

面已基本形成了规律性和制度化。这包括会议周期约为一个月一次,会议时间以在每月初、每月底居多,持续时间一般为半天,平均每次会议讨论、审议的文件数量由初期的 5 项左右发展到 10 项以上等(见表3.3)。由此可见,随着"中央深改组"及各专项小组对于改革工作的全面深入推动,其运行过程中的各种信息会越来越多地公布出来。

表3.3 "中央深改组"历次会议简况

十八届中央全面深化改革领导小组	
召开时间(共 38 次)	会议主要内容
第一次会议 2014 年 1 月 22 日	会议审议通过了《中央全面深化改革领导小组工作规则》《中央全面深化改革领导小组专项小组工作规则》《中央全面深化改革领导小组办公室工作细则》;审议通过了中央全面深化改革领导小组下设经济体制和生态文明体制改革、民主法制领域改革、文化体制改革、社会体制改革、党的建设制度改革、纪律检查体制改革 6 个专项小组名单;审议通过了《中央有关部门贯彻落实党的十八届三中全会〈决定〉重要举措分工方案》;听取了各地区各部门贯彻落实党的十八届三中全会精神进展情况,研究了领导小组近期工作
第二次会议 2014 年 2 月 28 日	会议审议通过了《中央全面深化改革领导小组 2014 年工作要点》,审议通过了《关于十八届三中全会〈决定〉提出的立法工作方面要求和任务的研究意见》《关于经济体制和生态文明体制改革专项小组重大改革的汇报》《深化文化体制改革实施方案》《关于深化司法体制和社会体制改革的意见及贯彻实施分工方案》,听取了关于中央全面深化改革领导小组第一次会议以来各地区各部门改革工作进展情况汇报,部署了当前和今后一个时期的工作
第三次会议 2014 年 6 月 6 日	会议审议了《深化财税体制改革总体方案》和《关于进一步推进户籍制度改革的意见》,建议根据会议讨论情况进一步修改完善后按程序报批实施。会议审议通过了《关于司法体制改革试点若干问题的框架意见》《上海市司法改革试点工作方案》和《关于设立知识产权法院的方案》。会议还部署了当前和今后一个时期工作。

续表

第四次会议 2014 年 8 月 18 日	会议审议了《中央管理企业主要负责人薪酬制度改革方案》《关于合理确定并严格规范中央企业负责人履职待遇、业务支出的意见》《关于深化考试招生制度改革的实施意见》,建议根据会议讨论情况进一步修改完善后按程序报批实施。会议审议通过了《关于推动传统媒体和新兴媒体融合发展的指导意见》《党的十八届三中全会重要改革举措实施规划(2014 – 2020 年)》《关于上半年全面深化改革工作进展情况的报告》。会议还总结了改革工作,分析了改革形势,部署了下一阶段工作
第五次会议 2014 年 9 月 29 日	会议审议了《关于引导农村土地承包经营权有序流转发展农业适度规模经营的意见》《积极发展农民股份合作赋予集体资产股份权能改革试点方案》《关于深化中央财政科技计划(专项、基金等)管理改革的方案》,建议根据会议讨论情况进一步修改完善后按程序报批实施
第六次会议 2014 年 10 月 27 日	会议审议了《关于加强社会主义协商民主建设的意见》《关于中国(上海)自由贸易试验区工作进展和可复制改革试点经验的推广意见》《关于加强中国特色新型智库建设的意见》,审议通过了《关于国家重大科研基础设施和大型科研仪器向社会开放的意见》,建议根据会议讨论情况进一步修改完善后按程序报批实施。
第七次会议 2014 年 12 月 2 日	会议审议了《关于农村土地征收、集体经营性建设用地入市、宅基地制度改革试点工作的意见》《关于加快构建现代公共文化服务体系的意见》《关于县以下机关建立公务员职务与职级并行制度的意见》《关于加强中央纪委派驻机构建设的意见》,审议通过了《最高人民法院设立巡回法庭试点方案》和《设立跨行政区划人民法院、人民检察院试点方案》,建议根据会议讨论情况进一步修改完善后按程序报批实施
第八次会议 2014 年 12 月 30 日	会议审议通过了《关于 2014 年全面深化改革工作的总结报告》《中央全面深化改革领导小组 2015 年工作要点》《贯彻实施党的十八届四中全会决定重要举措 2015 年工作要点》
第九次会议 2015 年 1 月 30 日	会议审议通过了《关于贯彻落实党的十八届四中全会决定进一步深化司法体制和社会体制改革的实施方案》《省(自治区、直辖市)纪委书记、副书记提名考察办法(试行)》《中央纪委派驻纪检组组长、副组长提名考察办法(试行)》《中管企业纪委书记、副书记提名考察办法(试行)》

第十次会议 2015 年 2 月 27 日	会议审议通过了《中国足球改革总体方案》《关于领导干部干预司法活动、插手具体案件处理的记录、通报和责任追究规定》《深化人民监督员制度改革方案》《上海市开展进一步规范领导干部配偶、子女及其配偶经商办企业管理工作的意见》
第十一次会议 2015 年 4 月 1 日	会议审议通过了《乡村教师支持计划(2015—2020 年)》《关于城市公立医院综合改革试点的指导意见》《人民陪审员制度改革试点方案》《关于人民法院推行立案登记制改革的意见》《党的十八届四中全会重要举措实施规划(2015—2020 年)》
第十二次会议 2015 年 5 月 5 日	会议审议通过了《关于在部分区域系统推进全面创新改革试验的总体方案》《检察机关提起公益诉讼改革试点方案》《关于完善法律援助制度的意见》《深化科技体制改革实施方案》《中国科协所属学会有序承接政府转移职能扩大试点工作实施方案》
第十三次会议 2015 年 6 月 5 日	会议审议通过了《关于在深化国有企业改革中坚持党的领导加强党的建设的若干意见》《关于加强和改进企业国有资产监督防止国有资产流失的意见》《关于完善国家统一法律职业资格制度的意见》《关于招录人民法院法官助理、人民检察院检察官助理的意见》《关于进一步规范司法人员与当事人、律师、特殊关系人、中介组织接触交往行为的若干规定》
第十四次会议 2015 年 7 月 1 日	会议审议通过了《环境保护督察方案(试行)》《生态环境监测网络建设方案》《关于开展领导干部自然资源资产离任审计的试点方案》《党政领导干部生态环境损害责任追究办法(试行)》《关于推动国有文化企业把社会效益放在首位、实现社会效益和经济效益相统一的指导意见》
第十五次会议 2015 年 8 月 18 日	会议审议通过了《关于改进审计查出突出问题整改情况向全国人大常委会报告机制的意见》《关于完善人民法院司法责任制的若干意见》《关于完善人民检察院司法责任制的若干意见》《统筹推进世界一流大学和一流学科建设总体方案》《全面改善贫困地区义务教育薄弱学校基本办学条件工作专项督导办法》《关于建立居民身份证异地受理挂失申报和丢失招领制度的意见》

续表

第十六次会议 2015 年 9 月 15 日	会议审议通过了《关于实行市场准入负面清单制度的意见》《关于支持沿边重点地区开发开放若干政策措施的意见》《关于推进价格机制改革的若干意见》《关于鼓励和规范国有企业投资项目引入非国有资本的指导意见》《关于深化律师制度改革的意见》《法官、检察官单独职务序列改革试点方案》《法官、检察官工资制度改革试点方案》《关于加强外国人永久居留服务管理的意见》
第十七次会议 2015 年 10 月 13 日	会议审议通过了《关于加强和改进行政应诉工作的意见》《深化国税、地税征管体制改革方案》《关于进一步推进农垦改革发展的意见》《关于国有企业功能界定与分类的指导意见》《关于完善矛盾纠纷多元化解机制的意见》
第十八次会议 2015 年 11 月 9 日	会议审议通过了《全国总工会改革试点方案》《上海市群团改革试点方案》《重庆市群团改革试点方案》《关于加快实施自由贸易区战略的若干意见》《关于促进加工贸易创新发展的若干意见》《推进普惠金融发展规划（2016 - 2020 年）》《关于深入推进城市执法体制改革改进城市管理工作的指导意见》《国家高端智库建设试点工作方案》
第十九次会议 2015 年 12 月 9 日	会议审议通过了《国务院部门权力和责任清单编制试点方案》《关于做好新时期教育对外开放工作的若干意见》《关于整合城乡居民基本医疗保险制度的意见》《关于解决无户口人员登记户口问题的意见》《中国三江源国家公园体制试点方案》《关于在全国各地推开司法体制改革试点的请示》《公安机关执法勤务警员职务序列改革试点方案》《公安机关警务技术职务序列改革试点方案》《中央全面深化改革领导小组 2015 年工作总结报告》《中央全面深化改革领导小组 2016 年工作要点》
第二十次会议 2016 年 1 月 11 日	会议审议通过了《关于全面推进政务公开工作的意见》《关于完善国家工作人员学法用法制度的意见》《关于保护、奖励职务犯罪举报人的若干规定》《关于开展承担行政职能事业单位改革试点的指导意见》《科协系统深化改革实施方案》《关于健全落实社会治安综合治理领导责任制的规定》《关于规范公安机关警务辅助人员管理工作的意见》

续表

第二十一次会议 2016年2月23日	会议听取了经济体制和生态文明体制改革专项小组关于生态文明体制改革总体方案推进落实情况汇报、社会体制改革专项小组关于司法体制改革推进落实情况汇报、党的纪律检查体制改革专项小组关于党的纪律检查体制改革推进落实情况汇报,全国人大常委会法工委关于立法主动适应改革需要推进落实情况汇报、科技部关于深化科技体制改革推进落实情况汇报、公安部关于深化公安改革推进落实情况汇报,上海市关于推进落实中央部署改革试点任务情况汇报、湖北省关于建立和实施改革落实督察机制情况汇报、福建省三明市关于深化医药卫生体制改革情况汇报、浙江省开化县关于"多规合一"试点情况汇报
第二十二次会议 2016年3月22日	会议审议通过了《关于推行法律顾问制度和公职律师公司律师制度的意见》《关于健全生态保护补偿机制的意见》《关于建立贫困退出机制的意见》《关于加强儿童医疗卫生服务改革与发展的意见》《关于深化投融资体制改革的意见》《关于建立法官检察官逐级遴选制度的意见》《关于从律师和法学专家中公开选拔立法工作者、法官、检察官的意见》《关于加强和规范改革试点工作的意见》
第二十三次会议 2016年4月18日	会议审议通过了北京市、广东省、重庆市、新疆维吾尔自治区关于进一步规范领导干部配偶、子女及其配偶经商办企业行为的规定(试行)、《关于建立公平竞争审查制度的意见》《专业技术类公务员管理规定(试行)》《行政执法类公务员管理规定(试行)》《关于推进家庭医生签约服务的指导意见》《关于建立完善守信联合激励和失信联合惩戒制度加快推进社会诚信建设的指导意见》《关于加强民办学校党的建设工作的意见(试行)》《民办学校分类登记实施细则》《营利性民办学校监督管理实施细则》《保护司法人员依法履行法定职责的规定》《宁夏回族自治区空间规划(多规合一)试点方案》《党的十八届五中全会有关改革举措实施规划(2016—2020年)》
第二十四次会议 2016年5月20日	会议审议通过了《关于统筹推进城乡义务教育一体化改革发展的若干意见》《关于深化公安执法规范化建设的意见》《关于支持和发展志愿服务组织的意见》《探索实行耕地轮作休耕制度试点方案》《关于发展涉外法律服务业的意见》《各地区以改革举措落实供给侧结构性改革情况》

续表

第二十五次会议 2016 年 6 月 27 日	会议审议通过了《关于完善人大代表联系人民群众制度的实施意见》《关于推进以审判为中心的刑事诉讼制度改革的意见》《关于设立统一规范的国家生态文明试验区的意见》《国家生态文明试验区(福建)实施方案》《关于加快推进失信被执行人信用监督、警示和惩戒机制建设的意见》《关于海南省域"多规合一"改革试点情况的报告》《2015 年各地全面深化改革推进情况和工作建议综合报告》
第二十六次会议 2016 年 7 月 22 日	会议审议通过了《贫困地区水电矿产资源开发资产收益扶贫改革试点方案》《关于加强文化领域行业组织建设的指导意见》《关于认罪认罚从宽制度改革试点方案》《关于建立法官、检察官惩戒制度的意见(试行)》《关于省以下环保机构监测监察执法垂直管理制度改革试点工作的指导意见》《关于各地区各部门开展改革督察情况的报告》
第二十七次会议 2016 年 8 月 30 日	会议审议通过了《关于构建绿色金融体系的指导意见》《关于完善产权保护制度依法保护产权的意见》《关于创新政府配置资源方式的指导意见》《关于实行以增加知识价值为导向分配政策的若干意见》《关于进一步推广深化医药卫生体制改革经验的若干意见》《脱贫攻坚责任制实施办法》《关于完善农村土地所有权承包权经营权分置办法的意见》《重点生态功能区产业准入负面清单编制实施办法》《生态文明建设目标评价考核办法》《关于在部分省份开展生态环境损害赔偿制度改革试点的报告》《关于从事生产经营活动事业单位改革的指导意见》《关于公共文化设施开展学雷锋志愿服务的实施意见》《关于清理规范改革试点情况的报告》《关于全面深化改革重要举措出台和落实情况的评估报告》
第二十八次会议 2016 年 10 月 11 日	会议审议通过了《关于推进防灾减灾救灾体制机制改革的意见》《关于全面推行河长制的意见》《关于深化统计管理体制改革提高统计数据真实性的意见》《关于进一步把社会主义核心价值观融入法治建设的指导意见》《关于全面放开养老服务市场提升养老服务质量的若干意见》《关于推进安全生产领域改革发展的意见》《关于促进移动互联网健康有序发展的意见》《关于深入推进经济发达镇行政管理体制改革的指导意见》《关于进一步健全相关领域实名登记制度的总体方案》《省级空间规划试点方案》

续表

第二十九次会议 2016 年 11 月 1 日	会议审议通过了《建立以绿色生态为导向的农业补贴制度改革方案》《关于进一步加强和改进中华文化走出去工作的指导意见》《关于深化职称制度改革的意见》《关于划定并严守生态保护红线的若干意见》《关于最高人民法院增设巡回法庭的请示》《关于进一步引导和鼓励高校毕业生到基层工作的意见》《关于加强政务诚信建设的指导意见》《关于加强个人诚信体系建设的指导意见》《关于全面加强电子商务领域诚信建设的指导意见》《自然资源统一确权登记办法(试行)》《湿地保护修复制度方案》《海岸线保护与利用管理办法》和《关于在深化国有企业改革中坚持党的领导加强党的建设落实情况报告》
第三十次会议 2016 年 12 月 5 日	会议审议通过了《关于深化国有企业和国有资本审计监督的若干意见》《国务院国资委以管资本为主推进职能转变方案》《关于健全国家自然资源资产管理体制试点方案》《关于开展知识产权综合管理改革试点总体方案》《关于加强乡镇政府服务能力建设的意见》《关于制定和实施老年人照顾服务项目的意见》《中央国有资本经营预算支出管理暂行办法》《关于加强耕地保护和改进占补平衡的意见》《大熊猫国家公园体制试点方案》《东北虎豹国家公园体制试点方案》《围填海管控办法》《关于加强"一带一路"软力量建设的指导意见》和《关于农村集体资产股份权能改革试点情况的报告》
第三十一次会议 2016 年 12 月 30 日	会议审议通过了《中央全面深化改革领导小组 2016 年工作总结报告》《中央全面深化改革领导小组 2017 年工作要点》《关于加快构建中国特色哲学社会科学的意见》《关于进一步改革完善药品生产流通使用政策的若干意见》《推行行政执法公示制度、执法全过程记录制度、重大执法决定法制审核制度试点工作方案》《关于开展落实中央企业董事会职权试点工作的意见》《关于清理规范重点支出同财政收支增幅或生产总值挂钩事项有关问题的通知》《矿业权出让制度改革方案》《矿产资源权益金制度改革方案》《关于加强和完善城乡社区治理的意见》

续表

第三十二次会议 2017年2月6日	会议审议通过了《新时期产业工人队伍建设改革方案》《关于加强党对地方外事工作领导体制改革的实施意见》《关于改革驻外机构领导机制、管理体制和监督机制的实施意见》《关于改革对外工作队伍建设的实施意见》《关于改革援外工作的实施意见》《关于社会智库健康发展的若干意见》《国家科技决策咨询制度建设方案》《关于推进公共信息资源开放的若干意见》《按流域设置环境监管和行政执法机构试点方案》《外国人永久居留证件便利化改革方案》《关于深化中央主要新闻单位采编播管岗位人事管理制度改革的试行意见》《关于实行国家机关"谁执法谁普法"普法责任制的意见》,听取了《关于全国总工会改革试点工作总结报告》《上海市委全面深化改革领导小组关于群团改革试点工作总结的报告》《重庆市委全面深化改革领导小组关于群团改革试点工作总结的报告》
第三十三次会议 2017年3月24日	这次中央全面深化改革领导小组会议,就有关主要负责同志亲力亲为抓改革落实听取了汇报,汇报的人员既有全面深化改革专项小组组长、重大专项改革领导小组组长,也有地区和部门主要负责同志。会上,马凯就抓好国有企业改革调研、孟建柱就司法体制改革推进落实、韩正就抓好上海自由贸易试验区改革试点、尹蔚民就推进有关制度创新、陈吉宁就扎实推进环保领域改革、韩长赋就推进农村改革工作、赵克志就抓好重点改革任务落实、夏宝龙就抓好全省改革工作、尤权就推进医药卫生体制改革、陈敏尔就抓实扶贫改革,许勤就深化科技创新供给侧结构性改革等方面情况作了汇报。会议审议通过了《全面深化中国(上海)自由贸易试验区改革开放方案》《关于深化科技奖励制度改革的方案》。会议审议了农业转移人口市民化、改善贫困地区孩子上学条件、建立居民身份证异地受理挂失申报和丢失招领制度、解决无户口人员登记户口问题、推进家庭医生签约服务、全面推行河长制等民生领域改革落实情况的督察报告

续表

第三十四次会议 2017 年 4 月 18 日	会议审议通过了《关于加快构建政策体系、培育新型农业经营主体的意见》《关于进一步激发和保护企业家精神的意见》《关于建立现代医院管理制度的指导意见》《关于改革完善短缺药品供应保障机制的实施意见》《关于办理刑事案件严格排除非法证据若干问题的规定》《关于完善反洗钱、反恐怖融资、反逃税监管体制机制的意见》《对省级人民政府履行教育职责的评价办法》《关于禁止洋垃圾入境推进固体废物进口管理制度改革实施方案》。会议审议了《中央全面深化改革领导小组 6 个专项小组开展改革督察工作情况的报告》
第三十五次会议 2017 年 5 月 23 日	会议审议通过了《关于深化教育体制机制改革的意见》《外商投资产业指导目录（2017 年修订）》《关于规范企业海外经营行为的若干意见》《关于建立资源环境承载能力监测预警长效机制的若干意见》《关于深化环境监测改革提高环境监测数据质量的意见》《个人收入和财产信息系统建设总体方案》《跨地区环保机构试点方案》《海域、无居民海岛有偿使用的意见》《关于检察机关提起公益诉讼试点情况和下一步工作建议的报告》。会议审议了《关于各地区各部门贯彻落实习近平总书记在中央全面深化改革领导小组第三十三次会议上重要讲话精神情况的报告》《关于深化教育领域综合改革情况汇报》《关于科技领域重点改革工作情况汇报》《关于深化医药卫生体制改革进展情况汇报》《关于足球领域重点改革工作情况汇报》
第三十六次会议 2017 年 6 月 26 日	会议审议通过了《祁连山国家公园体制试点方案》《中央企业公司制改制工作实施方案》《地区生产总值统一核算改革方案》《统计违纪违法责任人处分处理建议办法》《中国国际进口博览会总体方案》《关于改进境外企业和对外投资安全工作的若干意见》《全国和地方资产负债表编制工作方案》《关于设立杭州互联网法院的方案》《领导干部自然资源资产离任审计暂行规定》《国家生态文明试验区（江西）实施方案》《国家生态文明试验区（贵州）实施方案》。会议审议了《国家生态文明试验区（福建）推进建设情况报告》《中国（广东）、中国（天津）和中国（福建）自由贸易试验区建设两年进展情况总结报告》

续表

第三十七次会议 2017年7月19日	会议审议通过了《关于创新体制机制推进农业绿色发展的意见》《国家技术转移体系建设方案》《关于深入推进公共文化机构法人治理结构改革的实施方案》《关于加强和改进中外人文交流工作的若干意见》《聘任制公务员管理规定(试行)》《关于完善进出口商品质量安全风险预警和快速反应监管体系切实保护消费者权益的意见》《关于深化审评审批制度改革鼓励药品医疗器械创新的意见》《建立国家公园体制总体方案》《关于健全统一司法鉴定管理体制的实施意见》。会议审议了《党的十八届三中全会以来改革试点工作进展情况报告》《关于社会保障制度改革督察情况报告》
第三十八次会议 2017年8月29日	会议审议通过了《关于完善主体功能区战略和制度的若干意见》《关于探索建立涉农资金统筹整合长效机制的意见》《生态环境损害赔偿制度改革方案》《关于建立健全村务监督委员会的指导意见》《关于加强法官检察官正规化专业化职业化建设全面落实司法责任制的意见》《关于上海市开展司法体制综合配套改革试点的框架意见》。会议审议了《关于脱贫攻坚责任制实施办法落实情况的督察报告》《宁夏回族自治区关于空间规划(多规合一)试点工作情况的报告》

十九届中央全面深化改革领导小组	
召开时间(共2次)	会议主要内容
第一次会议 2017年11月20日	会议审议通过了《关于建立国务院向全国人大常委会报告国有资产管理情况的制度的意见》《关于加强贫困村驻村工作队选派管理工作的指导意见》《农村人居环境整治三年行动方案》《关于在湖泊实施湖长制的指导意见》《全面深化新时代教师队伍建设改革的意见》《关于拓展农村宅基地制度改革试点的请示》《关于改革完善全科医生培养与使用激励机制的意见》《中央团校改革方案》《关于立法中涉及的重大利益调整论证咨询的工作规范》《关于争议较大的重要立法事项引入第三方评估的工作规范》《关于加强知识产权审判领域改革创新若干问题的意见》《关于贯彻落实党的十九大精神坚定不移将改革推向深入的工作意见》《中央全面深化改革领导小组工作总结》《中央全面深化改革领导小组工作规则(修订稿)》《中央全面深化改革领导小组专项小组工作规则(修订稿)》《中央全面深化改革领导小组办公室工作细则(修订稿)》。会议审议了《关于加大督察力度狠抓改革落实情况的报告》

续表

	会议审议通过了《中央有关部门贯彻实施党的十九大〈报告〉重要改革举措分工方案》《中央全面深化改革领导小组 2018 年工作要点》《中央全面深化改革领导小组 2017 年工作总结报告》。会议审议通过了《关于推进社会公益事业建设领域政府信息公开的意见》《关于提高技术工人待遇的意见》《关于建立城乡居民基本养老保险待遇确定和基础养老金正常调整机制的指导意见》《积极牵头组织国际大科学计划和大科学工程方案》《关于推进孔子学院改革发展的指导意见》《关于建立"一带一路"争端解决机制和机构的意见》《关于改革完善仿制药供应保障及使用政策的若干意见》《科学数据管理办法》《知识产权对外转让有关工作办法(试行)》《地方党政领导干部安全生产责任制规定》。会议还审议了《浙江省"最多跑一次"改革调研报告》
第二次会议 2018 年 1 月 23 日	

注:数据统计日期截止到 2018 年 1 月 23 日。

在中央全面深化改革领导小组"示范作用"的带动下,更多的"中央领导小组"开始把运行动态披露出来,典型的如中央财经领导小组(见表 3.4)。

表 3.4　"中央财经领导小组"历次会议简况

时间(共 16 次)	议题	主要内容
第一次会议 2013 年 4 月 17 日	研究新一届中央财经领导小组工作规则和财经小组 2013 年工作重点	不详
第二次会议 2013 年 7 月 15 日	研究深化财税体制改革的思路	不详
第三次会议 2013 年 9 月 27 日	研究新型城镇化工作	不详
第四次会议 2013 年 12 月 9 日	研究国家粮食安全问题	不详
第五次会议 2014 年 3 月 14 日	研究我国水安全战略	不详

第六次会议 2014 年 6 月 13 日	研究我国能源安全战略	会议听取了国家能源局关于我国能源安全战略的汇报,领导小组成员进行了讨论。
第七次会议 2014 年 8 月 18 日	研究实施创新驱动发展战略	听取了科技部和国家发改委关于实施创新驱动发展战略的汇报,领导小组成员进行了讨论。
第八次会议 2014 年 11 月 4 日	研究丝绸之路经济带和 21 世纪海上丝绸之路规划、发起建立亚洲基础设施投资银行和设立丝路基金	听取了国家发改委、财政部、中国人民银行关于"一带一路"规划、发起建立亚洲基础设施投资银行、设立丝路基金的汇报,领导小组成员进行了讨论。
第九次会议 2015 年 2 月 10 日	研究第 3 至 8 次会议确定事项贯彻落实情况、京津冀协同发展规划纲要、人民币加入国际货币基金组织特别提款权事宜	听取了中央财经领导小组确定的新型城镇化规划、粮食安全、水安全、能源安全、创新驱动发展战略、发起建立亚洲基础设施投资银行、设立丝路基金等重大事项贯彻落实情况的汇报,审议研究京津冀协同发展规划纲要。
第十次会议 2015 年 7 月 20 日	研究扶贫开发工作、股票市场健康发展问题	不详
第十一次会议 2015 年 11 月 10 日	研究经济结构性改革、城市工作	听取了国家发改委、财政部、人民银行等关于经济结构性改革问题的汇报,听取了住房城乡建设部关于加强城市规划建设管理的汇报。领导小组进行了讨论。
第十二次会议 2016 年 1 月 26 日	研究供给侧结构性改革方案、长江经济带发展规划、森林生态安全工作	分别听取了国家发改委、财政部、住房城乡建设部、人民银行、国务院国资委关于去产能、去库存、去杠杆、降成本、补短板的 8 个工作方案思路的汇报,听取了国家发展改革委关于长江经济带发展规划纲要的汇报,听取了国家林业局关于森林生态安全问题的汇报。领导小组成员进行了讨论。

中国"小组机制"研究（第二版）

第十三次会议 2016年5月16日	研究落实供给侧结构性改革、扩大中等收入群体工作	分别听取了国家发展改革委、国务院国资委、住房城乡建设部推进供给侧结构性改革有关工作方案的汇报,听取了江苏、重庆、河北以及深圳推进供给侧结构性改革情况的汇报,听取了国家发展改革委、财政部、人力资源社会保障部关于扩大中等收入群体工作的汇报。领导小组成员进行了讨论
第十四次会议 2016年12月21日	研究"十三五"规划纲要确定的165项重大工程项目进展、解决好人民群众普遍关心的突出问题等工作	会议听取了国家发展改革委关于"十三五"规划纲要确定的165项重大工程项目进展情况的汇报,分别听取了国家能源局关于推进北方地区冬季清洁取暖、浙江省关于普遍推行垃圾分类制度、农业部关于畜禽养殖废弃物处理和资源化、民政部关于提高养老院服务质量、住房城乡建设部关于规范住房租赁市场和抑制房地产泡沫、国家食品药品监管总局关于加强食品安全监管等的汇报。领导小组成员进行了讨论
第十五次会议 2017年2月28日	听取关于中央财经领导小组工作报告,研究推动落实2017年经济领域重点工作	会议审议了《关于党的十八大以来中央财经领导小组工作和2017年重点工作的报告》。会议认为,党的十八大以来,在以习近平同志为核心的党中央坚强领导下,中央财经领导小组把握经济社会发展大势,加强和改善党对经济工作的领导,召开14次会议,研究22项重大议题,提出四百多项任务和措施,做出一系列关系当前和长远的重大决策,推动办成了一些具有深远历史意义的大事,有效引导了经济社会持续健康发展。 会议听取了国家发展改革委、人民银行、住房和城乡建设部、工业和信息化部关于深入推进去产能、防控金融风险、建立促进房地产市场平稳健康发展长效机制、振兴制造业等工作思路的汇报

续表

第十六次会议 2017 年 7 月 17 日	研究改善投资和市场环境、扩大对外开放问题	分别听取了国家发展改革委关于对外商投资实行准入前国民待遇加负面清单管理模式、商务部关于推动贸易平衡和中美双边投资有关问题、人民银行关于完善人民币汇率形成机制和扩大金融业对外开放的汇报。领导小组成员进行了讨论

注：数据统计日期截止到 2017 年 7 月 17 日。

（二）大组化

从职责配置上看，"中央深改组"更多地呈现出"大组化"的特征，意即它所承担任务的范围跨度、时间周期都具有极大的宽泛性和长期性。一直以来，"领导小组"采用任务导向型的组织设计模式和工作方式，使得每个"领导小组"的职责内容既相对分散、又多有重叠。特别在各项改革事业之间的关联性越来越强的情况下，即便是"中央领导小组"这样的高层次机构，在开展工作时亦多有不便。要进一步深化经济、政治、文化、社会、生态文明等重大领域的改革，时常需要多个领域的"中央领导小组"展开协同配合。因而"中央深改组"的成立及运作，显然就是要对以往分散于各个"中央领导小组"的改革工作展开进一步的整合，这体现在职责配置方面，就是全方位地扩展"中央深改组"的任务范围，以使其能够更好地担负起全面推进各项改革的一系列重任。

以十八届中央全面深化改革领导小组为例，截至 2017 年 8 月 29 日，十八届"中央深改组"一共召开了 38 次会议，根据中央媒体的公开报道，总共审议通过的改革文件总数为 304 个。在这些改革文件中，经济体制和生态文明体制改革通过的文件数为 91 个，民主和法制领域改革通过文件数为 75 个，文化体制改革通过文件数为 10 个，社会体制改革通过文件数为 56 个，党的建设制度改革通过文件数为 3 个,纪律检查体制改革通过文件数为 4 个,改革的决策规则通过文件数为 8 个,改革治理领域通过文件数为 48 个(见图 3.1)。

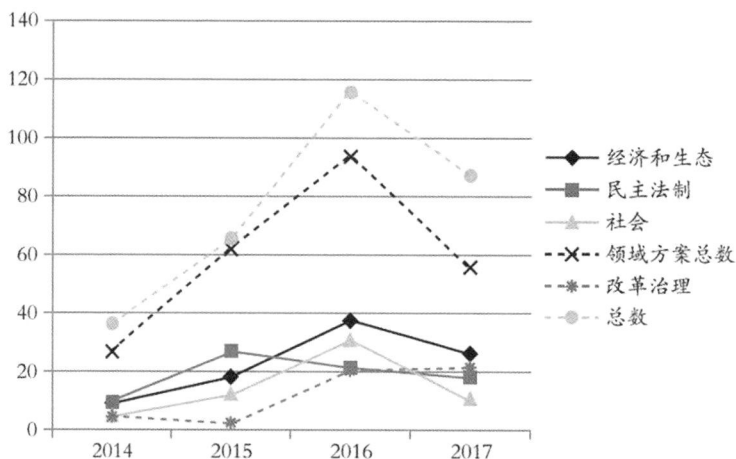

图 3.1　十八届"中央深改组"历次会议所审议专项改革方案分布简况

资料来源:李文钊:《中国改革的制度分析:以 2013—2017 年全面深化改革为例》,《中国行政管理》,2018 年第 6 期。

　　从十八届"中央深改组"38 次会议所审议各种文件的主题来看,包括总体性改革方案和进展汇报,以及工作规划、工作总结、工作规则与分工等有关组织内部管理的事项,所讨论和通过的各个专项改革方案覆盖了改革议程的所有方面,分布于经济体制、政治体制、文化体制、社会体制、生态文明体制、党的建设制度等各个领域,真正体现了"全面深化改革"这一"大组化"职责配置特征。

三、中央全面深化改革领导小组运行中的三对重要关系

　　对于"中央深改组"在整个党政组织体系中的角色定位,正式文件中以改

革的"总体设计、统筹协调、整体推进、督促落实"这十六字方针概括之。显然,这一界定是比较概略性的,"中央深改组"具体如何施展这四个方面的功能,还需要根据对其实际运行情况的进一步观察得出相应的结论。同时,"中央深改组"在专注于推动改革进程的同时,还有必要注意并处理好以下三对重要关系。

(一)"中央深改组"与其他"中央领导小组"的关系

"中央领导小组"的设置及运行是一个长期的过程,它们主要承担着较为重要、但已有的工作部门不适合或无力承担的新型和交叉型事务。这些"中央领导小组"的数量已到达一定规模,且多数已经存在了较长时间,并基本进入稳定运行的"准制度化"状态。经过反复的调整、重组与新设,中共中央层面的各个"领导小组"已经稳定分布在财政经济、政治法律、宣传文教、组织人事、党建党务等若干门类中。除此之外,还有相当数量的临时性"中央领导小组",它们的存续周期可能并不长,但也可以在面临特定或紧急任务事项时缓解、分担常设性职能部门的工作压力。

"中央深改组"及其下设六个专项小组的成立,使得整个"中央领导小组"体系发生了一定程度的变化。从功能定位、职责配置以及人员安排来看,"中央深改组"都可能会与原有其他"中央领导小组"之间存在一定程度的交叉(见表3.5)。而设置"中央深改组"的本意,显然就是为了突破以往"领导小组"任务覆盖面较窄这一局限,更为全面地推动改革进程,因而如何处理与现有各个"中央领导小组"的关系就显得尤为重要。那么"中央深改组"与已有各个"中央领导小组"之间应该构建起怎样的总体关系模式?"中央深改组"及其内设的六个专项小组,与原有的若干个"中央领导小组"之间,在运转过程中是直接领导、共同工作,还是彼此独立?现存略显分散化的多个"中央领导小组"是否会逐渐被合并、纳入"中央深改组"内部?这都是"中央深改组"在其运行过程中需要面对和解决的一系列重要问题。

表3.5 "中央深改组"及下设专项小组与其他"中央领导小组"对照

"中央深改组"	其他"中央领导小组"	
经济体制和生态文明体制改革专项小组 民主法制领域改革专项小组 文化体制改革专项小组 社会体制改革专项小组 党的建设制度改革专项小组 纪律检查体制改革专项小组	财政经济类	中央财经领导小组 中央农村工作领导小组
	政治法律类	中央司法体制改革领导小组
	宣传文教类	中央宣传思想工作领导小组 中央文化体制改革和发展工作领导小组 中央网络安全和信息化领导小组
	组织人事类	中央人才工作协调小组 中央党的群众路线教育实践活动领导小组
	党建党务类	中央党的建设工作领导小组 中央巡视工作领导小组

(二)"中央深改组"与地方"深改组"的关系

由于工作需求的不同,各种"领导小组"在纵向上的设置模式亦有所相异。绝大多数"领导小组"都是各个层级党政部门根据自身工作需要独自设置的,仅存在于某一特定层级,除此之外在对下或对上的任何一级部门中皆没有对口或类似的机构存在。在中央和地方党政部门中均能找到这样的"领导小组",甚至某些单个部门也有自身独立设置的各种"领导小组"。除此之外,还有一部分"领导小组"是层层设置、上下对口,在中央至地方的多个层级自上而下地存在着,财经领导小组、农村工作领导小组等即是这方面的典型代表,除了中央财经领导小组、中央农村工作领导小组,全国省、市、县等各个层级都存在与之对应的财经、农村工作方面的"领导小组"。

党的十八届三中全会公报在提出中央成立全面深化改革领导小组的同时,亦强调各级党委要切实履行对改革的领导责任。2013年的中央经济工作会议进一步提出,各地区各部门都要指定一个机构负责改革工作,主要领导同志要亲自抓。2014年1月22日,"中央深改组"的第一会议则更加明确地要求,各省区市要尽快建立全面深化改革领导小组。在这之后,全国 31 个省级行政单位先后成立了"深改组"。在组织模式方面,地方"深改组"均以"中央深改组"为样板来进行构建,都设有办公室和若干专项小组,且基本都是复制"中央深改组"的 6 个专项小组设置模式。同时,部分省份还根据自身改革需求,设置了具有一定地方特点的专项小组。比如,河北省增设了"农业和农村体制改革专项小组",黑龙江省增设了"现代农业综合配套改革专项小组",上海市增设了"社会保障和分配领域改革专项小组"。同时,市县一级也纷纷设立了"深改组"。至此,"深改组"自上而下地形成了一整套组织体系。

"中央深改组"和各个地方的"深改组"都在全面深化改革行动中起到了统筹领导的作用。"中央深改组"主要负责全国性的总体改革规划,而各个地方"深改组"则主要担负起本地区的改革议程。显然,现实中各个地方改革的深度和广度、内容侧重点、推进速率肯定都不尽相同。在必要的情况下,可能会需要"中央深改组"在充分考虑各地自身情况的基础上,对全国不同地区的深化改革行动进行通盘考虑及协调。同时,"中央深改组"所审议的各种改革方案若要尽快地在地方上实现"落地生根",确保各项改革举措取得预期成效、真正解决问题,来自地方"深改组"的配合亦很重要。因此,在"中央深改组"与地方"深改组"的互动中,如何尽可能地实现全面布局和因地制宜、改革授权和责任担当、"最先一公里"和"最后一公里"等之间的协同共进,对于"深改组"本身乃至整个全面深化改革工作的绩效都至关重要。

(三)"中央深改组"与正式制度体系的关系

相对于常规性组织而言,"领导小组"在功能定位、组织架构、运作方式等方面都有着较为独到的设计,有助于克服部门主义、本位主义、地方主义等局限,进而确保整体性和战略性治理目标的实现。"领导小组"承载着填补常规组织体系力不能及之处这一职责使命,同时其又与正式制度体系中的各种要素存在着密切联系。"领导小组"的组织及运行并非"自成一体""另起炉灶"，它们仍然需要借助、依靠常规组织机构中的相关要素，只有通过这些要素才能施展其组织使命。"领导小组"本身并不拥有一套独立的组织运行网络，亦不能完全独立地主导一项政策的决定以及实施的过程。

从组织构成及运行来看，"领导小组"的各个组成系统来自于对正式序列机构的"定向选取"和"重新组合"，这些系统所发挥出的功能事实上最后都要经由小组成员所在的常规组织来实现。首先，就决策过程而言，"领导小组"的决策可以视为来自不同党政部门的小组成员在某项特定任务上的"全新协作"，其权力皆系原有职权，但这些原属不同类型及层次的决策权聚集到一起后，构成了一个超部门级的决策权力单元，进而实现了决策权威上的放大。其次，就政策执行过程而言，"领导小组"所通过的各类政策仍由常设组织机构体系来负责具体操作实施，而非在现有组织体系之外另建一套执行系统。

全面深化改革是一个复杂的系统工程，单靠某一个或某几个部门往往力不从心，这就需要建立更高层面的领导机制。"中央深改组"的成立，显然也遵循了弥合正式制度体系的功能性不足这一"领导小组"设置导向的常规逻辑。与此同时，正是由于"中央深改组"所面对的都是国家治理现代化和经济社会发展过程中的大问题、新问题，任何一个方面的改革议题都具有跨部门、跨地域、系统性强、战略意义深远等特点，因而正式制度体系中与"中央深改组"有工作关联、参与改革行动的常规机构及人员亦会达到前所未有的广泛性。可以看到，在"中央深改组"所推进的各项改革活动中，总是伴随着数量较多且类型多样的党政机构之间的错综复杂的关系和互动，厘清和理顺其工作机制的难度系数显然就更大一些，同时它们亦构成了全面深化改革工作的一个重要部分。

"中央深改组"在首次会议中就提出与正式制度体系保持良性互动的重要性，这包括专项小组、中央改革办、牵头单位和参与单位要建好工作机制，做到既各司其职、各负其责又加强协作配合，形成工作合力；有关部委的改革责任机制也要尽快建立起来,并同领导小组形成联系机制。显然,"中央深改组"自身亦认识到处理好与正式制度体系的各种关系,是维系小组有效运转的一个基础保障。这里尤其需要指出的是,"中央深改组"的成立及运作,虽然在某种程度上是对已有部门分工的一种超越,但并不是要代替这些部门行使职责,更不是要闲置现有组织体系。实际上,"中央深改组"一直在致力于将自身更好且有机地置于整个正式制度体系之中,探索并建构起与正式制度体系的一整套稳定互动机制,追求实现与正式制度体系中的其他要素形成一种动态平衡。

"中央深改组"的设置、运作及走向,反映出中国的治理过程特别是决策机制中一个显著而重大的变化,同时也是一系列实践和研究议题的开端。随着推进国家治理体系和治理能力现代化、全面深化改革、顶层设计等全新治理目标及理念的陆续推出,"中央深改组"这一特定组织模式应运而生,是这些新的治理要求在现实制度体系中的集中体现。那么"中央深改组"究竟如何运作? 应该怎么运作? 它的运行机制随着深化改革行动的推进会不会发生重大变化? 会是什么样的变化? 对于这些关键问题的解答,还有待今后对"中央深改组"的运行实践展开进一步的总结及分析。

当前可以明确的是,"中央深改组"及各个地方的"深改组"都将在相当一段时期内作为未来整个中国各层次、各领域深化改革工作的主导者,其自身运行的科学性与合理化程度关系重大。尤其是对以推进国家治理体系和治理能力现代化为己任的"中央深改组"而言,以身作则地树立起自身运行机制的现代化标杆,其标志性意义和深远影响不言而喻。

四、顶层设计下"中央领导小组"的整合型发展

"中央领导小组"因其特殊的人员构成和功能设计,在实际治理过程中显然具有举足轻重的作用,外界也普遍认为其"位高权重"。但任务导向型的组

中国"小组机制"研究(第二版)

织设计模式和工作方式使得"中央领导小组"的职责内容既相对分散,又多有重叠。特别在各项改革事业之间的关联性越来越强的情况下,即便是"中央领导小组"这样的高层次机构,在开展工作时亦多有不便。比如,要进一步深化改革,就需要财政经济、组织人事、宣传文教等多个领域的"中央领导小组"展开协同配合。另外,如国内外安全工作,则要涉及外事统战、政治法律等领域内的若干个"中央领导小组"。因而十八届三中全会以来陆续成立的中央全面深化改革领导小组、中央国家安全委员会,显然就是要对各个"中央领导小组"的工作展开进一步的整合,"中央领导小组"呈现出从"小组"朝着"大组"的整合型发展倾向。简言之,将来"中央领导小组"的数量会得到一定程度的精简,更加精干、高效,同时职责范围得到进一步的扩展,以做好总体规划、统筹协调等"顶层设计"工作(见表3.6)。

表3.6 "中央领导小组"的"大组"化趋势

职责	大组	小组
全面深化改革(涵盖组织人事、宣传文教、财政经济、党建党务)	中央全面深化改革领导小组*	中央人才工作协调小组、中央党的群众路线教育实践活动领导小组
		中央宣传思想工作领导小组、中央文化体制改革和发展工作领导小组、中央网络安全和信息化领导小组
		中央财经领导小组、中央农村工作领导小组
		中央党的建设工作领导小组、中央巡视工作领导小组
国内外安全(涵盖外事统战、政治法律)	中央国家安全委员会	中央外事工作领导小组(中央国家安全领导小组)、中央对台工作领导小组、中央港澳工作协调小组、中央西藏工作协调小组、中央新疆工作协调小组
		中央维护稳定工作领导小组、中央密码工作领导小组、中央防范和处理邪教问题领导小组、中央司法体制改革领导小组

*中央全面深化改革领导小组下设经济体制和生态文明体制改革、民主法制领域改革、文化体制改革、社会体制改革、党的建设制度改革、纪律检查体制改革等六个专项小组。

208

第二节 最新改革

党的十九大尤其是十九届三中全会之后,中共中央对"领导小组"进行了改革开放以来最大规模的一次调整及优化。在新的思路指导下,一批新的"领导小组"成立并开始运行,原有若干"领导小组"得到了新改组。以此为起点,"领导小组"在中国国家治理体系和治理实践中的定位和作用将全面进入一个新的发展时期。

一、十九届三中全会对"领导小组"的全面改革

2018年2月28日,中国共产党第十九届中央委员会第三次全体会议通过《中共中央关于深化党和国家机构改革的决定》。该决定提出:"完善坚持党的全面领导的制度。党政军民学,东西南北中,党是领导一切的。加强党对各领域各方面工作领导,是深化党和国家机构改革的首要任务。要优化党的组织机构,确保党的领导全覆盖,确保党的领导更加坚强有力。"

而在加强党的全面领导的具体方式上,该决定明确指出要发挥党中央决策议事协调机构,即"中央领导小组"的作用,"建立健全党对重大工作的领导体制机制。加强党的全面领导,首先要加强党对涉及党和国家事业全局的重大工作的集中统一领导。党中央决策议事协调机构在中央政治局及其常委会领导下开展工作。优化党中央决策议事协调机构,负责重大工作的顶层设计、总体布局、统筹协调、整体推进。加强和优化党对深化改革、依法治国、经济、农业农村、纪检监察、组织、宣传思想文化、国家安全、政法、统战、民族宗教、教育、科技、网信、外交、审计等工作的领导。其他方面的议事协调机构,

要同党中央决策议事协调机构的设立调整相衔接,保证党中央令行禁止和工作高效。各地区各部门党委(党组)要坚持依规治党,完善相应体制机制,提升协调能力,把党中央各项决策部署落到实处"。

2018年3月,中共中央印发《深化党和国家机构改革方案》,对中央领导小组、国务院议事协调机构作了大幅度的调整,堪称"领导小组"近年来规模力度最大的一次改革。具体内容如下:①

(二)组建中央全面依法治国委员会。全面依法治国是中国特色社会主义的本质要求和重要保障。为加强党中央对法治中国建设的集中统一领导,健全党领导全面依法治国的制度和工作机制,更好落实全面依法治国基本方略,组建中央全面依法治国委员会,负责全面依法治国的顶层设计、总体布局、统筹协调、整体推进、督促落实,作为党中央决策议事协调机构。

主要职责是,统筹协调全面依法治国工作,坚持依法治国、依法执政、依法行政共同推进,坚持法治国家、法治政府、法治社会一体建设,研究全面依法治国重大事项、重大问题,统筹推进科学立法、严格执法、公正司法、全民守法,协调推进中国特色社会主义法治体系和社会主义法治国家建设等。

中央全面依法治国委员会办公室设在司法部。

(三)组建中央审计委员会。为加强党中央对审计工作的领导,构建集中统一、全面覆盖、权威高效的审计监督体系,更好发挥审计监督作用,组建中央审计委员会,作为党中央决策议事协调机构。

主要职责是,研究提出并组织实施在审计领域坚持党的领导、加强

---

① 为便于读者查找原文,这里的"序号"是按照《深化党和国家机构改革方案》中的原有排序。

党的建设方针政策，审议审计监督重大政策和改革方案，审议年度中央预算执行和其他财政支出情况审计报告，审议决策审计监督其他重大事项等。

中央审计委员会办公室设在审计署。

（四）中央全面深化改革领导小组、中央网络安全和信息化领导小组、中央财经领导小组、中央外事工作领导小组改为委员会。为加强党中央对涉及党和国家事业全局的重大工作的集中统一领导，强化决策和统筹协调职责，将中央全面深化改革领导小组、中央网络安全和信息化领导小组、中央财经领导小组、中央外事工作领导小组分别改为中央全面深化改革委员会、中央网络安全和信息化委员会、中央财经委员会、中央外事工作委员会，负责相关领域重大工作的顶层设计、总体布局、统筹协调、整体推进、督促落实。

4个委员会的办事机构分别为中央全面深化改革委员会办公室、中央网络安全和信息化委员会办公室、中央财经委员会办公室、中央外事工作委员会办公室。

（五）组建中央教育工作领导小组。为加强党中央对教育工作的集中统一领导，全面贯彻党的教育方针，加强教育领域党的建设，做好学校思想政治工作，落实立德树人根本任务，深化教育改革，加快教育现代化，办好人民满意的教育，组建中央教育工作领导小组，作为党中央决策议事协调机构。

主要职责是，研究提出并组织实施在教育领域坚持党的领导、加强党的建设方针政策，研究部署教育领域思想政治、意识形态工作，审议国家教育发展战略、中长期规划、教育重大政策和体制改革方案，协调解决教育工作重大问题等。

中央教育工作领导小组秘书组设在教育部。

（九）中央组织部统一管理中央机构编制委员会办公室。为加强党对机构编制和机构改革的集中统一领导,理顺机构编制管理和干部管理的体制机制,调整优化中央机构编制委员会领导体制,作为党中央决策议事协调机构,统筹负责党和国家机构职能编制工作。

中央机构编制委员会办公室作为中央机构编制委员会的办事机构,承担中央机构编制委员会日常工作,归口中央组织部管理。

（十六）优化中央网络安全和信息化委员会办公室职责。为维护国家网络空间安全和利益,将国家计算机网络与信息安全管理中心由工业和信息化部管理调整为由中央网络安全和信息化委员会办公室管理。

工业和信息化部仍负责协调电信网、互联网、专用通信网的建设,组织、指导通信行业技术创新和技术进步,对国家计算机网络与信息安全管理中心基础设施建设、技术创新提供保障,在各省(自治区、直辖市)设置的通信管理局管理体制、主要职责、人员编制维持不变。

（十七）不再设立中央维护海洋权益工作领导小组。为坚决维护国家主权和海洋权益,更好统筹外交外事与涉海部门的资源和力量,将维护海洋权益工作纳入中央外事工作全局中统一谋划、统一部署,不再设立中央维护海洋权益工作领导小组,有关职责交由中央外事工作委员会及其办公室承担,在中央外事工作委员会办公室内设维护海洋权益工作办公室。

调整后,中央外事工作委员会及其办公室在维护海洋权益方面的主要职责是,组织协调和指导督促各有关方面落实党中央关于维护海洋权益的决策部署,收集汇总和分析研判涉及国家海洋权益的情报信息,协调应对紧急突发事态,组织研究维护海洋权益重大问题并提出对策建议等。

（十八）不再设立中央社会治安综合治理委员会及其办公室。为加强党对政法工作和社会治安综合治理等工作的统筹协调,加快社会治安防控体系建设,不再设立中央社会治安综合治理委员会及其办公室,有关职责交由中央政法委员会承担。

调整后,中央政法委员会在社会治安综合治理方面的主要职责是,负责组织协调、推动和督促各地区各有关部门开展社会治安综合治理工作,汇总掌握社会治安综合治理动态,协调处置重大突发事件,研究社会治安综合治理有关重大问题,提出社会治安综合治理工作对策建议等。

(十九)不再设立中央维护稳定工作领导小组及其办公室。为加强党对政法工作的集中统一领导,更好统筹协调政法机关资源力量,强化维稳工作的系统性,推进平安中国建设,不再设立中央维护稳定工作领导小组及其办公室,有关职责交由中央政法委员会承担。

调整后,中央政法委员会在维护社会稳定方面的主要职责是,统筹协调政法机关等部门处理影响社会稳定的重大事项,协调应对和处置重大突发事件,了解掌握和分析研判影响社会稳定的情况动态,预防、化解影响稳定的社会矛盾和风险等。

(二十)将中央防范和处理邪教问题领导小组及其办公室职责划归中央政法委员会、公安部。为更好统筹协调执政安全和社会稳定工作,建立健全党委和政府领导、部门分工负责、社会协同参与的防范治理邪教工作机制,发挥政法部门职能作用,提高组织、协调、执行能力,形成工作合力和常态化工作机制,将防范和处理邪教工作职责交由中央政法委员会、公安部承担。

调整后,中央政法委员会在防范和处理邪教工作方面的主要职责是,协调指导各相关部门做好反邪教工作,分析研判有关情况信息并向党中央提出政策建议,协调处置重大突发性事件等。公安部在防范和处理邪教工作方面的主要职责是,收集邪教组织影响社会稳定、危害社会治安的情况并进行分析研判,依法打击邪教组织的违法犯罪活动等。

（二十八）组建国家卫生健康委员会。人民健康是民族昌盛和国家富强的重要标志。为推动实施健康中国战略,树立大卫生、大健康理念,把以治病为中心转变到以人民健康为中心,预防控制重大疾病,积极应对人口老龄化,加快老龄事业和产业发展,为人民群众提供全方位全周期健康服务,将国家卫生和计划生育委员会、国务院深化医药卫生体制改革领导小组办公室、全国老龄工作委员会办公室的职责,工业和信息化部的牵头《烟草控制框架公约》履约工作职责,国家安全生产监督管理总局的职业安全健康监督管理职责整合,组建国家卫生健康委员会,作为国务院组成部门。

主要职责是,拟订国民健康政策,协调推进深化医药卫生体制改革,组织制定国家基本药物制度,监督管理公共卫生、医疗服务和卫生应急,负责计划生育管理和服务工作,拟订应对人口老龄化、医养结合政策措施等。

保留全国老龄工作委员会,日常工作由国家卫生健康委员会承担。民政部代管的中国老龄协会改由国家卫生健康委员会代管。国家中医药管理局由国家卫生健康委员会管理。

不再保留国家卫生和计划生育委员会。不再设立国务院深化医药卫生体制改革领导小组办公室。

（三十）组建应急管理部。提高国家应急管理能力和水平,提高防灾减灾救灾能力,确保人民群众生命财产安全和社会稳定,是我们党治国理政的一项重大任务。为防范化解重特大安全风险,健全公共安全体系,整合优化应急力量和资源,推动形成统一指挥、专常兼备、反应灵敏、上下联动、平战结合的中国特色应急管理体制,将国家安全生产监督管理总局的职责,国务院办公厅的应急管理职责,公安部的消防管理职责,民政部的救灾职责,国土资源部的地质灾害防治、水利部的水旱灾害防治、农业部的草原防火、国家林业局的森林防火相关职责,中国地震局的震灾应急救援职责以及国家防汛抗旱总指挥部、国家减灾委员会、国务院抗震救灾指挥部、国家森林防火指挥部的职责整合,组建应急管理部,作为国务院组成部门。

(四十四)国务院三峡工程建设委员会及其办公室、国务院南水北调工程建设委员会及其办公室并入水利部。目前,三峡主体工程建设任务已经完成,南水北调东线和中线工程已经竣工。为加强对重大水利工程建设和运行的统一管理,理顺职责关系,将国务院三峡工程建设委员会及其办公室、国务院南水北调工程建设委员会及其办公室并入水利部。由水利部承担三峡工程和南水北调工程的运行管理、后续工程建设管理和移民后期扶持管理等职责。

不再保留国务院三峡工程建设委员会及其办公室、国务院南水北调工程建设委员会及其办公室。

除此之外,党的十九大以来,新设置的中央领导小组,还包括成立于2019年5月的中央"不忘初心、牢记使命"主题教育领导小组、成立于2019年6月的中央生态环境保护督察领导小组。

新设置的国务院议事协调机构,包括成立于2017年11月8日的国务院金融稳定发展委员会、成立于2018年7月3日的京津冀及周边地区大气污染防治领导小组(前身为成立于2013年10月的京津冀及周边地区大气污染防治协作小组)、成立于2018年年中的推进海南全面深化改革开放领导小组、成立于2018年7月19日的国务院推进政府职能转变和"放管服"改革协调小组、成立于2018年8月的粤港澳大湾区建设领导小组、成立于2019年5月14日的国务院就业工作领导小组、成立于2019年8月3日的国务院根治拖欠农

中国"小组机制"研究(第二版)

民工工资工作领导小组,等等。

二、新的"领导小组"开始全面运行

机构改革方案公布后不久,新成立的领导小组、调整优化后的领导小组很快就开始运转,陆续召开首次会议,治理者对于"领导小组"的运用愈发纯熟(见表3.7)。

表3.7　党的十九届三中全会以来部分新的"领导小组"召开和参加会议简况

"领导小组"名称	会议时间及主要内容
中央全面深化改革委员会	第一次会议(2018年3月28日) 会议审议通过了《中央全面深化改革委员会工作规则》《中央全面深化改革委员会专项小组工作规则》《中央全面深化改革委员会办公室工作细则》。 会议审议了《关于深化纪检监察体制改革和中央纪委国家监委机构改革情况的报告》《关于第一轮中央环境保护督察总结和下一步工作考虑的报告》。 会议审议通过了《关于深入推进审批服务便民化的指导意见》《关于设立上海金融法院的方案》《关于形成参与国际宏观经济政策协调的机制推动国际经济治理结构完善的意见》《进一步深化中国(广东)自由贸易试验区改革开放方案》《进一步深化中国(天津)自由贸易试验区改革开放方案》《进一步深化中国(福建)自由贸易试验区改革开放方案》《关于规范金融机构资产管理业务的指导意见》《关于加强非金融企业投资金融机构监管的指导意见》《关于改革国有企业工资决定机制的意见》《公安机关执法勤务警员职务序列改革方案(试行)》《公安机关警务技术职务序列改革方案(试行)》《关于深化项目评审、人才评价、机构评估改革的若干意见》《关于进一步加强科研诚信建设的若干意见》《关于加强公立医院党的建设工作的意见》《关于加强人民调解员队伍建设的意见》。

216

第二次会议(2018年5月11日) 会议审议通过了《关于地方机构改革有关问题的指导意见》《关于加强国有企业资产负债约束的指导意见》《推进中央党政机关和事业单位经营性国有资产集中统一监管试点实施意见》《高等学校所属企业体制改革的指导意见》《企业职工基本养老保险基金中央调剂制度方案》《中央企业领导人员管理规定》《关于加强和改进生活无着的流浪乞讨人员救助管理工作的意见》《关于改革完善医疗卫生行业综合监管制度的指导意见》和《关于党的十八大以来有关改革任务分工调整的请示》《党的十九大报告重要改革举措实施规划(2018—2022年)》。 会议审议了《深化党和国家机构改革进展情况报告》。
第三次会议(2018年7月6日) 会议审议通过了《关于支持河北雄安新区全面深化改革和扩大开放的指导意见》《关于建设新时代文明实践中心试点工作的指导意见》《关于规范校外培训机构发展的意见》《关于学前教育深化改革规范发展的若干意见》《关于全面实施预算绩效管理的意见》《关于完善促进消费体制机制进一步激发居民消费潜力的若干意见》《完善促进消费体制机制实施方案(2018—2020年)》《关于建立健全基本公共服务标准体系的指导意见》《关于加强文物保护利用改革的若干意见》《关于推进政府购买服务第三方绩效评价工作的指导意见》《防范和惩治统计造假弄虚作假督察工作规定》《关于浙江等地深化"最多跑一次"改革需要中央层面解决的事项清单及工作建议》《关于开展县以下事业单位管理岗位职员等级晋升制度试点工作的实施意见》《关于推进军民融合深度发展若干财政政策的意见》《关于增设北京互联网法院、广州互联网法院的方案》《关于设立最高人民检察院公益诉讼检察厅的方案》。
第四次会议(2018年9月20日) 会议审议通过了《关于推动高质量发展的意见》《关于建立更加有效的区域协调发展新机制的意见》《关于支持自由贸易试验区深化改革创新的若干措施》《关于完善系统重要性金融机构监管的指导意见》《关于改革和完善疫苗管理体制的意见》《关于统一规划体系更好发挥国家发展规划战略导向作用的意见》《关于促进小农户和现代农业发展有机衔接的意见》。

第五次会议（2018 年 11 月 14 日） 会议审议通过了《海南省创新驱动发展战略实施方案》《海南省建设国际旅游消费中心的实施方案》《关于支持海南全面深化改革开放有关财税政策的实施方案》《关于支持海南全面深化改革开放综合财力补助资金的管理办法》《关于调整海南离岛旅客免税购物政策工作方案》《加快完善市场主体退出制度改革方案》《深化政府采购制度改革方案》《国家职业教育改革实施方案》《关于加强县级融媒体中心建设的意见》《关于深化改革培育世界一流科技期刊的意见》《关于推进基层整合审批服务执法力量的实施意见》《关于加强和改进出版工作的意见》《国家组织药品集中采购试点方案》《关于全面推行行政执法公示制度执法全过程记录制度重大执法决定法制审核制度的指导意见》和《"街乡吹哨、部门报到"——北京市推进党建引领基层治理体制机制创新的探索》。
第六次会议（2019 年 1 月 23 日） 会议审议通过了《在上海证券交易所设立科创板并试点注册制总体实施方案》《关于在上海证券交易所设立科创板并试点注册制的实施意见》《关于建立以国家公园为主体的自然保护地体系指导意见》《关于深化教育教学改革全面提高义务教育质量的意见》《关于鼓励引导人才向艰苦边远地区和基层一线流动的意见》《关于政法领域全面深化改革的实施意见》《关于统筹推进自然资源资产产权制度改革的指导意见》《关于建立国土空间规划体系并监督实施的若干意见》《关于构建市场导向的绿色技术创新体系的指导意见》《天然林保护修复制度方案》《国家生态文明试验区（海南）实施方案》《海南热带雨林国家公园体制试点方案》和《中央全面深化改革委员会 2019 年工作要点》《中央全面深化改革委员会 2018 年工作总结报告》《党的十八大以来全面深化改革落实情况总结评估报告》。

第七次会议（2019 年 3 月 19 日） 会议审议通过了《关于新时代推进西部大开发形成新格局的指导意见》《关于扩大高校和科研院所科研相关自主权的若干意见》《关于促进人工智能和实体经济深度融合的指导意见》《关于加强和改进乡村治理的指导意见》《关于深化公共资源交易平台整合共享的指导意见》《石油天然气管网运营机制改革实施意见》《关于加快推进公共法律服务体系建设的意见》《关于深化消防执法改革的意见》。
第八次会议（2019 年 5 月 29 日） 会议审议通过了《关于创新和完善宏观调控的指导意见》《关于在山西开展能源革命综合改革试点的意见》《关于深化影视业综合改革促进我国影视业健康发展的意见》《关于加强创新能力开放合作的若干意见》《关于治理高值医用耗材的改革方案》《关于改革完善体制机制加强粮食储备安全管理的若干意见》《关于完善建设用地使用权转让、出租、抵押二级市场的指导意见》《关于加快农业保险高质量发展的指导意见》《关于进一步推进移风易俗建设文明乡风的指导意见》和《关于各地区各部门贯彻落实中央全面深化改革委员会会议精神深入推进改革督察工作的报告》。
第九次会议（2019 年 7 月 24 日） 会议审议通过了《国家科技伦理委员会组建方案》《关于强化知识产权保护的意见》《关于促进中医药传承创新发展的意见》《关于深化农村公共基础设施管护体制改革的指导意见》《长城、大运河、长征国家文化公园建设方案》《关于在国土空间规划中统筹划定落实三条控制线的指导意见》《关于加快建立网络综合治理体系的意见》《区域医疗中心建设试点工作方案》《国家产教融合建设试点实施方案》《关于支持深圳建设中国特色社会主义先行示范区的意见》《中国—上海合作组织地方经贸合作示范区建设总体方案》。

续表

	第十次会议（2019 年 9 月 9 日） 会议审议通过了《关于推动先进制造业和现代服务业深度融合发展的实施意见》《关于营造更好发展环境支持民营企业改革发展的意见》《关于推进贸易高质量发展的指导意见》《关于促进劳动力和人才社会性流动体制机制改革的意见》《关于减轻中小学教师负担进一步营造教育教学良好环境的若干意见》《关于实施重要农产品保障战略的指导意见》《统筹监管金融基础设施工作方案》《关于加强科技创新支撑平安中国建设的意见》《绿色生活创建行动总体方案》、《国有金融资本出资人职责暂行规定》《关于进一步加强塑料污染治理的意见》。
	第十一次会议（2019 年 11 月 26 日） 会议审议通过了《关于构建更加完善的要素市场化配置体制机制的意见》《关于完善农业支持保护制度的意见》《关于深化我国医疗保障制度改革的意见》《关于全面加强新时代大中小学劳动教育的意见》《关于构建现代环境治理体系的指导意见》《关于深化新时代教育督导体制机制改革的意见》《关于加强农业科技社会化服务体系建设的若干意见》《中央有关部门贯彻落实党的十九届四中全会〈决定〉重要举措分工方案》和《党的十八届三中全会以来全面深化改革评估报告》。
中央网络安全和信息化	委员会参加"全国网络安全和信息化工作会议"（2018 年 4 月 20 日至 21 日）
中央财经委员会	第一次会议（2018 年 4 月 2 日） 会议分别听取了中国人民银行关于打好防范化解重大风险攻坚战的思路和举措的汇报,国务院扶贫办关于打好精准脱贫攻坚战的思路和举措的汇报,生态环境部关于打好污染防治攻坚战的思路和举措的汇报。 会议审议通过了《中央财经委员会工作规则》,强调要加强党中央对经济工作的集中统一领导,做好经济领域重大工作的顶层设计、总体布局、统筹协调、整体推进、督促落实。
	第二次会议（2018 年 7 月 13 日） 会议听取了国家发展改革委、科技部、工业和信息化部、中国科学院、中国工程院的汇报。

	第三次会议(2018年10月10日) 会议听取了国家发展改革委、应急管理部、自然资源部、水利部、科技部和中国铁路总公司的汇报。
	第四次会议(2019年4月22日) 会议听取了国家发展改革委、国家统计局、生态环境部、国务院扶贫办、中央农办和农业农村部关于全面建成小康社会补短板问题的汇报,听取了国家发展改革委、工业和信息化部、财政部、中国人民银行等部门关于中央经济工作会议精神落实情况的汇报。
	第五次会议(2019年8月26日) 会议听取了国家发展改革委、国家统计局、上海市、广东省、辽宁省关于推动形成优势互补高质量发展的区域经济布局问题的汇报,听取了国家发展改革委、工业和信息化部、国务院国资委、中国工程院关于提升产业基础能力和产业链水平问题的汇报。
中央外事工作委员会	第一次会议(2018年5月15日) 会议审议通过了《中央外事工作委员会工作规则》等文件。
中央全面依法治国委员会	第一次会议(2018年8月24日) 会议审议通过了《中央全面依法治国委员会工作规则》、《中央全面依法治国委员会2018年工作要点》,审议了《中华人民共和国人民法院组织法(修订草案)》、《中华人民共和国人民检察院组织法(修订草案)》,研究部署了委员会近期工作。
	第二次会议(2019年2月25日) 会议审议通过了《中央全面依法治国委员会2018年工作总结报告》、《中央全面依法治国委员会2019年工作要点》、《2019年中央党内法规制定计划》、《全国人大常委会2019年立法工作计划》、《国务院2019年立法工作计划》、《关于开展法治政府建设示范创建活动的意见》、《关于全面推进海南法治建设、支持海南全面深化改革开放的意见》、《重大行政决策程序暂行条例(草案)》等文件稿。

续表

中央审计委员会	第一次会议（2018 年 5 月 23 日） 会议审议通过了《中央审计委员会工作规则》、《中央审计委员会办公室工作细则》、《2017 年度中央预算执行和其他财政支出情况审计报告》、《2018 年省部级党政主要领导干部和中央企业领导人员经济责任审计及自然资源资产离任（任中）审计计划》等文件。
中央教育工作领导小组	参加"全国教育大会"（2018 年 9 月 10 日）
中央"不忘初心、牢记使命"主题教育领导小组	参加"'不忘初心、牢记使命'主题教育工作会议"（2019 年 5 月 31 日）

资料来源：作者根据公开新闻报道中有关于各个领导小组会议的相关内容整理而成。统计时间截止到 2019 年 12 月 31 日。

三、对新一轮"领导小组"改革的简要分析

十九大之后，中共中央发布《关于深化党和国家机构改革的决定》，提出以"加强党的全面领导"为基本原则，对党政机构进行大幅度重组。该决定指出，加强党的全面领导，首先要加强党对涉及党和国家事业全局的重大工作的集中统一领导。那么哪些领域可归入重大工作？领导的具体方式是什么？该决定为此作了详细划定，即"党中央决策议事协调机构在中央政治局及其常委会领导下开展工作。优化党中央决策议事协调机构，负责重大工作的顶层设计、总体布局、统筹协调、整体推进。加强和优化党对深化改革、依法治国、经济、农业农村、纪检监察、组织、宣传思想文化、国家安全、政法、统战、民族宗教、教育、科技、网信、外交、审计等工作的领导"。这意味着，中共中央将这 16 个领域归入了"涉及党和国家事业全局的重大工作"的范畴，而中共中央对这些"重大工作"的统领，具体是通过党中央决策议事协调机构，即通常所说的各种"中央领导小组"来实现的。不久之后，中共中央公布了更为详细

的《深化党和国家机构改革方案》，从中我们可以看到新时代中央领导小组体系的重大变化，在中共中央政治局之下，一个全面掌控各业务领域的"中央领导小组体系"已基本成型（见表3.8）。

表3.8　新时代的中央领导小组体系

跨系统领导小组	系统	领导小组集群
中央全面深化改革委员会	经济	中央财经委员会、中央农村工作领导小组
	文宣	中央网络安全和信息化委员会、中央精神文明建设指导委员会、中央宣传思想工作领导小组、中央教育工作领导小组
	组织	中央机构编制委员会、中央人才工作协调小组（中央西部地区人才开发协调小组）
	党务	中央党的建设工作领导小组、中央巡视工作领导小组、中央审计委员会、中央"不忘初心、牢记使命"主题教育领导小组
	生态	中央生态环境保护督察领导小组
中央国家安全委员会	安全	中央军民融合发展委员会、中央军委深化国防和军队改革领导小组、中央密码工作领导小组
	外事	中央外事工作委员会、中央对台工作领导小组、中央港澳工作协调小组
	政法	中央全面依法治国委员会、中央司法体制改革领导小组
	统战	中央统战工作领导小组、中央西藏工作协调小组、中央新疆工作协调小组

资料来源：作者根据公开新闻报道中有关于各个领导小组会议的相关内容整理而成。统计时间截止到2019年12月31日。

这16个领域中的大多数之前就已由"中央领导小组"负责掌控。其中，经济、农业农村、纪检监察、组织、宣传思想文化等领域，之前分别由中央财经领导小组、中央农村工作领导小组、中央巡视工作领导小组、中央党的建设工作领导小组、中央宣传思想工作领导小组等对其统领。这次改革后,中央财经领导小组改为中央财经委员会。

国家安全、政法、外交等领域则复杂一些。国家安全、外交领域存在着中央国家安全领导小组（中央外事工作领导小组）、中央对台工作领导小组、中央港澳工作协调小组、中央西藏工作协调小组、中央新疆工作协调小组等,政法领域存在着中央社会治安综合治理委员会、中央维护稳定工作领导小组、中央防范和处理邪教问题领导小组等。针对这一情况,中共中央于 2013 年 11 月 12 日设置了中央国家安全委员会,意图在这些中央领导小组之上,更好地统筹国内国外整个安全局面。这次改革后,中央外事工作领导小组改为中央外事工作委员会。中央社会治安综合治理委员会及其办公室被撤销,其有关职责交由中央政法委员会承担。中央维护稳定工作领导小组及其办公室被撤销,其有关职责交由中央政法委员会承担。中央防范和处理邪教问题领导小组及其办公室的职责划归中央政法委员会、公安部。

深化改革、依法治国、统战、网信等是近几年中共中央极为重视的领域,因而设置了新的"中央领导小组"对其进行统领,包括成立于 2013 年 12 月 30 日的中央全面深化改革领导小组、2017 年 10 月十九大报告提出的中央全面依法治国领导小组、成立于 2015 年 7 月 30 日的中央统战工作领导小组、成立于 2014 年 2 月 27 日的中央网络安全和信息化领导小组。这次改革后,中央全面依法治国领导小组以中央全面依法治国委员会的名义组建,中央全面深化改革领导小组、中央网络安全和信息化领导小组则分别改为中央全面深化改革委员会、中央网络安全和信息化委员会。

而《关于深化党和国家机构改革方案的决定》中提及的民族宗教、教育、科技、审计等 4 个领域,按照党内以往的事务重要性排序惯例,一直处于比较低的位次。它们这次被单独提出来,与其它传统重要领域并列,显示出高层已将其"升格",视为"涉及党和国家事业全局的重大工作"。与这一规格相对应,新的党中央决策议事协调机构随之成立,包括中央审计委员会、中央教育工作领导小组,以便于对这些领域进行统领。

此次党政机构整合,中共中央明确以"委员会"的形式统领深化改革、依法治国、经济、网信、外交、审计,加上之前的国家安全、政法,进而与其他领域中的"领导小组"区别开来。从"领导小组"到"委员会",显然不仅仅是名称的简单变化,而是高层有意凸显它们在这16个领域中,具有更加重要的地位。

全面深化改革时期的一大特点是突出决策中的"顶层设计"。显然,并不是每一个领域都属于顶层设计的范畴。同时在顶层设计的若干工作中,也存在着主次之分。那么哪些政策领域是需要顶层设计的? 哪些又属于顶层设计工作中的重点? 这次中共中央的党政机构重组,对此作了权威划定。

这16个领域的"中央领导小组"调整完成后,高层还要求中央层面的其他领导小组、地方上的"领导小组"随之进行对应调整,以更好地衔接和配合新的"中央领导小组"的各项工作。随着"党政军民学,东西南北中,党是领导一切的"这一治理准则再次得到强调,一个覆盖更广、掌控更为有力的"领导小组"组织网络,正成为新时代中共中央用于集中统一领导各方面的关键手段。

第四章　国家治理现代化进程中的领导小组

2013年11月12日,中国共产党第十八届中央委员会第三次会议通过了《中共中央关于全面深化改革若干重大问题的决定》,将全面深化改革的总目标明确设定为"完善和发展中国特色社会主义制度,推进国家治理体系和治理能力的现代化"。这意味着,致力于实现国家治理体系和治理能力的现代化,已经成为中国当前乃至未来很长一段时期内经济社会发展进程中的核心任务。中国治理各领域的实践操作及理论工作,都要面对和回应这一重大命题。就"领导小组"而言,首先要及时明晰自身在国家治理体系中的真实定位,其次要更好地契合治理现代化的发展轨迹。

第一节　运行逻辑

"领导小组"的种种特殊性,集中表现在它自成一脉的运行逻辑之中。历经长时间的发展,"领导小组"的运行架构已呈现出较为清晰的普遍性和规律性,基本稳定在如下四个板块:一是领导成员,各级"领导小组"的负责人基本都由同级党政领导班子成员担任;二是组成部门,"领导小组"的成员单位由十几个乃至数十个常设职能部门构成,而其中又有一个担负着主要职责的"牵头部门";三是办事机构,按惯例设在"牵头部门"的内部,便于承担"领导小组"的日常工作;四是由"牵头部门"及办事机构主导而设的督促检查机制、考核评比机制。显然,从组织架构上看,"领导小组"就与正式序列机构存在着较为明显的不同。这些差异体现在"领导小组"的实际运行过程中,并呈现出一种较为独特的双重运行逻辑(见图4.1)。

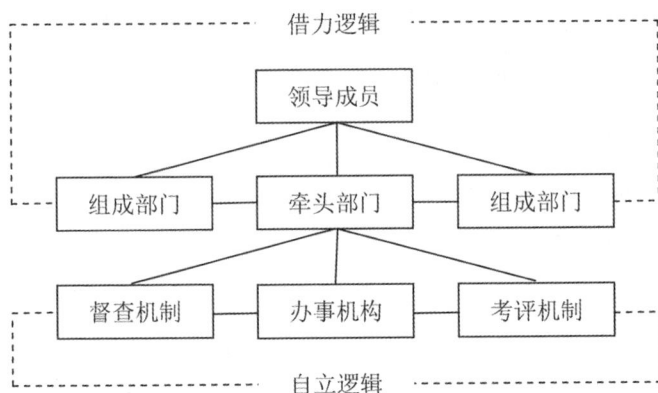

图4.1 "领导小组"的双重运行逻辑简示

一、"领导小组"运行的"借力"逻辑

"领导小组"的运行首先遵循着"借力"逻辑,这是指"领导小组"基本都是"借助于"常设组织体系中的各种要素来保持运转和发挥作用,并不能"另起炉灶",建立并拥有一整套完全独立的组织运行网络。"领导小组"的"硬件"和"软件"来自于对正式序列机构相关因素的"定向选取"和"重新组合",

各种运作仍需依赖已有的党政组织系统。

(一)借力权威影响

在领导成员方面,"领导小组"较少设置专职的领导,机构负责人通常都是根据同级党政领导班子原有的业务分工,采取"兼任"的方式产生。通过这一任职方式,"领导小组"可以充分运用领导成员原有职务的权力来完成相应的工作任务。就多数情况而言,在中央政府层面,通常是由国务院领导来出任"领导小组"的正职,相关部委的负责人担任副职,个别情况下也可以由部委负责人直接担任"领导小组"的正职。在地方上,"领导小组"的领导成员同样也是根据党政领导班子的日常分工来确定。

"领导小组"采用高密度集合型的权力结构,充分"借用"更高级别领导的原有权力,这一独特的领导构成和权力来源方式造就了"领导小组"不同于一般性常设机构的显著权威性。"领导小组"成了一个超部(门)级的权力单元,由部门领导过渡到了政府领导,实现了权力和权威上的明显放大。虽然"领导小组"的政治级别在制度上没有明确的规定,但它们在现实运行中的影响力显然要强于其他常设序列机构。比如,国务院议事协调机构的实际地位就高于各部委,其在与常设部门的联合发文中一般都居于首位,各级地方政府的"领导小组"基本上也是如此。这些都与"领导小组"领导成员的高规格有着直接关联。

(二)借力常设机构

在组成部门方面,"领导小组"的成员单位是从常设组织体系中选择职责相关联的若干部门重新"排列组合"而成,并非自成体系地另建一套组织网络。数量多、涉及面广是"领导小组"在部门构成上的一个显著特点。"领导小组"根据其所担负工作任务的性质和具体内容,本着宽泛的原则,尽量将涉及的相关联部门吸纳为成员单位。这些成员单位需派出一名"代表",通常是部门内分管相关工作的副职,担任"领导小组"的非领导成员。如果涉及的任务与本部门工作职能的关联程度较高,就直接派出部门负责人作为"领导小组"的成员。

"领导小组"的工作需要成员单位的配合与协助才能完成,它们为机构运转提供了人财物等物质基础。这些组成部门在"领导小组"中的具体分工,一般是在各个部门日常工作职能的基础上,结合"领导小组"所承担任务的特点,明确规定有相应的职责分配。由于各个组成部门的职责范围与"领导小组"的任务指向的相近程度存有差异,故彼此间所承担工作量的大小不尽相同,因此"领导小组"通常还会从成员单位中确立一个"牵头部门",作为最主要的职责承载者。"牵头部门"与"领导小组"的联系最为紧密,一般会将自身某个内设机构同时作为"领导小组"的办事机构,承担着"领导小组"的大部分工作。因此,相对于其他成员部门,"牵头部门"的重要性更为突出,这一部门的代表通常担任"领导小组"的副职或第一副职。

二、"领导小组"运行的"自立"逻辑

"领导小组"运行的"自立"逻辑,是指随着实际工作的展开,"领导小组"在继续借助常设组织体系中相关要素"为我所用"的同时,逐步构建起自身相对独立的一套运行机制。组织理论的大量研究已经表明,任何组织一旦成立,便内含了"自我保护"的天然基因。为了尽可能地延长组织存续期,组织自身会想方设法地自证组织任务的重要性、组织存在的合理性,于是职责范围、人员规模的扩展和增加自然也就不可避免。[①] 就"领导小组"而言,为了应对"任务结束/弱化——机构终结/边缘化"的可能结局,在其"牵头部门"特别是办

---

① James. D. Thompson, W. J. McEwen. Organizational Goals and Environment:Goal – setting as an Interaction Process. *American Sociological Review*,1958(23).

事机构的主导下,一系列强化自身地位的功能性机制得以确立并运转起来。

面对涉及多部门的跨领域事务,单个部门往往难以独立应对,经常需要寻求同级其他部门的支持和协助。但是由于官僚制的固有惰性、部门间竞争的现实存在,常规性的协调手段总是难以奏效。而通过另行设置跨越各部门之上、权力权威更高的议事性协调性机构,负责该事务的部门就能够更为广泛、有效地调动各种资源,推动其他部门配合完成工作。因此,在"领导小组"的所有组成要素中,"牵头部门"及办事机构是最大的"利益攸关方"和受益者,具有延续"领导小组"存在、强化其权责的强烈动机。与此同时,"牵头部门"及办事机构作为协调事务的主要承载者,虽然可以"借助"更高层领导人、平行部门的相应资源来推动各种工作,但为确保政策落实到位的许多后续工作,仍需自己来完成。出于这一现实考虑,"牵头部门"及办事机构亦需建立一整套技术性保障机制。

(一)确立督促检查机制

为保障"领导小组"所做出的工作安排、任务计划能够得以按时保质地完成,"牵头部门"及办事机构要对政策落实的整个后续过程进行"保驾护航",担负着观测、督促和检查各成员单位执行相应政策的重要职责。督促检查的内容包括政策精神传达贯彻情况、总体实施方案、年度工作目标与计划、部门职责分工、推动各项工作的具体保障措施、目标完成进度,以及政策实施过程中存在的困难、问题和建议等。

在这一过程中,"牵头部门"及办事机构确立起多种形式的督促检查机制。一是会议推动,通过年度工作会议、专题工作会议、现场推进会议、电视电话会议、业务培训会议、经验交流会议等,将政策督促工作维持在一个较高频率,经常性地提醒各成员单位完成相应工作的紧迫性;二是开展活动,通过运动式的全方位动员,包括固定周期和主题的活动以及一些临时性活动,强化部分重要政策的执行力度;三是专项督查行动,通过听取汇报、召开座谈会、查阅文件和相关资料、组织自查、现场抽检核查等方式,对各成员单位进一步"加压",彰显议事协调机构所下达工作任务的重要性和严肃性。

(二)确立考核评比机制

为测度各成员单位落实"领导小组"所分配任务的到位程度和效果,"牵头部门"及办事机构会采取定性、定量等手段,在推出一系列技术标准、指标体系的基础上,对相关部门及负责人展开考核评估,并以考核评估的结果为依据做出进一步的行动,包括将考评结果作为综合评价领导班子和有关领导干部的重要依据,以及财政转移支付、荣誉称号等方面的奖惩措施。

考核评估的内容包常态化的周期性考评,以及针对一些特定项目的不定期考评。同时,在初次考评合格后,还会有随机抽查式的复评,以保证考评作用机制的长效性。考核评估的具体方式有两种:一是"牵头部门"及办事机构直接对成员单位展开考评工作,就其完成预定工作内容的实际情况进行考核、验查、评判;二是"牵头部门"及办事机构委托给第三方,通过组建评审专家库,从中随机抽取一定数量的专家组成考核组,运用暗访、技术评估、综合评审等手段展开考核评估工作。

通过考核评估,"牵头部门"及办事机构能够对相关部门及负责人形成真正意义上的监督、制约。带有"指挥棒"性质的考评指标体系,一定程度上强制地引导、规范着相应职能部门有效完成"领导小组"所设定的任务目标。尤其是考评结果与奖惩措施的实质性挂钩,如是否达标、"挂牌"还是"摘牌"等,使得政策执行工作具备了相当程度的动力和压力。这些都进一步强化了"领导小组"存在的权威性和正当性。

三、案例分析:全国爱国卫生运动委员会的运行过程

在归纳并提炼出"领导小组"运行的双重逻辑后,本书还将继续以全国爱

国卫生运动委员会为对象,通过展现这一历史最为悠久、影响极为广泛的国务院议事协调机构①的运行过程,从而进一步验证该分析框架的解释力。

全国爱国卫生运动委员会负责领导、协调全国的爱国卫生工作,是存续时间最长的议事协调机构。全国爱卫会的前身可追溯至成立于 1952 年的中央防疫委员会,后在 1954 年改称为中央爱国卫生运动委员会,曾因历史原因一度被撤销,1978 年重新成立恢复运行,并于 1988 年被命名为全国爱国卫生运动委员会。国家卫生和计划生育委员会的内设机构——疾病预防控制局,承担着全国爱国卫生运动委员会的日常工作,并以全国爱卫会办公室的名义开展活动。

全国爱卫会主导爱国卫生工作,纵向上组织结构完备,横向上涉及领域宽泛,在中国治理实践中具有重要且持久的影响(见表 4.1)。一是形成了立体式组织活动网络,各级地方政府都建立有爱国卫生运动委员会及办公室,同时群团组织、企事业单位、街道、社区、村委会等都有专兼职负责人和工作人员承担爱国卫生工作;二是组织运行活跃度高,每年从中央到地方、从各地区到各部门,有关于爱国卫生工作的各种实践活动开展得极为丰富,社会关注度较高,且这些活动的具体情况都是公开的。显然,选择将全国爱卫会的运行实践作为案例,能够为分析框架的验证工作提供足够且可信的资料素材。

表4.1　全国爱国卫生运动委员会运行框架简示

领导成员	内容构成	主任由国务院领导同志担任,副主任及委员由国务院有关部委、中央有关部门、军队、社会团体等单位负责同志担任
	作用形式	全体委员会议、专题会议、联络员会议

① 肖爱树:"1949—1959 年爱国卫生运动述论",《当代中国史研究》,2003 年第 1 期;肖爱树:"20 世纪60—90 年代爱国卫生运动初探",《当代中国史研究》,2005 年第 3 期。

续表

成员单位	内容构成	卫生计生委、发展改革委、住房城乡建设部、农业部、环境保护部、中宣部、中央办公厅、教育部、公安部、民政部、财政部、人力资源社会保障部、交通运输部、铁路局、民航局、旅游局、工商总局、水利部、商务部、新闻出版广电总局、新华社、人民日报社、体育总局、食品药品监管总局、国管局、中医药局、解放军总后勤部、武警总部、全国总工会、共青团中央、全国妇联、北京市政府等32个单位
	作用形式	分工负责制:固定任务、年度任务、项目式任务等
办事机构	内容构成	全国爱卫会办公室(国家卫生和计划生育委员会疾病预防控制局)
	作用形式	督促检查活动:"全国城乡环境卫生整洁行动督导检查"等 考核评估活动:"国家卫生城市"、"国家卫生区"、"国家卫生乡镇(县城)"等

(一)全国爱卫会运行过程中的"借力"

1.全国爱卫会对领导成员的"借力"

全国爱卫会设置主任一名、副主任若干名,由分管教科文卫的国务院副总理担任主任,由国家卫生和计划生育委员会主任担任排名第一的副主任。全国爱卫会对其领导成员的"借力",主要体现在工作指导、议程设置的过程中。

首先,经由高层领导来确立全国爱国卫生工作的指导方针,形成"高位推动"的态势。在每年度的全国爱卫会全体会议上,作为主任的副总理要发表讲话为全年爱国卫生工作进行总定调,总结前一阶段爱国卫生工作、分析当前爱国卫生工作形势、研究部署下一阶段爱国卫生重点工作。该讲话将是全体成员单位在新一年爱国卫生工作中的总指导方针,同时全国爱卫会主任还要听取各成员单位的工作汇报和意见建议。待总的工作方针确定之后,在全国爱卫会的各种专题会议上,作为全国爱卫会副主任的国家卫生和计划生育委员会主任,还会向成员单位代表、地方爱卫会负责人、其他有关方面的代表反复强调全国爱卫会全体会议的重要精神、主任讲话精神,进而部署特定主题的爱国卫生工作。

其次，保障爱国卫生工作在议程设置中的优先性，拉开其与一般性议事协调事务的"势差"。爱国卫生工作多次被写入全国党代会报告、国务院政府工作报告中，一直受到高层领导的关注和重视，最近的一个例子则是国务院于 2014 年 12 月 23 日专题印发的指导开展爱国卫生工作的重要文件《关于进一步加强新时期爱国卫生工作的意见》（国发〔2014〕66 号）。在全国爱卫会的促进下，多年来中央政府一直明确要求各级地方政府加强爱国卫生工作。受此驱动，各级地方政府普遍将爱国卫生工作视为一项重要民生工程，纳入当地经济社会发展规划，把爱国卫生运动中的相关重要问题列入政府议事日程，有的地方政府还出台了本地方的爱国卫生法规和规范性文件。

2. 全国爱卫会对成员单位的"借力"

全国爱卫会的成员单位包括国务院有关部委、中央有关部门、军队、社会团体等，这些部门的负责人亦担任全国爱卫会委员。相较于其他国务院议事协调机构，全国爱卫会的成员单位数量一直较多。2013 年成立的最新一届全国爱卫会，成员单位规模达到了 32 个，它们为全国爱卫会的各项工作提供了充分的支持。按照全国爱卫会的要求，各成员单位需指定一名联络员，负责所在部门与全国爱卫会、成员单位彼此间的协调联络工作。根据工作需要，全国爱卫会可以不定期地召集这些联络员，由全国爱卫会办公室主任主持召开联络员会议。

各成员单位为爱国卫生工作的开展创造了各种必要的条件，保证和提供了全国爱卫会所需的绝大部分人财物。全国爱卫会对其成员单位的"借力"，主要通过"分工负责制"的方式展开。各成员单位需根据部门职责与爱国卫生工作的关联性，分别做好对应的爱国卫生工作。具体而言，主要可分为三个层次：一是固定任务分配，每当新一届全国爱卫会成立时，都会制订《全国爱国卫生运动委员会成员单位职责分工》，规定各成员单位在该任期内的总体工作内容;二是年度任务分配,全国爱卫会每年会根据实际情况的变化,发布《全国爱国卫生工作要点》,规定各成员单位在一年内的工作安排,且细化到明确每一项任务的具体负责部门;三是项目式任务分配,当全国爱卫会推动一些专题性、非固定的工作任务时,会"借力"与之相关的部分成员单位,仅对部分成员单位安排工作任务,如2015年6月3日印发的《全国城乡环境卫生整洁行动任务分工方案》(全爱卫办发〔2015〕2号),就只涉及约三分之二的部门。

(二)全国爱卫会运行过程中的"自立"

1. 全国爱卫会的督促检查机制

全国爱卫会办公室,也即"牵头部门"国家卫生和计划生育委员会的内设机构疾病预防控制局,除了承担全国爱卫会的各项日常工作,还需投入大量精力去协调和推动各成员单位执行本系统内爱国卫生工作计划,以及指导和督促检查各重点行业、各级地方政府开展爱国卫生工作的具体进展。为实现这一目标,全国爱卫会办公室建立起一系列覆盖广泛、层次丰富的督促检查机制,既有针对整体工作的全面督查、大督查活动,亦有针对个别任务的专项督查、小督查活动;既有面向各成员单位的横向督查活动,亦有面向各级地方的纵向督查活动。

全国爱卫会办公室最近一次较大规模的督促检查活动,是为配合保障"全国城乡环境卫生整洁行动"的进行而实施的。2015年9月10日,全国爱卫会办公室印发《全国城乡环境卫生整洁行动督导检查工作方案(2015—2020年)》(全爱卫办发〔2015〕3号),宣布启动一项为期5年的督查活动。此次督查的目标是为贯彻落实国务院《关于进一步加强新时期爱国卫生工作的意见》和确保《全国城乡环境卫生整洁行动方案》的有效实施,督促各地方及时、有效地完成城乡环境卫生整洁工作任务。督查对象覆盖了省级爱卫会有关成员单位,地市、县级人民政府和有关部门。督查程序包括两个阶段:第一阶段是各省级爱卫会展开自查,由省级爱卫会办公室对相关工作进行总结,并于每年 3 月底前将目标任务完成情况报表、自查工作总结报送至全国爱卫会办公室,内容包括自查总体情况、自查结果、取得的经验、存在的问题和工作建议等;第二阶段是全国爱卫会办公室会同全国爱卫会各成员单位,每年组织对各省级爱卫会的自查情况进行审核,同时派出若干个全国爱卫会办公室督导组,抽取部分省份开展现场督查。

2. 全国爱卫会的考核评估机制

在确立督促检查机制的同时,全国爱卫会办公室还建立起一系列方式多样、标准精细且严格的考核评估机制。通过推动各种形式的卫生检查评比活动,尤其是基于考评结果进行实质性的奖惩,对各相关主体落实爱国卫生任务形成更加刚性的约束。

在各种考核评估机制中,最具影响力的是"创卫"考评,即全国爱卫会办公室所大力推动的"国家卫生城市""国家卫生区""国家卫生乡镇(县城)"等的考核与评选活动。这同时也是对各级地方政府构成最大压力的一种考评机制。[1] 为了将各种爱国卫生活动纳入更加可控的运行轨道,全国爱卫会办公室在评审过程中制订了一套规则和指标,如《国家卫生城市评审与管理办法》《国家卫生城市标准》《国家卫生区标准》《国家卫生乡镇(县城)标准》等。这些标准化体系中既有比较容易客观衡量的"硬指标",也存在由考评方进行主观判定的"软指标",并且周期性地实时更新内容,充分反映了全国爱卫会办公室对于各方面具体落实爱国卫生任务的意图和要求。[2] 同时,全国爱卫会办公室还逐步将"创卫"活动纳入常态化管理,对合格者实行跟踪式考评,

① 徐岩、范娜娜、陈那波:"合法性承载:对运动式治理及其转变的新解释——以 A 市 18 年创卫历程为例",《公共行政评论》,2015 年第 2 期。

② 李振:"作为锦标赛动员官员的评比表彰模式——以"创建卫生城市"运动为例",《上海交通大学学报(哲学社会科学版)》,2014 年第 5 期。

确保它们对爱国卫生领域的持续性投入,长期将爱国卫生工作维持在一个较高的水平。

全国爱卫会办公室通过督促检查机制、考核评估机制的"双管齐下",使整个爱国卫生工作系统实现了显著的自我强化与完善。爱国卫生工作经费被纳入各级财政预算,有了稳定的支撑。爱国卫生工作的横纵向运转网络得到了较为全面的扩展和充实,各级、各类的爱卫会组织得以建立健全,所需人员编制配备充足。爱卫会办公室普遍采取独立或相对独立的设置方式,确保了工作的自主性。这些都有助于保障全国爱卫会运行的长期性和稳定性。

围绕"领导小组"是如何运行的这一基础议题,本书就其现实运行过程进行精炼化的理论抽象,进而提出"借力"与"自立"的双重运行逻辑,对该问题进行了探索性回应。同时,需要指出的是,在复杂的治理现实中,不同领域、各个层级的党政部门对于"领导小组"的设置及运行有着各自特定的初衷和需求,这使得"领导小组"的运转轨迹呈现出较强的隐匿性和跳跃性。显然,本书所提炼的理论观点和选取的分析案例,可能难以全面反映现实中"领导小组"运行实践的所有情况。如何在这一限制下尽可能强化该理论框架的解释力,使其适用于各种类型的"领导小组",是未来研究的重点攻克方向。

厘清"领导小组"的运行逻辑,既不在于全盘接受,更不在于全面否定,而是在于如何更好地接纳、运用和优化它。可以预见,"领导小组"存在于中国治理实践中的普遍性、多功能性态势,在较长时期内会一直延续下去。那么伴随着国家治理体系和治理能力现代化这一全面深化改革总目标的提出,"领导小组"的长远发展路径自然也就要在这一既定框架下考虑。基于这个前提,要为"领导小组"的未来建设确立一个更加精准的发展定位,从传统的机构规模控制进阶到运行的全面现代化。"领导小组"对"借力"与"自立"运行逻辑的遵循,不可偏离治理现代化的发展轨道。在"借力"的过程中,不能干扰常设组织体系的正常运转;在"自立"的过程中,要做到规范有序和问责到位。这其中的难点在于，现代治理强调建章立制的制度性约束，与惯于突破常规治理结构的"领导小组"之间存在一定程度的内在冲突。如何提出更具操作性的优化策略组合，确保"领导小组"在继续施展其灵活、高效等优势的同时，能够更好地契合治理现代化的发展要求，将是一项更为长期且艰巨的研究挑战。

第二节　模式分化

"借力"与"自立"是各种领导小组所遵循着的一个共同运行逻辑。然而，在复杂的治理现实中，这一逻辑并不会完整地呈现于所有"领导小组"的运行过程实践，而是在不同的"领导小组"身上有着对应的差异化状态。受资源约束、主观意愿、操作能力等因素的影响，每个"领导小组"对于领导成员、组成部门的借力程度，以及"领导小组"办事机构的自立程度各有高低、不尽一致，进而形成不同的"领导小组"运行模式（见图4.2）。

		借力程度	
		高	低
自立程度	高	常态	实体
	低	间歇	虚置

图4.2　双重逻辑下"领导小组"的四种运行模式

如图4.2所示，在借力程度高、自立程度高的情况下，"领导小组"呈现常态化运行，即活动频率很高；在借力程度高、自立程度低的情况下，"领导小组"呈现间歇性运行,即时断时续地活动;在借力程度低、自立程度高的情况下,"领导小组"呈现实体化运行,即与正式序列机构别无二致;在借力程度低、自立程度低的情况下,"领导小组"呈现虚置状态,即未有过实质性的活动。

本书将隐于"领导小组"运行实践背后的机理归纳为"同一逻辑、不同呈现",进而为理解现实中"领导小组"的运行现象提供了一个更加完备、准确的解释性框架。虽然"领导小组"的活动形态纷繁复杂,但不能就此"一对一"式地为每一类"领导小组"都推导出独属的运行逻辑。更为接近真实情形的因果链条是,所有"领导小组"的运行遵循的自然是同一个逻辑,只是这一逻辑在各个"领导小组"身上有着不同呈现。下面我们就对"借力"与"自立"逻辑下"领导小组"的四种运行模式依次进行具体阐释。

一、借力程度高、自立程度高:常态化运行

在借力程度和自立程度都高的情况下,"领导小组"既通过其领导成员、组成部门调用了大量资源,同时自身还拥有一整套独立、完善的组织体系,从而保持着常态化运行。负责公共服务类、民生建设类的"领导小组"大多呈现出这一运行模式,如普遍存在于各级政府中的爱国卫生运动委员会、绿化委员会、妇女儿童工作委员会、残疾人工作委员会、扶贫开发领导小组、老龄工作委员会等。这是由于该事务领域内的职能部门不具有"强势"地位,因而在涉及跨部门的工作时需要更高层级领导人和其他部门的支持、协助,同时这类公共事务具有日常性、琐碎性,又需要领导小组办事机构通过专门的工作机制进行实时跟进。

扶贫开发领导小组,是常态化运行模式的一个典型代表。扶贫开发领导小组的职责包括拟定扶贫开发的法律法规、方针政策和规划,审定扶贫资金

分配计划,组织扶贫调查研究和工作考核,协调解决扶贫开发工作中的重要问题。就"借力"而言,各级政府中的扶贫开发领导小组通过其组长、副组长、组成部门,从各种渠道保持着对扶贫开发工作的持续、可观投入。在中央政府层面,国务院扶贫开发领导小组组长由副总理担任,副组长由国务院副秘书长、扶贫办主任、总政治部副主任、中央农办副主任、国家发改委副主任、民政部副部长、财政部副部长、农业部副部长、中国人民银行副行长9人担任,同时还囊括了国务院办公厅、总政治部、国家发改委、民政部、财政部、农业部、中国人民银行、中央组织部、中央宣传部、中央统战部、中央直属机关工委、中央国家机关工委、外交部、教育部、科技部、工业和信息化部、国家民委、人力资源和社会保障部、国土资源部、环境保护部、住房城乡建设部、交通运输部、水利部、商务部、文化部、卫生计生委、国资委、新闻出版广电总局、统计局、林业局、旅游局、国研室、银监会、证监会、保监会、能源局、中国铁路总公司、中国农业银行、供销合作总社、全国总工会、共青团中央、全国妇联、中国残联、全国工商联44个组成部门,是成员单位最多的领导小组。地方上的各级扶贫开发领导小组实行党政领导扶贫工作责任制,通过地方党委书记和行政首长,确保扶贫开发工作在地方发展规划、公共事务议程中的优先性,领导小组的各组成部门则分头负责下达扶贫开发资金的使用和管理、当地扶贫开发项目的具体实施。就"自立"而言,扶贫开发领导小组拥有一个独立、完整的全国性组织网络。国务院、省、市、县的扶贫开发领导小组办公室都系单独设置,乡镇则设有扶贫专干。各级扶贫办的主任、副主任实行专职专任,内设机构健全、人员编制充足,同时各个扶贫办之下还存在着若干事业单位、行业协会与社会组织,以协助扶贫办完成相关工作。正是通过"借力"和"自立"的双管齐下,扶贫开发领导小组的各项工作得以有条不紊地进行,整个组织保持着彼此协调、频度适中的常态化运转节奏。

二、借力程度高、自立程度低：间歇性运行

在借力程度高、自立程度低的情况下，"领导小组"主要通过其领导成员、组成部门来完成相应的工作任务，并未形成自身较为独立的组织系统。由于这类领导小组的运行，基本依赖于其领导成员的"注意力分配"，[①]以及其组成部门的资源匹配，因而呈现出的是间歇性运行状态。这同时也是"领导小组"最为普遍的一种运行模式。间歇性运行的"领导小组"具体可分为两种情况：一种情况是战略类、改革类的"领导小组"，如高层次的"中央领导小组"和部分"国务院议事协调机构"，它们需承担全局性、突破性的关键任务，要超脱局部范围、具体部门的利益，不允许存在有自己的"一亩三分地"；另一种情况是专项治理类、单一事务类的"领导小组"，如为应对数据普查、整治整顿、重要活动、事故处理等事项而成立的各种"领导小组"，它们需承担已有的正式序列机构难以处理的临时性工作任务，要迅速在短时间内动员、聚集大量的人财物等资源，任务周期有限，不必设置单独的组织体系。

第一种情况的一个典型代表是政府购买服务改革工作领导小组。各级政府中的政府购买服务改革工作领导小组，负责统筹协调政府购买服务改革事务、组织拟订政府购买服务改革中的重要政策措施，包括制定改革方案、明确改革目标任务、推进改革工作、研究解决跨部门跨领域的改革重点难点问题、督促检查重要改革事项落实情况等。就"借力"而言，在中央政府层面，政府购买服务改革工作领导小组的组长由国务院副总理担任，副组长由财政部部长、国务院副秘书长担任，组成部门包括中央编办、国家发改委、民政部、财政部、人力资源和社会保障部、中国人民银行、税务总局、工商总局、国务院法

---

① 练宏："注意力分配——基于跨学科视角的理论述评"，《社会学研究》，2015年第4期。

制办等。地方上的政府购买服务改革工作领导小组,亦照此人员结构层层对口搭建。就"自立"而言,各个层级的政府购买服务改革工作领导小组办公室,设在相应的财政部门内部,由财政部门相关负责人担任办公室主任,依托其内设机构来完成"领导小组"的日常事务,并未另行建立专门性的组织资源。该"领导小组"间断性地运行,仅在特定时间段才会"动"起来,以会议形式开展活动,在其他时间则处于"沉寂"状态。

第二种情况的一个典型代表是经济普查领导小组。各级政府中的经济普查领导小组,负责经济普查工作的组织和实施,协调解决经济普查活动中的各种问题。就"借力"而言,在中央政府层面,经济普查领导小组的组长由国务院副总理担任,副组长由国务院副秘书长、国家统计局局长、国家发改委副主任、中央宣传部副部长担任,组成部门包括中央编办、民政部、财政部、税务总局、工商总局、国家标准委、国家统计局等,地方上的经济普查领导小组亦照此人员结构层层对口搭建。就"自立"而言,各个层级的经济普查领导小组办公室设在相应的统计部门内部,由统计部门相关负责人担任办公室主任承担领导小组交办的各种日常工作,包括研究提出启动经济普查工作的建议方案、督促相关主体落实经济普查的具体事项、加强与有关方面在经济普查工作中的沟通协调。经济普查领导小组的运行,显然只限于普查工作期间,与普查工作的启动和结束保持着同步,除此之外并无常规性的工作任务,间歇性的特征极为明显。

三、借力程度低、自立程度高：实体化运行

在借力程度低、自立程度高的情况下,"领导小组"自身具备完整的组织体系,拥有足够的人财物储备来独立完成相应的工作任务,较少借助领导成员、组成部门的力量。公共安全类、工程建设类的"领导小组"大多呈现出这一运行模式,如各级政府中的防汛抗旱指挥部、抗震救灾指挥部、森林防火指挥部,以及广为人知的国务院三峡工程建设委员会、国务院南水北调工程建设委员会等。这是由于此类公共事务的专业性普遍较强,同时这一领域如发生状况,其所引起的连锁反应难以预判,因而需要保证组织体系的功能齐全、人员稳定,在处置应对时能够做到统一指挥、反应迅捷。实体化运行的"领导小组",其办事机构与正式序列机构基本完全一致,具备机构"三定"规定里面所包含的各种内容,即"部门职责、内设机构、人员编制"等要素齐全而清晰,自立程度相较于常态化运行的"领导小组"更高,足以单独应对日常现实工作所需。只有在出现重大、特大的公共危机事件时,才会通过其领导成员、组成部门动员和吸纳更多的资源。

森林防火指挥部,是实体化运行模式的一个典型代表。各级森林防火指挥部的职责包括指导本地区森林防火工作和重特大森林火灾扑救工作,协调有关部门解决森林防火中的问题,检查相关主体贯彻执行森林防火的方针政策、法律法规和重大措施的情况,监督有关森林火灾案件的查处和责任。就"借力"而言,相较于习惯以党政主要领导为正副组长且组成部门数量普遍超过20个的大多数领导小组,森林防火指挥部的领导成员级别、组成部门数量显得"缩水"不少。各级政府的森林防火指挥部总指挥,仅由对应的林业部门负责人担任,组成部门的数量、工作联系都不多。就"自立"而言,作为办事机构的森林防火指挥部办公室设置在各级林业部门的内部。从中央政府层面的国家森林防火指挥部,到各级地方的森林防火指挥部,构建起一整套力量充实、功能多样的森林防火工作体系,拥有类型丰富的资源可供使用。在国家森林防火指挥部办公室之下,存在着南(北)方航空护林总站、南(北)方森林防火协调中心、森林防火物资储备中心、森林防火预警监测信息中心、卫星监测林火分中心等若干个专业性机构。省、市、县的森林防火指挥部及其办公室之下,设置了护林站、森林消防队、防火检查站等精干组织。这些实体性组织力量的搭建,旨在全方位防范和预警,致力于把森林火灾的发生概率降到最低。而当森林出现火情时,这些实体性组织力量可以在第一时间对其进行处置,尽可能控制破坏范围和损失程度。

四、借力程度低、自立程度低:虚置状态

在借力程度和自立程度都低的情况下,"领导小组"既没有通过其领导成员、组成部门调用过相应的人财物资源,也不具备能够为己所用的组织要素。这一类"领导小组"通常以各种"名义"大批量地出现,但只存在于"某某通知""某某文件"等"纸面"上,事实上基本没有正式运转过,处于一种特殊的虚置化状态,成立不久便被大批量地撤销。各级地方政府为处理迎接检查、创建活动等事务而设立的专门性"领导小组",大多呈现出这一存在状况。为凸显对某项新事务或临时事务的重视,以加强组织领导,从而设立专门性的机构,是中国各级地方政府运行的一个重要特征和传统,其直接表现就是成立各种名目的"领导小组",由主要党政领导担任组长、副组长。经过不断的再生产和制度记忆,"出现新的事务——成立新的小组"已然固化为各级地方政府所普遍依赖的行动路径。受此影响,现实中出现了个别地方政府设有数十个乃至上百个"领导小组"以至远远超过常规职能部门数量的"独特景观"。

城乡环境卫生整洁行动领导小组,是处于虚置状态的一个典型代表。城乡环境卫生整洁行动是全国爱国卫生运动委员会推动和布置的一个全国性专项治理活动。2015 年 3 月 3 日,全国爱国卫生运动委员会发出《关于印发〈全国城乡环境卫生整洁行动方案(2015—2020 年)〉的通知》,准备在 5 年时间内集中开展城乡环境卫生综合整治活动,以明显改善城乡环境卫生面貌。虽然处于常态化运行的全国爱国卫生运动委员会,已经在该通知中明确要求地方各级爱国卫生运动委员会及其办公室承担起这项工作,但各级地方政府

仍纷纷另外成立单独的城乡环境卫生整洁行动领导小组,以显示自己对这项工作是高度重视的。如果仅从"领导小组"成立的文件来看,各地方的城乡环境卫生整洁行动领导小组与其他领导小组完全一致:就"借力"而言,设有组长、副组长,并囊括了若干职能部门作为成员单位;就"自立"而言,各地方的城乡环境卫生整洁行动领导小组亦设置了相应的办事机构,放在本地区卫生部门内部。然而,如前所述,由于各地方实际上已经有常态化的爱国卫生运动委员会及其办公室来承担相应工作,专门为此而设的城乡环境卫生整洁行动领导小组没有进行"借力"和"自立"的需要,因此几乎未有过任何实质性活动,被空置于"成立文件"中。

第三节　组成部门

当一个职能部门成为了某一个领导小组的若干组成部门之一,其所具备的新"身份"就意味着新的工作任务,该部门需承担并完成领导小组所布置的相关工作。这些"小组任务"并非职能部门的"本职工作",同时亦极不稳定,它们随着领导小组运行频率的变化而游离不定,工作量时多时少,与职能部门所擅长领域的契合度时高时低。这些"额外"的小组职责任务包括:参加领导小组的各种会议和活动,完成领导小组设置的各类任务指标,根据领导小组的安排、在某些特定事项方面与其他职能部门进行商议、协调、合作,按照领导小组的要求来提供相应的资源,等等。若是以"牵头部门"的角色存在于领导小组的若干组成部门中,那么该职能部门的工作量肯定也会远多于作为一般性成员的其他职能部门,尤其是增添了领导小组办公室的设立及运行之后,还要承担领导小组的各项日常性组织工作、联络工作,包括文件起草、督促检查、会务安排、资讯采集与传输,等等。

表4.3　国务院26个部委内所设置领导小组办公室简况

部委名称	部委内所设置的领导小组办公室
外交部	*
国防部	*
国家发展和改革委员会	推进"一带一路"建设工作领导小组办公室、京津冀协同发展领导小组办公室、推动长江经济带发展领导小组办公室、粤港澳大湾区建设领导小组办公室
教育部	中央教育工作领导小组秘书组、国务院学位委员会办公室、国务院教育督导委员会办公室、国家教材委员会办公室、全国教育科学规划领导小组办公室
科学技术部	国家科技领导小组办公室
工业和信息化部	国家金卡工程协调领导小组办公室、国务院促进中小企业发展工作领导小组办公室
国家民族事务委员会	*
公安部	中央防范和处理邪教问题领导小组办公室、国家禁毒委员会办公室、国家反恐怖工作领导小组办公室
国家安全部	*
民政部	*
司法部	中央全面依法治国委员会办公室
财政部	国务院关税税则委员会办公室
人力资源和社会保障部	国务院农民工工作领导小组办公室、国务院就业工作领导小组办公室、国务院根治拖欠农民工工资工作领导小组办公室
自然资源部	全国绿化委员会办公室
生态环境部	京津冀及周边地区大气污染防治领导小组办公室
住房和城乡建设部	*
交通运输部	*
水利部	*
农业农村部	中央农村工作领导小组办公室
商务部	*

续表

文化和旅游部	*
国家卫生健康委员会	全国爱国卫生运动委员会办公室、国务院防治艾滋病工作委员会办公室、全国老龄工作委员会办公室、国务院深化医药卫生体制改革领导小组秘书处
退役军人事务部	全国拥军优属拥政爱民工作领导小组办公室
应急管理部	国家减灾委员会办公室、国家森林草原防灭火指挥部办公室、国家防汛抗旱总指挥部办公室、国务院抗震救灾指挥部办公室、国务院安全生产委员会办公室
中国人民银行	国务院金融稳定发展委员会办公室
审计署	中央审计委员会办公室

资料来源:作者根据公开信息整理而成,＊表示未搜索到相关信息。统计时间截止到2019 年 12 月 31 日。

这里进一步以公开性信息较为充足的国务院 26 个部委为例,来展现职能部门各自参与了哪些领导小组、部门内设有哪些领导小组的办公室。鉴于治理实践中领导小组本身的规模长期以来都较为庞大,每一个职能部门所参与领导小组的数量都在两位数以上,早已成为一种常态化现象。故限于篇幅,这里就不再一一列出国务院每一个部委所参与的领导小组数目及名称,而是把展示重点放在职能部门所"牵头"的那一部分领导小组。表 4.3 中汇总了国务院 26 个部委担任领导小组"牵头部门"、即领导小组办事机构设在该部委内部的简要情况。可以看到,国务院全部 26 个部委中,有 16 个职能部门、即接近总数三分之二的部门的内部都设有相关领导小组的办公室,承担着对应领导小组的日常工作,其中内部设有 2 个及以上领导小组办公室的职能部门超过了半数,最多的达到了 5 个办公室。显而易见,职能部门内所设立领导小组办公室的情况越普遍、数量越多,就意味着该职能部门所承担领导小组的工作量就越大。

一、领导小组组成部门的履责方式

当被一个领导小组纳入成为其组成部门的一分子之后,对于采取何种方式来履行领导小组所分配的职责任务,各个职能部门展现出了相异的行为动向。这些路径不一的行为选择,分别体现出职能部门对于各种领导小组工作的主观评估结果,以及协调、处理本职工作与各种领导小组工作之间关系的事实性动作。具体而言,领导小组组成部门的履责方式,存在着单列、合并、应付这三种情形。

(一)单列:专门投入资源

单列,是指组成部门极为重视部分领导小组所布置的各项工作,单独列出、配备专门的人财物等资源,来应对这部分职责任务。从"三定"规则约束下的有限资源库中"独家供应"、拿出专门的"份额",来承担对应的领导小组工作,同时也就会造成本职工作所需的资源调度更加紧张。这一投入力度显然意味着,组成部门十分看重自身在该领导小组运行中的贡献和凸显度。

近年来组成部门以单列式的履责手段,来承担并完成对应领导小组所布置的工作,主要体现在脱贫攻坚、环境保护等领域。比如,国务院扶贫开发领导小组中的多个组成部门,就专门划出人员编制,去担任驻贫困村第一书记和挂职扶贫干部,以及直接投入资金用于治贫。根据公开披露的信息,中共中央宣传部选派 21 名部机关干部到 3 个定点区县挂职扶贫;[1]中共中央组织部选派 7 名部机关干部到两个县挂职扶贫,直接投入资金 1135 万元、投入物资折合 792 万元,购买和帮助销售农产品 823 万元;[2]科学技术部选派 22 名部

---

[1] 中央宣传部机关扶贫办:"积极推动发挥优势助力脱贫攻坚",《党建》,2019 年第 5 期。

[2] 中共中央组织部:"为打赢脱贫攻坚战提供坚强组织保证",《党建》,2019 年第 6 期。

机关干部到 4 个贫困县开展挂职扶贫,直接投入资金 1.5 亿元,实施扶贫项目 147 个;①国家统计局先后选派 32 名局机关干部赴两个贫困县挂职,累计向这两个县分别拨付资金 585 万元、270 万元,用于精准扶贫工作。② 地方各级扶贫开发领导小组的组成部门,大多也以专门的人员、资金,来承接其所在领导小组布置的扶贫任务。

(二)合并:与部门业务结合

合并,是指组成部门将本职工作与部分领导小组所布置的工作相结合,充分发挥自身在本职责领域内的行业优势、业务优势,在履行部门职责的过程中同时完成领导小组分配的任务。由于资源受到可见的刚性约束,故领导小组的各个组成部门,在多数情况下只能按照"合二为一"的履责方式,尽可能同时"兼顾"内外两方面的工作量。通过不断地"合并同类项",各个组成部门努力寻求到本职工作与领导小组工作的"重合点",来参与领导小组的运作。

以合并式的履责手段,来承担并完成对应领导小组所布置的工作,是绝大多数组成部门的路径选择,普遍见于各种主题领导小组的运行过程中。以存续时间最长的领导小组——全国爱国卫生运动委员会为例,其各个组成部门长期以来的履责办法,就是通过推动自身职责范围内的健康、清洁、保健等工作,并使其无限"贴近"于全国爱国卫生运动委员会的要求及标准(参见表4.4)。③ 在有效控制各类成本的前提下,这些组成部门从双方属性"强相关"的职责内容入手、发力,来履行各自领域内的"爱国卫生"职责,一并达成了部门绩效目标与小组考核目标。

---

① 科技部科技扶贫办公室:"科技助力脱贫攻坚",《党建》,2019 年第 7 期。

② 鄢来雄:"担当历史使命 携手共奔小康——国家统计局定点扶贫工作综述",《中国信息报》,2018 年 10 月 18 日。

③ 规划发展与信息化司:《全国爱卫会关于印发 2019 年全国爱国卫生工作要点的通知》,2019 年 5 月 6 日,http://www.nhc.gov.cn/guihuaxxs/s7786/201905/370ab49f65b44e1a892afa8471c7d764.shtml。

表4.4 全国爱国卫生运动委员会部分组成部门的职责内容简况

部门名称	职责内容
教育部	加快修订《学校卫生工作条例》、《中小学健康教育指导纲要》等文件
农业农村部	推进农村人居环境整治,实施村庄清洁行动,发动农村群众对村庄脏乱差问题进行集中整治。围绕农村生活污水治理、生活垃圾治理、农村改厕等,召开现场会
水利部	重点支持贫困地区做好农村饮水安全巩固提升工程,继续推进生态清洁小流域建设
文化和旅游部	落实《全国旅游厕所建设管理新三年行动计划(2018—2020)》,2019年完成建设旅游厕所2.1万座
教育部、住房城乡建设部、交通运输部、铁路总公司	稳步推进城镇公共厕所及学校、铁路站车、高速公路服务区、港口客运站等场所的公共厕所建设管理
中共中央宣传部、国家广电总局、新华社、人民日报社	对爱国卫生工作典型经验及成效进行宣传报道
国家体育总局	组织举办好各项全民健身主题示范活动
共青团中央	广泛开展"健康中国"志愿服务工作和生态文明教育实践活动
全国妇联	实施"巾帼健康行动",聚焦"三区三州"深度贫困地区,引导妇女带动家庭成员养成健康的生活方式和行为习惯

资料来源:作者根据《全国爱卫会关于印发2019年全国爱国卫生工作要点的通知》(全爱卫发〔2019〕4号)中的相关信息整理而成。

(三)应付:形式化配合

应付,是指组成部门对于领导小组所布置工作的主动接收程度、回应积极性都不够高,只是因被纳入成为了领导小组的部门成员而形式化地配合。采取应付式履责手段的这一部分组成部门,对于领导小组运行的实际"硬性"贡献确实较少。但在大多数情况下,他们并非"本意如此",更不是针对部分领导小组的工作安排"故意为之",而是由领导小组特定的组建方式而带来的一种自然结果。

"广覆盖、宽口径"是领导小组汇集组成部门群体的一个核心特质。每一个领导小组都以"多多益善"为出发点和目标,尽可能纳入数量更庞大、类型更多样的职能部门进来,作为其组成部门,以求将总工作量"拆解"到更多的承接对象身上,同时还能够为组织运作制造更大的"声势"。基于这一视角而言,部分职能部门加入、参与领导小组事务的种种行为本身,就已经构成一种"软性"贡献。那么,随着群体边界的持续扩展,领导小组中心工作与组成部门职责主题的契合系数,自然就呈现出一条由高到低的下行曲线。部分组成部门与领导小组的职责差异度较为显著,彼此间的职责重合面积十分狭窄,可以说处于领导小组资源汲取扇面中的"边缘地带"。于是,少数组成部门缺乏能够"施展拳脚"的切入点,即便有心也无力,如若再加上资源紧张,进而规避、躲闪领导小组的实质性工作任务,也就不足为奇。

在缺乏具体操作事项的情况下,部分组成部门基本只能是"形式化"地配合、参与领导小组的运行,包括列席领导小组的相关会议、参加领导小组举办的各种活动等。而当这些会议、活动等结束后,却较少存在着进一步的工作安排。有的领导小组甚至在成立之初就已预计到这一情况,宜多不宜少、宁多勿缺地扩充组成部门队伍,同时对部分组成部门的实际贡献值不做过高期待,并不准备对少数几个组成部门予以分配小组任务。① 于是,这些部门在参加对应领导小组的相关会议、活动时,仅仅是"陪会"、"陪同",以站台式、露面式的行为特点呈现出自身在领导小组运行过程中的角色。

二、领导小组组成部门履责的动力系统

组成部门之所以"愿意"履行各类领导小组所派发的种种工作职责,是在

---

① 刘军强、谢延会:"非常规任务、官员注意力与中国地方议事协调小组治理机制——基于A省A市的研究(2002—2012)",《政治学研究》,2015年第4期。

于存在着各种作用力,其能够驱使对应的组成部门"动"起来,进而实现领导小组运转的持续性和一以贯之性。组成部门承接领导小组工作的动力系统,主要由党政领导人的督责推力,平行部门之间的互助拉力,以及部门争取党委政府注意力分配的内驱力所共同构成(参见图4.3)。每一职能部门在参与不同领导小组的具体工作时,其动力系统中几种驱动流的主次位置、比例刻度略有不同,有时是受某种单一驱动流所牵引,有时是源于若干驱动流叠加后的合并之力。

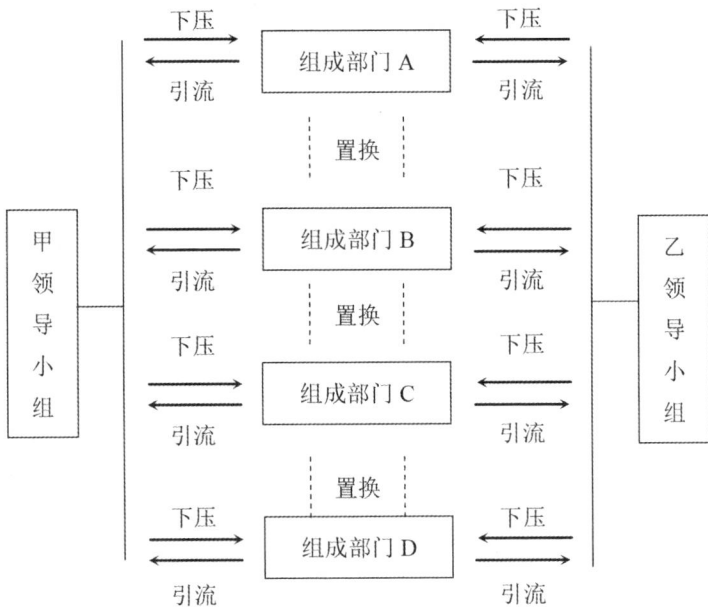

图4.3 领导小组组成部门履责动力系统的简示图

(一)下压:党政领导人的督责推力

下压,即向下压任务、压指标,是指领导小组的负责人直接提出具体要求,督促、推动各个组成部门完成对应的工作分配。权力权威的高度密集是领导小组的先天结构特质,每一小组的组长副组长普遍都由同级党政领导班子成员担任,是名副其实的由"领导"所构成的小组,拥有远超于一般性部门的巨大势能。故个别组成部门若因拖延、懈怠而影响到领导小组的工作进度,可能会受到追责乃至处罚。来自组长副组长的有力推动,是维系组成部门"尽心尽力"参与领导小组运行的组织化保证。

以组长副组长的正式权力权威为依托,领导小组可以对组成部门的动作轨迹进行规束,以确保配合度。2013 年 4 月 23 日,广西壮族自治区人民政府印发《广西壮族自治区节能减排工作行政过错问责暂行办法》,其中明确规定:对不履行或者不正确履行节能减排工作职责的自治区节能减排工作领导小组成员单位实施问责;对因工作不力导致本系统、本部门节能减排工作推进滞后,影响全区完成节能减排目标的成员单位,给予通报批评,并限期整改,对部门主要负责人和分管负责人进行诫勉谈话;因节能减排工作不力被国家和自治区通报批评的成员单位,取消当年年度考核评优资格;因节能减排工作不力被诫勉谈话、责令辞职、免职或者调离工作岗位的成员单位主要负责人、分管负责人、直接责任人,取消其当年年度考核评优资格;被责令辞职或者免职的成员单位主要负责人、分管负责人、直接责任人,一年内不得重新担任与其原任职务相当的领导职务,两年内不得提拔。[①] 正是由于节能减排工作领导小组组长为自治区政府主席,领导小组才可"借力",以自治区政府文件的形式督促各组成部门保质保量地完成工作。

除此之外,领导小组亦可直接对组成部门的行为表现作出评估并处置。2016 年 11 月 11 日,海南省扶贫开发领导小组以电视电话会议形式召开全省脱贫致富电视夜校工作部署会,省委副书记、省扶贫开发领导小组副组长出席会议并进行工作部署,省政府副省长、省扶贫开发领导小组副组长主持会

---

① 自治区纪委法规室:《广西壮族自治区节能减排工作行政过错问责暂行办法》,2014 年 3 月 26 日,http://www.gxjjw.gov.cn/staticpages/20140326/gxjjw53328f7f – 93178.shtml。

议;然而,会议进行过程中,有 3 个成员单位存在着人员无故缺席较多、中途离开会场、会场秩序散乱、座次无序等现象;2016 年 12 月 14 日,海南省扶贫开发领导小组对这 3 个成员单位予以严肃通报批评,通报内容就是他们对于领导小组会议组织不力、会风不正,对领导小组工作的思想重视程度不够、精神懈怠、作风不实,要求这 3 个成员单位认真汲取教训、深刻反思和查找问题,切实抓好整改,坚决杜绝类似问题的再次发生,坚决杜绝其他不严不实不硬问题的发生,领导小组其他成员单位都要引以为戒。[①]

(二)置换:部门间的互助拉力

置换,即组成部门之间通过"交换"领导小组任务量,相互支持对方的领导小组工作。尤其是当一个职能部门成为了某一个领导小组中的牵头部门时,为求得其他组成部门对于本领导小组工作的支持,自然需要对这些部门所牵头领导小组的工作实施"同等支持"。在这一状况下,部门之间形成了一种"微妙"的默契和共识,也即 A 部门支持 B 部门所牵头领导小组之工作、B 部门回报支持 A 部门所牵头领导小组之工作,如此交叉往复循环,职能部门之间进行任务量的"对应置换"或者"等量交换"。各个组成部门之间的扶持、助推、拉动,赋予了彼此承接领导小组任务的有效动力。

领导小组数量庞大、种类繁杂,每一领导小组的组成部门又涵盖广泛。因此,多数职能部门都是同时作为多个领导小组的成员单位,并且各自担任着职责对口领导小组的牵头部门。在甲领导小组中,A 部门为牵头部门成员,B 部门为一般性部门成员;在乙领导小组中,B 部门为牵头部门成员,A 部门为一般性部门成员。进而,A 部门为使 B 部门能够配合甲领导小组的工作,需要通过支持乙领导小组的工作来展示"态度"和诚意;反过来而言,为释放

---

① 刘麦:《喂! 喂! 喂! 说你们呢 儋州琼海三个镇扶贫会风不正被全省通报批评》,2016 年 12 月 14 日,http://a.hinews.cn/page - 030880328. html。

积极的回应信号,B 部门也要通过支持甲领导小组的工作,来维系 A 部门配合乙领导小组工作的持续性。出于现实考虑,任何一个职能部门都不会贸然采取不合作、拆台等"单边主义"行动,而是都存在着参与"多边互动"的主观需求。部门相互间以"动力"激发"动力",形成了一种"动力均衡供给"的格局。

组成部门之间以"有形"的工作进行"无形"的动力置换,于各自所牵头领导小组等协调性机构之间实现了更深层次的"协调"。比如,创文与创卫,即创建文明城市与创建卫生城市,是地方政府所普遍高度重视的两项重大工作,基本都会成立专门的领导小组来应对。① 创建文明城市工作领导小组的牵头者为宣传部门,创建卫生城市工作领导小组的牵头者为卫生部门。由于这两项创建工作的任务量、牵涉面、上级重视程度、利害关系度皆"非比寻常",而考核指标又存在着一定的交叠性。故分别为牵头者的宣传部门与卫生部门,在创建过程中自然容易结成统一战线,相互鼎力支持,分别具备了参与卫生城市创建工作、文明城市创建工作的"积极性"。

(三)引流:部门争取党委政府注意力分配的内驱力

引流,即组成部门意图经由领导小组这一平台,通过展示自身在领导小组工作中的投入程度和落实力度,以及附带的各种工作成效,来吸引党委政府的注意力"流量",提升党政班子领导人对本部门的关注度和认可度。为了在部门之间的指标考核乃至晋升竞赛中"脱颖而出",部分职能部门选择"主动出击",除了本职工作之外,于领导小组工作等多种场域中尽力表现,以期在绩效排位赛中占据靠前位置。

科层制中与生俱来的"金字塔式"竞争生态,使各个职能部门都面临着差

---

① 崔慧妹、周望:"城市治理的中国之道:基于创城机制的一项分析",《学习论坛》,2018 年第 8 期。

序化的事业发展挑战。[1] 在评定体系中占有较大内容权重、有时甚至影响最终走势的上级评价,无疑成为了部门们为之倾力的焦点。于是,各个部门使尽解数,以求得党政领导人对自身工作给予尽可能多的关注及"好评"。然而,党政领导人的时间精力天然固定且有限,故对于每一职能部门而言,来自上级部门及其负责人的注意力是一种显而易见的稀缺资源,在各个部门之间的分配总是会僧多粥少、供不应求。[2] 因此,职能部门一方面在本职工作领域努力为自己"增加分数",另一方面则在渠道和机会方面努力"增加线路"、找寻更多的可能会实现加分的项目。显然,投身于党政领导人亲自主抓的领导小组工作,无疑是获取"额外分值"的一个优质选项。作为一项能够有效处理跨域性、临时性、紧急性事务的工作机制,各级党政领导人对领导小组都极为青睐和熟悉。同时,由于多数领导小组工作并非组成部门的本职事项,作为小组组长、副组长的党政领导人,普遍存在着"疑虑"这些部门是否配合、配合度能有多高的纠结式预期。若干组成部门正是瞄准了这一情势,以高度配合领导小组各项工作安排的姿态,主动塑造出"顾大局"的协作形象,促进党政领导人打出更高的"印象分",从而相当于在激烈的组织竞争中多取得一块"砝码"。

领导小组运行过程中,作为组长、副组长的相关党政领导人,要出席领导小组的各种会议和活动、定期逐一听取来自所有组成部门的工作汇报、对各组成部门的业绩展开先进评比和典型表彰等,这些都是组成部门可"面对面"接触到他们的稳定平台和持续性机会,自然也是吸引党政领导人注意到本部门工作表现的上佳渠道。

---

[1] 周飞舟:"锦标赛体制",《社会学研究》,2009 年第 3 期。

[2] 练宏:"注意力竞争——基于参与观察与多案例的组织学分析",《社会学研究》,2016 年第 4 期。

三、领导小组组成部门履责的衍生效应及优化策略

现代组织体系内部构造的高密度、高精度,使得每一个体皆不能"独善其身",相互间皆为彼此的行为触发器,一方的举动可能会驱导出多个方面的链式波动。若干职能部门集中聚合到一起,确实能够共同助推领导小组处置复合型公共事务。同时,也要看到,各个组成部门在履行对应领导小组所布置的诸项"份外"工作时,其组织行为的现实影响早已越出领导小组范畴,由此引发了一系列"意外"的连锁反应。为使领导小组机制的运行更加契合于国家治理现代化的前行轨道,有必要深度优化组成部门的履责方式,更加精良地助力治国理政实践。

(一)职责外推:领导小组规模的倍增与限控

来自各个组成部门的实质性贡献,是营造领导小组机制治理优势的中坚力量。领导小组正是通过汲取其组成部门的多样化资源,最大程度地吸纳、积蓄了各方力量,才可释放出远高于常规性组织的治理动能。然而,领导小组这一超能性组织机制的巨大效用,同时却又使得部分职能部门产生了明显的"职责外推"倾向,加重了他们自身原本就存在的惰性思维和推诿心态,患染上严重的小组依赖症。部门们将领导小组视为"零成本"机制,争先恐后地申请成立各种名目的领导小组,以便于"师出有名"地征用到其他职能部门的资源,从而把部门任务进行转移和再发包。① 借道于领导小组,一个职能部门可以高超、巧妙地把工作"推出"到更多的职能部门身上,将任务包裹面向众多组成部门这个"分母"发散开来、化整为零,资源耗费、责任认定、风险成本等皆由各个组成部门"均摊"。由此,组成部门从参与第一个领导小组起,就

---

① 周黎安:"行政发包制",《社会》,2014 年第 6 期。

开始招致本身被"捆绑"到越来越多的领导小组中。那么,作为"对冲",每一组成部门自身当然要想方设法牵头成立新的领导小组,用来抽取其他部门的资源。"遇一新事、建一新组"已成为职能部门的普遍心态及行为惯性,领导小组的规模自然也就随之倍增,长期处于高位。

对职能部门行为动机及路向的体察,可以为限控领导小组的数量膨胀,提供一个更好的"加减法"新思路。一个是在需求上做"减法"。通过深度优化政府职责体系建设,为各个职能部门确权定责、量身定制充实且清晰的职责内容,推动职能部门的职责配置更加成熟、更加定型,进而压缩部门间相互推卸责任的空间,降低公共组织体系内跨部门型任务的发生率,实质性地减少职能部门申请成立领导小组的刚性需求。一个是在制度供给上做"加法"。首先,通过创新制度设计,推出新的非实体化、程序化议事协调机制,为已有的议事协调机构机制"工具库"添加新的选项,推动部际交互在顺畅度、成本约束方面实现双向进阶。① 其次,通过制订标准化的领导小组"操作手册",为启用领导小组设下一定的"门槛",包括明确新设置领导小组所需符合的前提条件、限制领导小组的存续周期、细化领导小组的职责内容等,从而将领导小组的应用范围界定为"特定情况下、有限时段内的限定事项"。

(二)职责导入:组成部门工作量的超载与适度

成为领导小组的其中一员之后,各个组成部门要将小组所派发职责"导入"工作安排议程表,并以此为据向外"输出"份额不等的资源。但若承载各类领导小组的工作负荷大幅度超标,导致过度占用了自身的人力、精力,显然会使得职能部门的日常运转出现紊乱。② 一是组成部门的限额治理资源被稀

① 胡业飞:"组织内协调机制选择与议事协调机构生存逻辑——一个组织理论的解释",《公共管理学报》,2018 年第 3 期。

② 原超、李妮:"地方领导小组的运作逻辑及对政府治理的影响——基于组织激励视角的分析",《公共管理学报》,2017 年第 1 期。

释、散耗,极大地侵扰了常规治理秩序。职能部门与领导小组之间基本都是
"一对多"的格局,即一个职能部门必然会是多个领导小组的部门成员。因
此,组成部门在每一领导小组工作上皆有所投入,疲于应对领导小组的高频
度会议和活动,总工作量实乃巨大。当内外工作接踵而至,职能部门只能是
在领导小组工作之间、领导小组工作与日常事务之间见缝插针,整个履责流
程严重支离破碎,避责敷衍、形式主义现象进而频频发生。二是组成部门的
人力需求陡增、想方设法扩充人手,使得人员队伍构成及管理更加复杂。在
领导小组工作"只增不减"和编制数额"只减不增"这一悖论之下,普遍陷入人
手短缺窘境的组成部门需要另想办法、找人做事,包括向下级部门借调人员、
向外界聘用人员等。各类型新增人员在加大经费支出压力的同时,还带来了
诸如权限责任、涉密保密、高流动性等新的人事管理困扰。

　　将组成部门所接收到的领导小组工作量调整、维持在一个适度化水平,
实际上对部门自身和领导小组的运行质量皆更有裨益。[①] 通过适量地注入职
责负载,组成部门的履责导向可由多做、广做大量领导小组工作发展为做好、
做精部分领导小组工作。首先,尝试开发并运用"职责相似度"这一方法,合
理确定参与领导小组的组成部门基数。在织起领导小组的行动网络时,摆脱
"量化偏好",不再一味求大求全。以若干特定的相对指标为统一标尺,运用
模糊综合评判原理,为领导小组职责主题赋予一个标准值,同时根据各职能
部门的工作属性和内容为其赋予一个固定值,进而计算得出各职能部门与领
导小组工作的职责近似度,然后划定一条达标线,只纳入真正有关联、有助益
的那一部分机构"进网"。如此,弱关联、无关联的部门可获得工作量的减负、
豁免,领导小组架构亦更具精炼性和骨干性,战斗力、行动力反而更加强劲。

---

　　① 赖静萍、刘晖:"制度化与有效性的平衡——领导小组与政府部门协调机制研究",《中国行政
管理》,2011年第8期。

其次,尝试设计并运用"职责协议书"这一方式,规范组成部门与领导小组的权利义务关系。每一职能部门在正式加入时,与领导小组办公室、牵头部门签订"职责协议书"或类似的制度化文本,提前约定履责的内容、方式、时限、成本分摊、绩效认定等关键条款,一组一议、一组一签。由此厘清领导小组各组成部门之间的"伙伴关系",并建立起规则化的"投入—回馈"正向激励机制,能够切实限定组成部门的资源投入额度,且使得组成部门间的权责匹配、利益分享更加"名实相符",从而有力提升部门履责和整个领导小组运行的精细化水准。

第四节　办事机构

领导小组因其特殊性,并未进入正式组织机构序列。除了部分地方政府在政务信息公开中会偶尔公布领导小组名单外,并不存在着制度意义上的领导小组"机构名录"或"机构名单"。推而广之,自然也无从找寻到领导小组办公室的正式统计及内容构成,只能从有限的公开讯息中抽离、拼贴出领导小组办公室的整体图像。基于重要程度、受关注度、资料完整度等方面的考虑,这里以中央领导小组、国务院议事协调机构的办事机构为"基础信息表",就领导小组办公室设置的基本情况做一简要说明。

一、中央领导小组办公室概况

中央领导小组办公室,即经常所看到的"中央某某办"、"中某办",作为中央领导小组设置的办事机构,负责承担其交办的各项日常工作。由于工作性质的关系,各个中央领导小组办公室具有很强的"隐匿性",目前仅有中央精神文明建设指导委员会办公室、中央机构编制委员会办公室、中央网络安全和信息化委员会办公室、中央台湾工作办公室、中央对外宣传办公室、中央港澳工作协调小组办公室、中央保密委员会办公室、中央密码工作领导小组办公室,建设了公开的官方网站。具体而言,中央领导小组办公室的设置,存在着以下三种情况(参见表4.5):

表4.5　中央领导小组办公室概况

单独设置
中央财经委员会办公室、中央军民融合发展委员会办公室、中央外事工作委员会办公室
设置在正式序列机构内
中央国家安全委员会办公室:设在中央办公厅 中央全面深化改革委员会办公室、中央党的建设工作领导小组秘书组:设在中央政策研究室 中央全面依法治国委员会办公室:设在司法部 中央审计委员会办公室:设在审计署 中央统一战线工作领导小组办公室、中央西藏工作协调小组办公室、中央新疆工作协调小组办公室:设在中央统战部 中央精神文明建设指导委员会办公室:设在中央宣传部 中央机构编制委员会办公室:归口中央组织部管理 中央巡视工作领导小组办公室:设在中央纪律检查委员会国家监察委员会 中央农村工作领导小组办公室:设在农业农村部 中央教育工作领导小组秘书组:设在教育部 中央军委深化国防和军队改革领导小组办公室:设在中央军事委员会办公厅 中央司法体制改革领导小组办公室:设在中央政法委员会 中央防范和处理邪教问题领导小组办公室:设在公安部 中央"不忘初心、牢记使命"主题教育领导小组办公室、中央人才工作协调小组(中央西部地区人才开发协调小组)办公室:设在中央组织部 中央生态环境保护督察办公室:设在生态环境部
一个机构两块牌子

续表

中央网络安全和信息化委员会办公室与国家互联网信息办公室
中央对外宣传办公室与国务院新闻办公室
中央台湾工作办公室与国务院台湾事务办公室
中央港澳工作协调小组办公室与国务院港澳事务办公室
中央保密委员会办公室与国家保密局
中央密码工作领导小组办公室与国家密码管理局

资料来源：作者根据公开信息整理而成。统计时间截止到 2019 年 12 月 31 日。

一是单独设置。仅有少数的中央领导小组办公室采用这一模式,其可显示出这部分办事机构所承担工作的重要性,以及工作量的繁重程度。例如,中央财经委员会办公室、中央军民融合发展委员会办公室、中央外事工作委员会办公室等,都是单独设置,拥有独立的办公地点和场所。

二是设置在正式序列机构内。绝大多数的中央领导小组办公室都采用这一模式。领导小组将其办事机构设置在职责最为相近的某一正式序列机构内,既是出于工作便利的考虑,亦可有效控制人员编制规模、办公经费,减少额外支出。例如,中央国家安全委员会办公室设在中央办公厅,中央全面深化改革委员会办公室、中央党的建设工作领导小组秘书组都设在中央政策研究室,中央全面依法治国委员会办公室设在司法部,中央审计委员会办公室设在审计署,中央统一战线工作领导小组办公室、中央西藏工作协调小组办公室、中央新疆工作协调小组办公室都设在中央统战部,中央精神文明建设指导委员会办公室设在中央宣传部,中央机构编制委员会办公室归口中央组织部管理,中央巡视工作领导小组办公室设在中央纪律检查委员会国家监察委员会,中央农村工作领导小组办公室设在农业农村部,中央教育工作领导小组秘书组设在教育部,中央军委深化国防和军队改革领导小组办公室设在中央军委办公厅,中央司法体制改革领导小组办公室设在中央政法委员会,中央防范和处理邪教问题领导小组办公室设在公安部,中央"不忘初心、牢记使命"主题教育领导小组办公室和中央人才工作协调小组(中央西部地区人才开发协调小组)办公室设在中央组织部,中央生态环境保护督察办公室设在生态环境部,等等。

三是采取"一个机构两块牌子"形式。为便于处理实际工作,尤其是在涉外交往领域,部分中央领导小组办公室需要根据具体情况的不同,对外使用相应的名称。例如,中央网络安全和信息化委员会办公室与国家互联网信息办公室、中央对外宣传办公室与国务院新闻办公室、中央台湾工作办公室与国务院台湾事务办公室、中央港澳工作协调小组办公室与国务院港澳事务办公室、中央保密委员会办公室与国家保密局、中央密码工作领导小组办公室与国家密码管理局,都是采取"一个机构两块牌子"的形式。

二、国务院领导小组办公室概况

国务院领导小组办公室,作为国务院议事协调机构所设置的办事机构,负责承担其交办的各项日常工作。相较于中央领导小组办公室的"神秘性",各个国务院领导小组办公室的公开程度都很高,绝大多数办公室都建立了自己的官方网站。自1988年开始,国务院都会规律性地在5年一次的机构改革方案公布后,随之发布以议事协调机构名单为主要内容的正式文件。不过,当国务院于2008年3月21日发布《关于议事协调机构设置的通知》(国发〔2008〕13号)这一文件之后,就再未公布过议事协调机构的详细信息。因此,本研究选择以该文件为蓝本,并结合近年来的公开信息对其进行更新、整理,进而形成国务院领导小组办公室的基本内容表(参见表4.6)。

国务院领导小组办公室的具体设置形式较为一致。除了国务院扶贫开发领导小组办公室因承担较为繁重的扶贫攻坚任务、长期单独设置之外,其余的国务院领导小组办公室基本上都存在于与其职责最为相近的某一正式

中国"小组机制"研究（第二版）

序列机构内部,通常是由一个司、局来担任这一角色。这些司、局在平时仍按照日常方式运行,当领导小组有所需要时,则再以领导小组办公室的名义处置对应的工作事务。

表4.6　国务院领导小组办公室概况

国家国防动员委员会综合办公室、国家人民防空办公室:设在中央军事委员会国防动员部
全国爱国卫生运动委员会办公室/国务院防治艾滋病工作委员会办公室、全国老龄工作委员会办公室、国务院深化医药卫生体制改革领导小组秘书处:分别设在国家卫生健康委员会的疾病预防控制局、老龄健康司、体制改革司
全国绿化委员会办公室:设在国家林业和草原局生态保护修复司
国务院学位委员会办公室、国务院教育督导委员会办公室、国家教材委员会办公室、全国教育科学规划领导小组办公室:分别设在教育部的学位管理与研究生教育司、教育督导局、教材局、中国教育科学研究院
国家减灾委员会办公室、国家森林草原防灭火指挥部办公室、国家防汛抗旱总指挥部办公室、国务院抗震救灾指挥部办公室、国务院安全生产委员会办公室:设在应急管理部
国务院妇女儿童工作委员会办公室:设在中华全国妇女联合会
全国拥军优属拥政爱民工作领导小组办公室:设在退役军人事务部拥军优抚司
国务院扶贫开发领导小组办公室:单独设置
国务院关税税则委员会办公室:设在财政部关税司
国家禁毒委员会办公室、国家反恐怖工作领导小组办公室:设在公安部
国家能源委员会办公室:设在国家能源局
全国哲学社会科学工作办公室:设在中央宣传部
国务院反垄断委员会办公室、国务院食品安全委员会办公室、全国打击侵犯知识产权和制售假冒伪劣商品工作领导小组办公室:分别设在国家市场监督管理总局的反垄断局、食品安全协调司、执法稽查局
国家金卡工程协调领导小组办公室、国务院促进中小企业发展工作领导小组办公室:设在工业和信息化部

续表

推进"一带一路"建设工作领导小组办公室、京津冀协同发展领导小组办公室、推动长江经济带发展领导小组办公室、粤港澳大湾区建设领导小组办公室:设在国家发展与改革委员会
京津冀及周边地区大气污染防治领导小组办公室:设在生态环境部大气环境司
国家科技领导小组办公室:设在科技部
全国政务公开领导小组办公室、国务院推进政府职能转变和"放管服"改革协调小组办公室:设在国务院办公厅
国务院国有企业改革领导小组办公室:设在国务院国有资产监督管理委员会
国务院就业工作领导小组办公室、国务院农民工工作领导小组办公室、国务院根治拖欠农民工工资工作领导小组办公室:设在人力资源社会保障部
国务院金融稳定发展委员会办公室:设在中国人民银行
国家脱贫攻坚普查领导小组办公室:设在国家统计局

资料来源:作者根据公开信息整理而成。统计时间截止到 2019 年 12 月 31 日。

三、领导小组办公室运转的功能矩阵

作为领导小组的办事机构,领导小组办公室具体要办哪些事、做哪些工作、采取哪些行动来履行职责,构成了这一机构运转的实质性内容,亦是理解其的关键所在。除了日常性的行政事务,领导小组办公室的职责重点,主要位于实地调研、文件起草、政策阐释、督促落实这四个方面,它们之间环环紧扣,合力服务于领导小组的工作与治理议程(参见图4.4)。

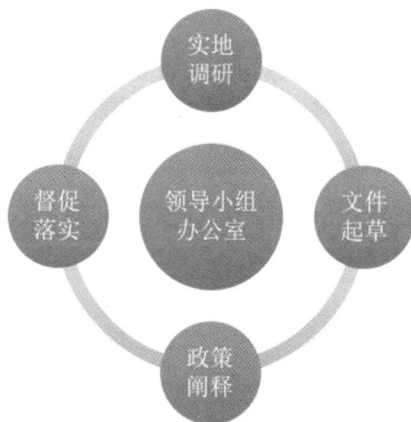

图 4.4　领导小组办公室运转的功能矩阵

（一）实地调研

对实地调查研究工作的强调和重视,是中国治理过程的一大鲜明特征。各领域各层级的部门,每一年都要或多或少地外出开展纵向、横向的调研活动。由于领导小组本身的特殊性,其成员基本为"兼职"、来自于领导班子和各个职能部门,共同外出调研的几率很小,故调研工作就由领导小组办公室来承担。相较于职能部门的日常性调研工作,领导小组办公室所调研的主题及内容的目标性、指向性更强,能够提供更为重要和直接的决策参考。就这一意义上而言,领导小组办公室,尤其是中共中央和国务院层面的领导小组办公室,是中国国家治理体系中担负调研职责的主力性机构。

领导小组办公室的调研议题极为明确、"带着任务"出发,其通过开展高密度的调研行动,进而为相应的政策制定、改革做好充分的信息准备及前期"探路"工作。在党和国家的重要会议、重大改革等召开、启动之前,中共中央和国务院层面的领导小组办公室一直都有进行密集调研的"规定动作",为决策工作采集、提供全新全面的资讯。例如,在 2018 年党和国家机构改革方案出台之前,中央全面深化改革委员会办公室、中央机构编制委员会办公室共同组织了 10 个调研组,分别前往 31 个省区市、71 个中央和国家机关部门,仅在一个月内就当面听取了 139 位省部级主要负责同志的意见和建议,同时还向 657 个市县的 1197 位党委和政府主要负责同志个人发放了调查问卷,一共收集到 31 个省份的深化地方机构改革调研报告,最终整理、汇总出 42 万字的各方面意见和建议。与此同时,领导小组办公室的调研还可以起到政策"动员"与"风向标"的作用。在与调研组接触、深入交流的过程中,调研对象自然会感受、感知到可能会产生的政策变化及其方向,心理上亦开始有所准备。这实际上就已经是在为后续的实质性调整提前凝聚共识、营造氛围。

（二）文件起草

文件在中国治理过程中的实际地位和作用已众所周知,而领导小组办公室正是承担着部分重要文件的起草工作,其在调研工作中所获取的信息、材料也主要用之于此。尤其是中共中央和国务院层面的领导小组办公室,除了为领导小组的各种日常事务起草相应的文件,还有一个更为重要的文件起草任务,这集中体现在他们所对应的中央工作会议和全国性工作会议中(参见表 4.7)。

表 4.7　中央和全国性工作会议所对应的领导小组办公室

会议名称	对应的领导小组办公室
中央经济工作会议	中央财经委员会办公室
中央外事工作会议	中央外事工作委员会办公室
中央农村工作会议	中央农村工作领导小组办公室
国家安全工作座谈会	中央国家安全委员会办公室
全国军民融合发展工作座谈会	中央军民融合发展委员会办公室
中央对台工作会议	中央台湾工作办公室
中央西藏工作座谈会	中央西藏工作协调小组办公室

续表

中央新疆工作座谈会	中央新疆工作协调小组办公室
全国网络安全和信息化工作会议	中央网络安全和信息化委员会办公室
全国巡视工作会议	中央巡视工作领导小组办公室
全国宣传思想工作会议	中央对外宣传办公室
全国组织工作会议	中央党的建设工作领导小组办公室
全国审计工作会议	中央审计委员会办公室
全国保密工作会议	中央保密委员会办公室
中央军委改革工作会议	中央军委深化国防和军队改革领导小组办公室
全国爱国卫生工作会议、全国爱国卫生工作座谈会	全国爱国卫生运动委员会办公室
全国防灾减灾救灾工作会议	国家减灾委员会办公室
全国森林草原防灭火和防汛抗旱工作电视电话会议	国家森林草原防灭火指挥部办公室 国家防汛抗旱总指挥部办公室
全国安全生产电视电话会议	国务院安全生产委员会办公室
全国妇女儿童工作会议	国务院妇女儿童工作委员会办公室
全国扶贫开发工作会议	国务院扶贫开发领导小组办公室
全国禁毒工作电视电话会议	国家禁毒委员会办公室
全国反恐怖工作电视电话会议	国家反恐怖工作领导小组办公室
全国能源工作会议	国家能源委员会办公室
全国加强食品安全工作电视电话会议	国务院食品安全委员会办公室
全国科技工作会议	国家科技领导小组办公室
全国国有企业改革座谈会	国务院国有企业改革领导小组办公室

资料来源：作者根据公开信息整理而成。统计时间截止到 2019 年 12 月 31 日。

在一些重点工作领域，存在着召开集中性工作会议的周期化安排，相关中央领导小组、国务院议事协调机构的全体成员都要出席参加。这些工作会议以"中央、国家、全国"等名称为开头来凸显其重要程度，有的是一年召开一次、有的是每隔几年召开一次。这些中央工作会议、全国性工作会议的内容，一般包括总结上一阶段的工作，以及对下一阶段的工作作出全面部署。而与之职责对应的中央领导小组办公室、国务院领导小组办公室，就要负责会议所需各种相关文件的起草工作，包括会议所要公开发布的工作计划、领导小组负责人的会议讲话稿、领导小组办公室负责人的工作报告稿等。其中一些较为引人关注的工作会议，如中央经济工作会议、中央农村工作会议，就是由中央财经委员会办公室、中央农村工作领导小组办公室，主导其间的文件起草工作。这些文件早已被公认为中国经济、农村领域中最具权威性的政策定调和"信号灯"。

（三）政策阐释

中国各级政府越来越注重与社会各界的政策沟通环节。尤其是在重大政策措施刚刚发布、即将推行的这一个时间段内，政府及时地通过"解码"与"解读"工作，简明扼要地向社会各方传递、传播政策文本的背景、精神、主旨、要点、变化等，力求最为广泛、最大程度地取得来自方方面面的理解和支持，以使政策执行过程更加顺畅。在一些政策领域，政策文件既然主要由领导小组办公室起草撰写，那么当这些文件在正式公布之后，由其来负责进一步的解读和阐释也就顺理成章。领导小组办公室充当着事实上的政策"发言人"和"传声筒"角色。

领导小组办公室就新政策进行阐释的具体形式，主要包括公开出版物、新闻发布会、答记者问等。一是领导小组办公室组织编写并公开出版政策读物，典型的如国务院扶贫开发领导小组办公室组织编写出版的《脱贫攻坚政策解读》。二是领导小组办公室负责人出席新闻发布会。例如，召开于2018年28日至29日的中央农村工作会议讨论了《中共中央国务院关于坚持农业农村优先发展做好"三农"工作的若干意见（讨论稿）》，之后该意见于2019年2月19日正式成为中央"一号文件"，而中央农村工作小组办公室负责人则在第二天下午即 2 月 20 日就参加国务院新闻办公室所举行的新闻发布会,详细解读这一文件。整个过程前后紧密衔接、一气呵成。三是领导小组办公室以"答记者问"这一书面采访形式向外界阐释政策内容。近年来的一些热点政策议题,如互联网金融、"一带一路"建设、京津冀协同发展等,国家互联网信息办公室、推进"一带一路"建设工作领导小组办公室、京津冀协同发展领导小组办公室都采取由权威媒体发布"答记者问"文字稿件的方式,完成了对政策的阐释工作。

(四)督促落实

领导小组办公室的职责,通常伴随着一项政策从"前端"到"末梢"的全过程。领导小组办公室深度参与了政策制定前后的各个阶段,对政策内容十分熟悉、得其要领。因此,当政策进入实施阶段,领导小组办公室可充分发挥这一优势,进一步在政策执行阶段施展功能,监督政策的执行情况,保障政策得到顺利落实,督促政策保质保量地落地到位。例如,中央全面深化改革领导小组(现为中央全面深化改革委员会)办公室在成立后不久,就专门设置了督察局,负责督促检查各项改革方案的落实情况。国务院扶贫开发领导小组办公室自 2016 年开始,每年都派出督查组开展脱贫攻坚督查巡查。在最近一次即 2018 年的督查巡查工作中,由国务院扶贫开发领导小组及其办公室成员亲自带队的 22 个督查巡查组,分为 3 个批次,于 6 月至 9 月一对一地赶赴中西部 22 省、自治区、直辖市开展实地督查巡查,督查工作周期为 7 到 10 天不等。

在常规性的督促检查工作之外,领导小组办公室还会通过设置"评比表彰"项目,以此为工具来提升一些专题性政策的执行质量。例如,中央精神文明建设指导委员会办公室所评选的全国文明城市(区)、全国文明村镇、全国文明单位,全国爱国卫生运动委员会办公室所评选的国家卫生城市(区)、国家卫生县城(乡镇),全国绿化委员会办公室所评选的全国绿化模范城市,国家禁毒委员会办公室所评选的全国禁毒示范城市,国务院安全生产委员会办公室所评选的全国安全发展示范城市,全国拥军优属拥政爱民工作领导小组办公室所评选的全国双拥模范城(县)、全国双拥模范单位,国务院食品安全委员会办公室所评选的国家食品安全示范城市,等等。这些评比活动有效地吸引了各级地方政府、各个部门的"注意力"和资源投入,评比过程中所明确要求参评对象需达到的标准、完成的指标,成为了领导小组办公室引导其行为、实现政策意图的有力"抓手"。

四、X 型链接:领导小组办公室的作用机理

正是为处置正式序列机构难以应对的跨部门、跨领域、跨地域的复合公共事务,才另行构造出领导小组这一类机构和机制。相应地,领导小组的结构设计及作用方式,自然就要以适宜于跨越权责边界、物理边界为逻辑导向。领导小组以其独树一帜的"三层次"架构,即领导成员、组成人员、办事机构,集成化地回应多样态需求。其中的领导成员和组成人员,是按照职责内容关联性强弱程度,择取于领导班子、各个职能部门,并进行重新排列组合的结果。显然,这一配置从"先天"上就内具松散化倾向。而领导小组办公室,则是作为该组织网络中的关键枢纽和交互节点,为各个组织群落接通线路、将他们焊接成体。具体而言,领导小组办公室通过对上承接、左右联动、向下延伸的 X 型链接,将参与集体行动的领导小组成员集群、职能部门集群、下级主体集群有机并联起来(参见图4.5)。

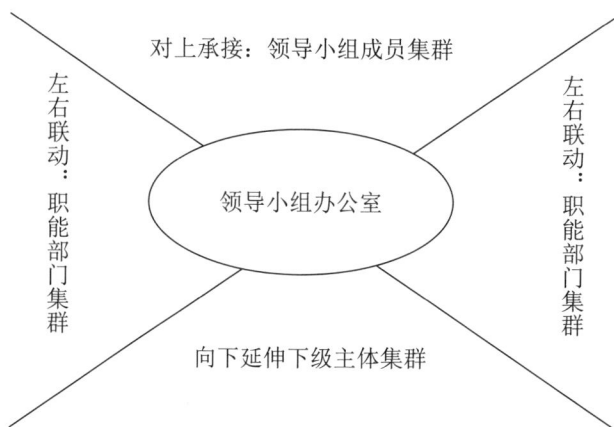

图4.5 领导小组办公室的 X 型链接

(一)对上承接:领导小组办公室与领导小组成员集群之间的链接

成员的来源渠道及工作性质,使得领导小组呈现出"聚合—离散"的双重特质。领导小组首先是一个典型的权力密集单元,名副其实地由数名"领导"所构成,成员名单可谓阵容强大。同时,这些"领导"聚合而出的权力质态是非凝固、高度流动的。包括领导小组组长、副组长、组成人员在内的成员集群,于正式序列机构中都有相应职务及职责。对他们而言,领导小组的工作属于职位说明书之外的一类"兼顾性"事务,有事则聚、无事则散。

在这一情势下,领导小组办公室首先充当起"调度者"角色,在成员集群的"聚散"之间,有条不紊地调配任务、推进工作进度。一是通过组织安排领导小组的全体会议、专题会议、联络员会议等,领导小组办公室努力在成员之间节奏各异的日程安排表上"见缝插针"、取得最大公约数,尽可能多地增加成员集群坐下来一起"面对面"议事的次数,稳固他们对领导小组工作的"注意力分配"额度。二是通过制订职责分工表、任务分工方案等,基于各个成员所在领域、地域的业务特点及优势,领导小组办公室将总工作量化整为零、"分拨"于他们。成员们各自履行相应的职责,待众多小任务、阶段性目标都陆续完成后,最终汇聚、达成领导小组的全部工作任务及最终目标。

(二)左右联动:领导小组办公室与职能部门集群之间的链接

领导小组中的每一位组成人员,作为对应常设职能部门在小组中的"驻组代表",是领导小组与职能部门之间的讯息"传递者"与"表达者"。组成人员既要把领导小组的要求"带入"进自身所在职能部门,同时又要将部门反馈"带回"到领导小组中。出于实际工作的需要、吸纳更多资源的需求,领导小组办公室往往会强化这一线路、拓宽辐射面,将"人员与机构"之间的关联性扩展为"机构与机构"之间的关联性,与各个职能部门进行"一结一"或"一结多"的专门协作。在有的情况下,还会超出这一范畴,与组成人员所在机构之外的若干实体达成协同意向并联合行动。

领导小组办公室与职能部门集群,通过联合发布政策文件、联合开展专项行动等形式,以更为广泛和丰富的组织资源来应对治理任务。例如,中央网络安全和信息化领导小组办公室联合民政部在网信领域社会组织建设方面进行协作,以及联合工业和信息化部、公安部、市场监管总局对移动互联网应用程序违法违规收集使用个人信息展开专项治理。又如,国务院扶贫开发领导小组办公室与国家体育总局联合推动"体育扶贫"工作,计划引进体育赛事、发展体育产业、援建基础设施、开展大众健身等助力脱贫,在贫困地区构建"体育+"或"+体育"的发展模式,促进扶贫工作与体育工作的交互深度融合。

(三)向下延伸:领导小组办公室与下级主体集群之间的链接

中国的党政机构设置长期带有"职责同构"的特征,即"上下对口、左右对齐"。领导小组及其办公室亦如此。部分领导小组及其办公室,存在于自中央到地方的各个层级中。就这一意义而言,领导小组自身拥有一个相对独立的组织网络体系。尤其是高层次的中央领导小组及其办公室、国务院议事协调机构及其办公室,多数都需面对遍及于各层级、各地区中的"同构者",既要引领整个组织群前行、又要理顺其间的互动关系。由于领导小组运行的"间歇性"，故向下的延伸、结网工作主要由其办事机构来承担。

处于较高层级的领导小组办公室，对其下若干领导小组办公室的集结，既是立体化地整合地方性资源的现实需要，更由"自我强化"的主观动力所驱使。每一个地方性的领导小组办公室，事实上代表着数量不等的地方资源，都可能会对组织发展有所裨益。同时，增进层层对口设置的领导小组办公室集群的相互粘性，累积形成更为稳固的内聚力、战斗力，有助于取得组织间竞争的比较优势，延长存续周期。通过召开全国性的领导小组办公室主任会议、助推地方领导小组办公室之间的交流与合作、培训地方领导小组办公室的相关人员、实施先进评选和荣誉表彰以强化内部激励等，领导小组办公室体系力图从多点着力强化其自主、自立属性，适度摆脱对领导小组、职能部门的资源依赖。

五、国家治理中的关键行动者

从已有的研究叙事中可以获知，领导小组办公室的"真实面孔"远不止于"办事"，其乃是国家治理中的一个关键行动者。领导小组与生俱来的"按事组合"方式，决定了作为其"动力部件"的办公室在结构要素衔接中的关键功用。这些办公室以迅捷的行动力、充沛的动能，履行远超于日常办公工作层面的种种职责、处置"关键事务"，触发、激活了领导小组这一微型治理生态中的多型因子，使得领导小组及环绕于其周围的组织集群得以真正运转起来。在某种程度上，领导小组"成立"了办公室，而领导小组办公室"成就"了领导小组。历经实践淬炼和洗礼、已在组织体系中"站稳脚跟"的领导小组办公室集群，既是展示国家治理能力成长性与治理体系优势的上佳佐证，更为学术共同体增添了一笔别具一格的研究资产。

第五节　技术机制

我们透过"领导小组"的运行逻辑及模式分化,可以更为全面和贴近地观察到"领导小组"的"真实面貌"。不难发现,"领导小组"实际上是一个包含各种特定性质、特有功能的机构在内的"集合体",其现实角色远远超过通常所说的"议事"和"协调"。经过长时期的实践历练,"领导小组"已经逐渐融合多种角色于一体,作为一个"多功能性"机制被广泛运用于中国各种治理事务中。显然,面对"领导小组"的真实形态,无论在内涵还是外延方面,现有的"议事协调机构"称谓都难以将其全面覆盖,目前的用法只不过是一种权宜之计。这就需要理论工作及时跟上,善于、敢于抓住并解决这一重要现实问题,准确地对"领导小组"在现代治理体系、现代治理理论中进行定位,展开实事求是的学理性归纳。各国政府为克服科层壁垒和部门主义,普遍都设有相应的跨部门性机构和机制,依托这些实证素材,国际研究同仁在政治学、行政学、管理学、政策学等学科领域不断推出了相应的理论框架。有关于中国"领导小组"的各种研究,也要沿着这一学术轨迹做出相应的努力。尤其是随着国家治理体系和治理能力现代化这一战略性目标的提出,基于"领导小组"的理论介说有望成为未来中国国家治理理论体系中的一块全新拼图。

一、领导小组:中国国家治理中的技术性机制

作为全面深化改革预设并为之努力的总目标,推进国家治理现代化是治理者和研究者都很关注的重大议题。现代、精良且有效的治理,需要众多因素汇集并一齐发挥"综合作用"才能达成,包括体系、理论、策略、技术、能力、

时机等。就技术层面而言,在中国丰富的治理实践中,一系列持续性长、遍及性广、活跃度高的技术性治理机制,已成为助推国家治理现代化进程的常用工具。这些技术性治理机制"穿插于"各个制度子系统之间,相对独立地施展功能,各自有着特定的运行逻辑及优势,灵活、机动地配合治理体系中的其他要素共同发挥作用。

"领导小组"就是中国国家治理实践中一项关键的技术性治理机制。在各种治理事项的推进过程中,能够经常性地看到各种领导小组的活动"身影",它们数量庞大、种类繁杂,地位有高有低,存续时限有长有短。这些"领导小组"不进入正式序列机构名录,但对于现实治理过程却又有着实实在在的影响。通过加强对某一工作的重视,进而成立对应的"领导小组",已经是治理者所"习惯性"采用的一种治理方式。

聚力,是"领导小组"所拥有的核心技术优势。为有效完成各种治理任务,"领导小组"可以根据治理主题的属性及内容,将有关联的资源要素集中聚合到一起,共同承担、协作处理治理事项。党政主要领导成员担任"领导小组"的正副组长,职责相关联的若干常设部门根据业务相近程度,重新"排列组合"成为"领导小组"的成员单位。在"领导小组"正副组长的"高位推动"下,"领导小组"各成员单位"各负其责""分头去办",全方位地为治理工作贡献力量。正是通过"聚力"这一运作方式,"领导小组"最大限度地吸纳、积蓄了各种资源,进而释放出远高于常规职责部门的动能与势能。

在有效"聚力"之后,"领导小组"可以多点"发力",以丰富的功能服务于治国理政事业。这主要包括协调处理跨领域跨部门事项、快速应对临时性和突发性事务、督促各部门推进政策落实等。从中央领导小组、国务院议事协调机构,到地方各级党政部门中的各类"领导小组",都在各有侧重地发挥着自身作用。可以说,凡是常规组织体系难以或暂时无法顾及的治理"缝隙",都有相应的"领导小组"对其进行"填补"。一个覆盖面广、层次完善的"领导小组"体系,构成了中国国家治理架构中一组关键的功能化模块。

二、领导小组与其他技术性治理机制的互动

在庞大的国家治理体系、丰富的国家治理实践中,关键的技术性治理机制当然不止"领导小组"这一项。这就涉及若干技术性治理机制之间的关系问题。就在当前中国治理实践尤其是新时代全面深化改革实践中,与"领导小组"的关联紧密程度、互动频率来说,另外两个关键的技术性治理机制包括试点机制、督察机制。

首先,试点机制是对各种主题的试点项目、各种类型的试验区等政策测试与创新机制的总称。全面深化改革中各个领域的具体工作,几乎都是以试点、试验的名义和形式展开,"试点先行、逐步推广"已成为改革工作的基本操作程序。

试点机制在改革实践中的角色,定位于循序渐进地实施改革新政策,具体内容包括先在有限的时间和范围内,对改革新政策进行探索、测试,然后分阶段、分步骤地把新政策推广至更多区域,直至扩展到全国范围内。

试点机制以"稳中求新"的运作方式,实现了对渐进型改革策略的操作化。其又具体包括两个阶段:一是"先行先试",选取某一个或若干个点率先实施新政策,对新政策不断进行检验、测评,让其得到实践环境的修正、优化;二是"由点到面",根据各地实际情况和条件,分批次实施新政策,每一批次的政策执行都会产生新的情况反馈,从而对政策内容进行"实时更新",然后继续应用于下一批次,直至新政策全部部署完毕。通过这样一个"从局部到整体"的逐步铺开过程,试点机制能够有效降低制度变迁的风险系数,增强改革状态的"可控性"。即便改革新政策在实施时遇到风险,因试点范围的局部性、推广扩散的阶段性,改革者可以及时将其"暂停"甚至"叫停",进而把改革

成本控制在完全可承受的限度之内。改革工作所难于兼得的稳妥性与创新性,通过试点机制极好地融合为一体。

其次,督察机制是中央对地方、上级对下级就重大决策、重要文件、重要工作的部署贯彻落实情况所开展的督促、监督、检查活动的总称。全面深化改革中把政策方案的设计完善、改革方案的贯彻落实皆视为关系改革成败的重大问题,在重视程度和具体投入方面同等重视,力度空前。

督察机制在改革实践中的角色,定位于推动改革措施落实到位,具体内容包括:就改革措施的细化、进度、效果等情况,以及改革措施执行者的认识、履责、作风等情况,展开全方位的督促、监督、检查,并就督察结果实施相应的激励与问责。

督察机制以"全程跟进"的运作方式,确保改革决策能够不折不扣地"落地生根"。待改革方案一出台,督察机制就同时随之启动,督事与察人并举,对改革政策及其执行者进行实时追踪、跟进。督察机制从改革决策的"最先一公里"出发,通过多次、不定期地派出督察组到访实地,采取听取汇报、调阅资料、个别谈话、走访问询、受理举报、现场抽查、下沉一线等手段,以打通关节、疏通堵点、破除阻力、提高贯彻质量,进而克服政策落实过程中所可能遭遇的不畅通、"中梗阻""以文件落实文件"、象征性执行、选择性执行、拖沓和滞后、效果递减等问题,一直推进到改革阶段的"最后一公里"。

随着改革逐渐驶进"深水区",不同改革事项之间的关联性越来越强,攻坚难度亦越来越大。"领导小组"广泛、深入地运用试点与督察这两项技术性治理机制,共同投入到深化改革实践中,通过彼此之间的链接与配合,协同发挥对改革进程的促进作用(见表4.8)。

表4.8 中央全面深化改革领导小组/中央全面深化改革委员会

历次会议中有关于"试点"与"督察"的表述

中央全面深化改革领导小组第五次会议(2014年9月29日)
"要调配充实专门督察力量,开展对重大改革方案落实情况的督察,做到改革推进到哪里、督察就跟进到哪里。"
中央全面深化改革领导小组第七次会议(2014年12月2日)
"进行改革试点,对全面深化改革具有重要意义。我国地区发展不平衡,改革试点的实施条件差异较大,要鼓励不同区域进行差别化探索。"
中央全面深化改革领导小组第十三次会议(2015年6月5日)
"对一些矛盾问题多、攻坚难度大的改革试点,要科学组织,在总结经验的基础上全面推广。根据改革需要和试点条件,灵活设置试点范围和试点层级。改革试点要注意同中央确定的大的发展战略紧密结合起来,为国家战略实施创造良好条件。要鼓励地方和基层在教育、就业、医疗、社会治理、创新创业等关系群众切身利益的方面积极探索。对涉及风险因素和敏感问题的改革试点,要确保风险可控。"
中央全面深化改革领导小组第十九次会议(2015年12月9日)
"要强化督察职能,健全督察机制,更好发挥督察在打通关节、疏通堵点、提高质量中的作用。对已经出台的改革方案要排队督察,重点督促检查方案落实、工作落实、责任落实的情况,发现问题要及时列出清单、明确责任、挂账整改。"
中央全面深化改革领导小组第二十一次会议(2016年2月23日)
"部署改革试点要目的明确,做到可复制可推广,不要引导到发帽子、争政策、要资金、搞项目的方向上。" "要抓督察落实,强化督察职能,健全督察机制,抓紧构建上下贯通、横向联动的督察工作格局。要重视督察结果的运用,发现问题的要列出清单、明确责任、限定时间、挂账整改。各地区各部门要确定一批重点改革督察项目,大力抓督察落实,形成全党上下抓改革落实的局面。"
中央全面深化改革领导小组第二十二次会议(2016年3月22日)
"要准确把握改革试点方向,把制度创新作为核心任务,发挥试点对全局改革的示范、突破、带动作用。要加强试点工作统筹,科学组织实施,及时总结推广。要对试点项目进行清理规范,摸清情况,分类处理。"

中央全面深化改革领导小组第二十六次会议(2016 年 7 月 22 日)

"开展改革督察工作,要明确工作重点、盯住关键环节。督任务,就是要督促地方和部门按照党中央要求谋划改革任务,既看方向准不准,又看任务实不实,是不是能够结合实际,真正解决问题。督进度,就是要根据改革的阶段性目标和时间表、路线图,既督促改革方案及时出台、抓紧落实,又督察相关改革任务配套跟进,抓好进度统筹,加强政策衔接。督成效,就是要把改革举措放到实践中去检验,让基层来评判,让群众来打分,看改革是否促进了经济社会发展,是否促进社会公平正义,是否给人民群众带来获得感。察认识,就是要看思想工作有没有做深入,广大党员、干部特别是领导干部有没有从党和国家工作大局出发认识和理解改革、关心和支持改革,是不是自觉站在改革全局高度正确看待局部利益关系调整,形成推进改革的思想自觉和行动自觉。察责任,就是要看改革主体责任是不是划分清楚,有没有理解到位、落实到位,是不是做到了各司其职、各负其责又相互协作。察作风,就是要对照'三严三实'要求,督察各级干部特别是领导干部是不是坚持实事求是、求真务实,是不是以改革促进派、实干家的标准要求自己,以严和实的作风谋划改革、落实改革。"

中央全面深化改革领导小组第三十一次会议(2016 年 12 月 30 日)

"要抓紧总结汇总试点进展情况,对一些推进难度比较大的试点,有关部门要加大指导和支持力度;对一些局部的试点探索,要重视对制度成果进行总结,使之成为可推广的成果;对实践中矛盾比较大的试点,要如实反映问题,完善政策设计。"

中央全面深化改革领导小组第三十四次会议(2017 年 4 月 18 日)

"督察既要抓重点改革任务,也要抓面上改革工作,特别是各地区各部门贯彻落实党中央改革部署的情况。要善于抓正面典型,及时发现总结基层创新举措和鲜活经验,以点带面,推动改革落地。督察要在发现问题、解决问题上下功夫,提高督察实效。要深入实际、深入基层,有的问题要一竿子插到底。对重大改革、复杂问题,必要时要'回头看'。对督察发现的问题,要认真研究梳理,列出问题和责任清单,明确时限要求,要坚持有什么问题就整改什么问题,是谁的问题就由谁来负责整改,同时举一反三、由点及面,推动更大范围内整改。要盯责任主体,抓'关键少数',落实不力、整改不到位的就追究责任。牵头部门和地方是抓改革的责任主体,要加强改革自查,定期跟踪并报告改革落实情况。要搞好督察工作统筹,形成合力。"

续表

中央全面深化改革领导小组第三十五次会议（2017 年 5 月 23 日）

"试点是重要改革任务,更是重要改革方法。试点目的是探索改革的实现路径和实现形式,为面上改革提供可复制可推广的经验做法。试点要取得实效,必须解放思想、与时俱进,尽可能把问题穷尽,让矛盾凸显,真正起到压力测试作用。要尊重基层实践,多听基层和一线声音,多取得第一手材料,正确看待新事物新做法,只要是符合实际需要,符合发展规律,就要给予支持,鼓励试、大胆改。要保护好地方和部门的积极性,最大限度调动各方面推进改革的积极性、主动性、创造性。要加大对试点的总结评估,对证明行之有效的经验做法,要及时总结提炼、完善规范,在面上推广。要区分不同情况,实施分类指导,提高改革试点工作有效性。"

"要加强改革试点工作统筹,分析各个改革试点内在联系,合理把握改革试点工作节奏。对具有基础性、支撑性的重大制度改革试点,要争取早日形成制度成果。对关联度高、互为条件的改革试点,要统筹协调推进。对领域相近、功能互补的改革试点,可以开展综合配套试点,推动系统集成。对任务进展缓慢、到期没有完成的改革试点,要提前预警、督促落实。"

中央全面深化改革领导小组第三十七次会议（2017 年 7 月 19 日）

"党的十八届三中全会以来,党中央部署开展了系列重大改革试点,探索了一批可复制可推广经验,发挥了对全局性改革的示范、突破、带动作用。要加强试点工作的分类指导,已完成试点任务的要尽快在面上推广,已取得阶段性成果的要及时总结推广,进展缓慢和管理不规范的要督促整改落实,综合配套性强的要注意系统集成,实践证明有效的要及时形成相关法律成果。"

"要坚持锐意进取,发扬敢为天下先的改革精神,对改革中的阻力要敢于破除,抓好改革试点工作。"

"改革牵头部门对已经推出的改革开展督察是抓落实的一项重要工作。"

十九届中央全面深化改革委员会第七次会议（2019 年 3 月 19 日）

"要发挥督察促落实作用,避免多头督察、重复检查。"

注:统计时间截止到 2019 年 12 月 31 日。

"领导小组"以其"权威集聚"这一特质,为改革中试点、督察工作的开展提供了重要的权威性支持。改革领导小组能够赋予试点地区和部门相应的试验权限,支持他们开展新的探索和尝试,并为其排除试点过程中可能遭遇的困难和阻力。在特定情况下,改革领导小组会亲自启动并主导试点工作,在试什么、怎么试、推什么、如何推等关键问题上发挥作用和影响,包括选择确定试点单位、制定试点方案、指导试点过程、总结和复制推广试点经验等。同时，改革领导小组也是督察工作权威性的有力来源，可以直接派出督察组来推动政策落实。如中央全面深化改革领导小组办公室每年就多次派出督察组，以"中央改革办督察组"的名义到各地各部门进行督察，仅在 2016 年这一年就督察了 27 个中央和国家机关、26 个省区市。

试点机制以其"在地性""一线性"等特质，为"领导小组"的决策提供灵感和参考，实时反馈改革状态。改革试点所在地就是信息来源地，试点过程中所获取的资讯、做法、经验是"领导小组"评估改革新方案成效、进而决定下一步行动的最直接、最现实的依据。试点工作人员是改革政策落地的直接"操作者"和"感受者"，他们所反映出的行为和思想状况显然也是决策者最希望了解和收集到的。

督察机制以其"机动性""桥接性"等特质，有效延伸了"领导小组"的作用力，及时带回改革政策的进展信息，贯通了改革的"前端"与"末梢"。作为对"领导小组"作用力的"投射"和"输送"，督察组在某种意义上"代表"着"领导小组"的改革决心和意志。多个督察组频繁地抵达各个地区和部门，督促、推动各方面及时落实"领导小组"所布置的诸项工作。为克服"改不动""推不开""久试不改""久试不推"等难题，督察组普遍将改革政策的进度、质量作为督察工作的重点内容。在这一过程中，督察组还会听取和汇总来自基层一线、改革前沿的各种意见建议，把改革地区和部门的真实状态、改革政策的运行情况源源不断地反馈给决策者，以"传送带"的形式促进改革决策者和执行者及时地了解到彼此的想法和意图。

三、推进领导小组运行的精良化

领导小组在助推全面深化改革进程朝着治理现代化的总目标迈进的同

时，自身亦需完成升级更新。为更好地契合治理现代化的发展轨道，"领导小组"需要在法治化、标准化、公开化等方面持续提升。

一是加强制度规束与保障。将"领导小组"的运行更好地置于法治框架内，既是规束，更是保障。未来应尽快在一些核心问题上给予"领导小组"更加有力的制度支持，包括"领导小组"在组织体系中的法律地位、"领导小组"与正式序列机构的关系、"领导小组"之间的关系、"领导小组"自身的权责义务等。这既保障了"领导小组"的运行能够于法有据，同时也将所有参与领导小组治理活动的相关人员的行为，纳入有法可规束、可判定的框架。

二是明确技术标准。对于"领导小组"的运行，应有更加清晰化的"使用说明"与"操作手册"。"领导小组"固然具有"聚力"优势，但若不加限制地"聚力"，过度吸纳常规治理资源，则会极大地侵扰常规治理秩序。这就需要为"领导小组"的启用和运行设置一定的"门槛"，包括明确新成立"领导小组"所需符合的前提条件、限制"领导小组"的存续周期、细化"领导小组"的运行规则等。通过在"领导小组"与日常治理手段之间划定一条"分界线"，将"领导小组"的应用范围限定为"特定情况下的特定事项"。

三是配套智力引入机制。"领导小组"部分地存在着"内部人"局限，需要从外部"引智"予以克服。"领导小组"是党政部门主要领导成员在特定事项上的一种"临时协作"，所需资源依赖于组成人员从其所在部门"带来"。尤其是在最为核心的决策工作上，相较于正式制度体系中的各种领导、决策机制，"领导小组"缺乏专门性的参谋、咨询系统，只能零散地从各成员单位汲取政策资源，来支撑"领导小组"大量的决策性、研究性事务。然而，由于"领导小组"承担的是单一职能部门难于应对的跨领域、跨部门事项，因此在"领导小组"决策会议讨论中，各成员单位从自身所在业务领域内提取的讯息、知识，并不能够有效达到这些复合型政策方案所要求的全面性、统筹性标准。

为更好地优化决策，"领导小组"有必要配备对应的"专家集群"。作为跨领域、跨部门的负责方、统筹者,"领导小组"需要科学地做出超越部门范畴、局部范围的决断。尤其是在一些专业性强、牵涉面广、阻力大的改革领域,如医药卫生体制改革、网络与信息化改革、政府购买服务改革等,"领导小组"要有针对性地建立起独立的参谋咨询系统,包括专家咨询委员会、专家组等,不再受限于各组成部门的"业务性"知识。如国务院推进职能转变协调小组所设立的专家组,规定其主要任务就是受协调小组委托,根据工作安排对简政放权、放管结合、职能转变事项进行评估,客观公正地提出意见和建议。"领导小组"除了自身的相关会议之外,可通过定期召开专家例会、专题咨询会等形式,保证领导小组成员与专家成员能够经常性地坐在一起、面对面交流,共同就相关议题展开讨论。

四是准确及时发布信息。公开透明是现代治理所要求遵循的常识性规则。"领导小组"因其机动性特质,并不进入党政组织机构名录,较少为公众甚至党政部门自身所注意,因而在这方面尚有较大的提升空间。对诸如"领导小组"的具体数量、领域分布、组成人员、会议内容、印发文件、人员变动、经费来源与使用等实时状态信息,有规律地进行汇集、梳理和公布,便于各方面及时知晓"领导小组"工作进展,是消除领导小组"隐匿化"惯性的重要一步。将"领导小组"置于"聚光灯"下,既能够促使"领导小组"更加注意自身运行的规范性,亦有助于增进内外部对于"领导小组"工作的理解和认可。

结语　大国治理中的领导小组

　　从现代治理对政府构件的要求的角度看，中国政府机构中基本的、常规性的组织已经设置得十分完备。但与其他国家的政治和政府活动相比，存在于中国政治系统中的各种要素远多于政治学和政府学理论中的一般规定，于是将这些要素有效纳入并整合是政治领导和政治管理网络的现实需要，这使得中国政府在正式的"组织图表"之外还安排了一系列非制度性组织。

　　这些非正式、尚未进入正式制度规定的组织或组织性机制，虽从未显示在组织图表中，但实际上对常规性组织的日常职能和政治系统的整体运转有着极为重要的作用。这些特殊的机制安排外化为经常出现于中国政府运行过程中的特定词汇和话语，以"领导小组"为主的各种议事协调机构与机制，以及"口""系统""条""块"等都是它们中的典型代表。

　　中国治理具有显著的"贯通性"。中国共产党和中国政府，在长期而丰富的治理实践中，创造、使用、精炼出自身所独有的一系列技术性治理机制，服务于治国理政事业。从新中国到新时代，这些治理机制随着国家治理的各种需求动态行进、升级演化。它们以其实用性、普遍性，共同构成了大国治理的"工具库"，其中一个关键性机制，就是领导小组。

作为一种精巧的技术性机制，它们在角色设计及现实功能中呈现出"无形而有力"的显著特点。从存在方式上看，无论是在中共中央组织机构图还是中央政府组织机构图中，都鲜见诸如"领导小组"等议事协调机构与机制的身影，至于地方各级党政机关中的"领导小组"，更是难于探寻。但这些看似"隐而不见"的机构与机制，却在现实中极为有力地保证了各个政治子系统的相对独立运转和有效统一，并已经融入政治生活的多个方面。

就本书的研究主题而言，"领导小组"和以其为内核而衍生出来的一系列治理行为，作为中国党政系统组织体系中的特定名词和特有话语，是中国党政系统及其运行过程中若干个"特殊板块"之一。"领导小组"既是一种带有独特结构特点以及存在方式的组织模式，同时也是中国政府与政治运行过程中特有的一种工作机制和手段。作为对中国政府与政治之中心命题——"党政关系"的重要组成部分和进一步反映，"领导小组"首先是中国共产党实现其对政治生活各方面的领导的一种重要方式，同时他业已被其他方面的组织所广泛采用，从党的一种"领导方式"扩展为整个政治系统运行中一种普遍性的"管理方式"。而其所以能延展至今，乃是源于"领导小组"在发展过程中逐渐集合了多种功能于一体，进而能够作为一个"多功能性"机制被广泛运用于中国政府过程中。对"领导小组"的独特性质及功能定位的种种发现，不但进一步扩展了中国政策制定及其执行过程的"前端"与"末梢"，更有助于描绘出中国党政系统组织体系及其运行过程的完整谱系图。

对"领导小组"等中国政治组织体系中一系列特殊机制设计的揭示和阐释，其目的在于更为细致地展现中国政府在某些重要方面的运作情况，以进一步丰富对于中国政府过程的认识，并希冀于增强对中国政府过程中某些重要现象和问题的解释力。党的十八大尤其是十九届三中全会以来，"领导小组"以前所未有的规模、力度，全面进入中国国家治理体系和治理实践，发挥着举足轻重的作用及影响。从某种程度上说，"小组治大国"正在各个治理领域逐步实现。这一治理进展会给中国经济社会发展带来什么样的影响？值得进一步观察和追踪。

领导小组在中国国家治理实践中的成长叙事，是一个从无到有、由粗到精的持续进阶过程。显而易见的是，领导小组的更新升级已经取得了可观的进展，但远未结束。在迈向一项成熟而定型的现代化治理制度的道路上，领导小组尤其需要逐步实现"名实相符"，精准确定自身在国家治理体系中的真正方位。

作为中国共产党和中国政府自身"创业"并积累下来的重要"治理资产"，"领导小组"当然是生长于中国治理土壤之上的独特现象，形成了自身的独到作用逻辑和原创性贡献。更为重要的是，基于这一本土性治理机制生发而来的理论认知，能够极大地扩充和丰富现有的国家治理现代化知识库，进而拓展国家治理现代化理论版图中的中国领地。对于塑造更具包容性与解释力的国家治理现代化理论体系这一长期目标及任务而言，其既是一项需要持续投入的基础性工作，亦是一个极具价值的学术机遇与挑战。

作为一项"原创"的治理设计，治理者实际上一直在不断打磨领导小组的内涵与外延，尝试将其准确"归位"。自诞生以来，领导小组的名称、定位一再变换，从早期的不具其名到中期的非常设机构、临时机构，再从近期的议事协调机构到最新的决策议事协调机构，都在显示出治理者对其真实位置的阶段性思考。同时，要理性地看到，无论是在中共中央组织结构图中，还是中央人民政府组织机构图中，仍未出现领导小组的"身影"，地方党政组织体系中对此亦是同样操作。关注领导小组的各方论者，只能从零散的公开新闻报道中对其一窥究竟，而无法获及一份正式而完整的制度化资讯。这意味着，虽然各级各类领导小组在治理现实中是如此的活跃，然而其在治理体系中的确定性"位置"，还是一个悬而未决的议题。

目前，领导小组集群已然自成一体，其丰富的类型、遍及的广度、特定的结构、多样的功能，要求有一个能够完整涵盖、切实符合这些事实的名称与之相匹配。尤其是国家治理现代化这一发展总目标的确立，更加明确和迫切地将对领导小组展开学理凝练这一研究任务"提上日程"。当然，由于领导小组的多重属性、多种形态，使得这一升华提炼工作极具挑战性。领导小组的运转游离于实体与虚置、常设与间歇、主力与配角之间，给现有的理论支撑及词汇储备摆出了一套难题。不过，越具复杂性的研究选题，自然意味着更加可观的学术产出。可以期待，按照这一学术路线攻坚前行，既能够在中国国家治理体系中开辟出新的坐标，更能对已有知识版图产生话语影响和理论贡献。

附录　领导小组资料汇编

《中华人民共和国国务院行政机构设置和编制管理条例》(节录)

(1997 年 8 月 3 日中华人民共和国国务院令第 227 号发布)

第六条　国务院行政机构根据职能分为国务院办公厅、国务院组成部门、国务院直属机构、国务院办事机构、国务院组成部门管理的国家行政机构和国务院议事协调机构。

国务院议事协调机构承担跨国务院行政机构的重要业务工作的组织协调任务。国务院议事协调机构议定的事项,经国务院同意,由有关的行政机构按照各自的职责负责办理。在特殊或者紧急的情况下,经国务院同意,国务院议事机构可以规定临时性的行政管理措施。

第十条　设立国务院议事协调机构,应当严格控制;可以交由现有机构承担职能的或者由现有机构进行协调可以解决问题的,不另设立议事协调机构。

设立国务院议事机构,应当明确规定承担办事职能的具体工作部门;为处理一定时期内某项特定工作设立的议事协调机构,还应当明确规定其撤销的条件或者撤销的期限。

第十一条 国务院议事协调机构的设立、撤销或者合并、由国务院机构编制管理机关提出方案,报国务院决定。

第二十条 国务院议事协调机构不单独确定编制,所需要的编制由承担具体工作的国务院行政机构解决。

《中华人民共和国地方各级人民政府机构设置和编制管理条例》（节录）

（2007 年 2 月 14 日中华人民共和国国务院第 169 次常务会议通过）

第十一条 地方各级人民政府设立议事协调机构,应当严格控制;可以交由现有机构承担职能的或者由现有机构进行协调可以解决问题的,不另设立议事协调机构。

为办理一定时期内某项特定工作设立的议事协调机构,应当明确规定其撤销的条件和期限。

第十二条 县级以上地方各级人民政府的议事协调机构不单独设立办事机构,具体工作由有关的行政机构承担。

第十九条 地方各级人民政府议事协调机构不单独确定编制,所需要的编制由承担具体工作的行政机构解决。

《国务院关于清理非常设机构的通知》

国发〔1986〕100 号

　　近几年来,各级国家机关在常设机构之外设置了不少委员会、领导小组、办公室等非常设机构。从实际情况考虑,由于新旧管理体制正处于转换时期,现有常设机构不能完全适应社会发展、经济建设和各项改革的需要,临时设置一些非常设机构,加强某些方面的工作是必要的,但是,目前非常设机构设置过多过乱,在许多地方超过了常设机构的数量,而且还在继续增加;有的任务已基本完成或主要工作已移交常设机构办理,机构依然存在;有的设置实体的办事机构,还形成上下对口的管理系统,从而加剧了政府机构的臃肿、重叠,既扩大了人员编制,增加了国家财政负担,又造成常设与非常设机构分工不清,以致助长了官僚主义,降低了工作效率。国务院认为,当前必须认真清理非常设机构,清理的重点是设有工作实体的非常设机构。为了,特作如下通知:

　　一、区别情况,撤并一批非常设机构。各级国家机关现有的非常设机构中,凡承担的任务已基本完成或可交由有关部门办理的一律撤销;具体工作可交由有关部门办理,但确因对内对外工作需要一时不能撤销的,可保留名义,撤销实体办事机构;确属经济体制改革需要,为弥补常设机构设置不足成立的,或承担的任务尚未完成,而目前又难以交由某一部门管理的,可暂予保留。

　　二、要严格控制非常设机构的设置。已明确属于有关部门职责范围内的工作,或可确定由某一部门负责的任务,或可由政府办公会议、部门联席会议解决的问题,不再设非常机构。属于综合、协调、咨询性的工作,原则上不设非常设机构，非设不可时，其日常工作由主管部门负责。属于跨部门、跨地区功涉及军民合作的任务，需设非常设机构的，其实体办事机构由依托单位代管。属于临时性、阶段性的社会工作任务，需设非常设机构时，从有关部门抽调人员组成精干班子，不列编制，任务完成后立即撤销。属于需设非常设机构动员、号召群众和组织社会力量共同完成某些任务，可在有关部门挂牌子，不另设办事机构。上级政府一般不得要求下级政府对口设立非常设机构；县以下特别是区、乡、镇，原则上不准设立非常设机构。

三、加强对设置非常设机构的管理，建议健全审批制度。今后各级国家机关增设非常设机构，须由有关部门提出专题报告，经编制部门审核并提出意见，由同级政府讨论决定；需在非常设机构之下设立实体办事机构的，要按照设置常设机构的审批程序，实行"一支笔"审批的原则，从严掌握。

四、各地区、各部门要按照本通知要求，结合实际情况，制订清理方案，抓紧落实。中央国家机关在清理工作中要起表率作用。已经进行清理、整顿的要作进一步的检查。各省、自治区、直辖市要在今年底将清理、整顿结果报告中央精简工作领导小组办公室。

国务院

一九八六年十月月三十日

《国务院关于非常设机构设置问题的通知》

国发〔1988〕56 号

多年来，国务院根据工作需要，陆续在常设机构之外设置了一批非常设机构。其中多是跨部门或跨地区的综合、协调性机构，以及研究、拟订某些重大方针、政策,提出规划或改革方案的机构,也有些是为弥补常设机构职能不足而设立的。这些非常设机构做了大量工作,发挥了重要作用。现在,有些非常设机构所承担的任务已经完成;还有些非常设机构,随着国务院常设机构的改革和部门职能的转变,所承担的任务可移交给有关部门,或保留其名义,具体工作由有关部门承担。为此,国务院根据精简、统一、效能的原则,对原有的非常设机构进行了清理整顿,确定设置四十四个非常设机构(附后),并分别由国务院领导同志按其业务分工分管。这些非常设机构的成员人选,由主要负责人提出意见,报国务院审定。确定撤销的非常设机构,其尚未完成的任务,应按业务性质转到有关部门,干部由主管部门分配;机构的资产按《国务院办公厅关于中央国家机关在机构改革中财产处理等问题的通知》(国办发〔1988〕2号)规定办理。

今后,已明确属于有关部门职责范围内的工作,或可由部门承担的任务,一般不再设非常设机构;非设不可的,也不单列编制,其日常工作由主管部门负责。对某些确需由有关部门协同完成的任务,可建立部际联席会议制度,由主管部门负责同志牵头进行协调。国务院需要新设非常设机构时,要经国务院常务会议讨论决定,其中需单设办事机构的,要经国务院主管机构编制的部门审核,并按常设机构的审批程序办理,任务完成后即予撤销。

国家机构编制委员会,具体工作由人事部承担。

国务院企业管理指导委员会,具体工作由国家体改委承担。

国务院物价委员会,保留原物价小组的办事机构。

国务院三峡工程审查委员会,具体工作由水利部承。

国务院口岸领导小组,保留原办公室,由国家计委归口管理。

全国矿产储量委员会,具体工作由地矿部归口管理的国家矿产储量管理局承担。

国务院三峡地区经济开发办公室。

国务院三线建设调整改革规划办公室,由国家计委归口管理。

国务院军队转业干部安置工作小组,具体工作由人事部承担。

国务院住房制度改革领导小组,具体工作由建设部承担。

国务院机电设备进口审查办公室,办公室设置在物资部。

全国绿化委员会,具体工作由林业部承担。

全国农业区划委员会,具体工作由林业部承担。

全国水资源与水土保持工作领导小组,具体工作由水利部承担,由原全国水资源协调小组和全国水土保持协调小组合并而成。

国家防汛总指挥部,具体工作由水利部承担,原国务院抗旱领导小组并入该指挥部。

国家森林防火总指挥部,具体工作由林业部承担。

国务院外国投资工作领导小组,具体工作由特区办承担。

关税和贸易总协定谈判部际协调小组,具体工作由经贸部承担。

国务院宁波经济开发协调小组,具体工作由特区办承担,原办公室并入特区办。

国务院机电产品出口办公室,暂由国务院办公厅代管。

国家旅游事业委员会,具体工作由旅游局承担。

全国爱国卫生运动委员会,具体工作由卫生部承担,原办事机构并入卫生部。

国务院学位委员会,具体工作由国家教委承担,办公室仍属国家教委建制。

国务院古籍整理出版规划小组,具体工作由中华书局承担。

国务院、中央军委交通战备领导小组,办公室设在总后勤部。

中华人民共和国人民防空委员会,办公室设在总参作战部。

国务院关税税则委员会,具体工作由海关总署承担。

全国控制社会集团购买力领导小组,保留原办事机构。

国务院税收财务物价大检查办公室,保留原办事机构。

国务院环境保护委员会,环保局为其办事机构。

国务院电子信息系统推广应用办公室,具体工作由国家科委承担。

全国安全生产委员会,具体工作由劳动部承担。

国务院核电领导小组,保留原办公室,由能源部归口管理。

国务院重大技术装备领导小组,保留原办事机构,挂靠在机电部。

国家无线电管理委员会,保留原办事机构,由邮电部代管。

国务院、中央军委空中交通管制委员会。

国务院以煤代油专用资金办公室,由国家计委和能源部双重领导,以国家计委为主。

国务院稀土领导小组,办事机构设在国家计委。

国务院煤炭出口领导小组,具体工作由能源部承担。

国务院贫困地区经济开发领导小组,由原贫困地区经济开发领导小组与"三西"地区农业建设领导小组合并而成。

国家土地开发建设基金管理领导小组,具体工作由财政部承担。

国务院引进国外智力领导小组,具体工作由外专局承担。

国务院退伍军人和军队离休退休干部安置领导小组,具体工作由民政部承担。

中国地名委员会,具体工作由民政部承担,原办公室已并入民政部。

国务院

一九八八年八月十一日

《关于国务院议事协调机构和临时机构设置的通知》

国发〔1993〕27号

各省、自治区、直辖市人民政府,国务院各部委、各直属机构:

按照党的十四大关于大幅度裁减非常设机构的要求,对原有的国务院非常设机构进行了清理调整,并改称为议事协调机构和临时机构。

现将调整后的国务院议事协调机构和临时机构(共二十六个)设置情况通知如下:

国家国防动员委员会　　具体工作由总参谋部、总后勤部、国家计委承担

国务院、中央军委专门委员会　　　具体工作由国防科工委承担

国家边防委员会　　　　　　具体工作由总参谋部承担

国务院、中央军委空中交通管制委员会　　具体工作由总参谋部承担

全国爱国卫生运动委员会　办事机构并入卫生部,具体工作由卫生部承担

全国矿产储量委员会　　　　　具体工作由地矿部承担

国务院军队转业干部安置工作小组　　　具体工作由人事部承担

全国绿化委员会　　　　　　具体工作由林业部承担

国家无线电管理委员会　　　　在邮电部单设办事机构

国务院学位委员会　　　　　在国家教委单设办事机构

国务院环境保护委员会　　　具体工作由国家环保局承担

国务院退伍军人和军队离休退休干部安置领导小组

　　　　　　　　　　　　具体工作由民政部承担

国家防汛抗旱总指挥部　　　在水利部单设办事机构

国务院妇女儿童工作协调委员会　　具体工作由全国妇联承担

全国拥军优属拥政爱民工作领导小组　具体工作由民政部、总政治部承担

国务院三峡工程建设委员会　　　　　　在国家计委单设办事机构

国务院证券委员会　　　　　　　　　　办事机构设在证监会

国务院残疾人工作协调委员会　　　　　具体工作由中残联承担

国务院、中央军委军品贸易领导小组　　在总参谋部单设办事机构

国务院住房制度改革领导小组　　　　　具体工作由国家体改委承担

关税和贸易总协定谈判委员会　　　　　具体工作由外经贸部承担

国务院贫困地区经济开发领导小组　　　在农业部单设办事机构

国务院关税税则委员会　　　　　　　　具体工作由国家经贸委承担

中国国际减灾十年委员会　　　　　　　具体工作由民政部承担

全国禁毒工作领导小组　　　　　　　　在公安部单设办事机构

全国打击走私协调小组　　　　　　　　具体工作由海关总署承担

此外：

国家农业综合开发领导小组撤销后，工作改由财政部承担；

国务院电子信息推广应用办公室撤销后，工作改由电子工业部承担；

国务院核电领导小组及国家核事故应急委员会撤销后，工作改由国家计委承担；

国务院稀土领导小组撤销后，工作改由国家经贸委承担；

国务院以煤代油专用资金办公室撤销后，工作改由国家计委承担；

国务院重大技术装备领导小组撤销后，工作改由国家经贸委承担；

国务院农业生产资料协调领导小组撤销后，工作改由国家经贸委承担；

全国濒危动物保护领导小组撤销后，工作改由国家环境保护委员会承担。

国务院口岸领导小组撤销后，办事机构并入国家经贸委，用国家口岸办公室的名义；

国务院机电产品出口办公室和国务院机电设备进口协调办公室撤销后，

工作由国家经贸委承担,用国家机电产品进出口办公室的名义;

国务院古籍整理出版规划小组撤销后,工作改由国家教委承担,用国家古籍整理出版规划小组的名义;

国务院太湖治理领导小组和国务院淮河治理领导小组撤销后,工作由水利部承担,分别保留名义;

国务院纠正行业不正之风办公室的工作由监察部承担,保留名义;

国务院的其他非常设机构一律撤销。

国务院

一九九三年四月十九日

《国务院办公厅关于部分已撤销的国务院非常设机构其原工作移交有关部门承担问题的通知》

国办发〔1993〕42 号

各省、自治区、直辖市人民政府,国务院各部委、各直属机构:

李鹏总理在八届全国人大一次会议的《政府工作报告》中宣布:国务院的"非常设机构由八十五个减为二十六个。"国务院《关于国务院议事协调机构和临时机构设置的通知》(国发〔1993〕27 号)规定,将国务院的非常设机构改称为议事协调机构和临时机构,正式公布了经调整后的二十六个国务院议事协调机构和临时机构名单,其余五十九个非常设机构撤销后,其原工作是否需要移交以及如何移交问题,在国发〔1993〕27 号文中已对其中十六个非常设机构的工作移交问题做了安排。经研究,尚需明确其余被撤销非常设机构的工作移交问题,并在审定国务院有关部门"三定"方案时予以调整落实,现通知如下：

国务院税收财务物价大检查办公室撤销后，需要进行检查时，由财政部牵头组织力量；

全国整顿清理书报刊和音像市场工作小组撤销后，工作由新闻出版署承担；

国务院干线飞机研制领导小组撤销后，工作由中国航空工业总公司承担；

全国治沙领导小组撤销后，工作由林业部承担；

全国企事业社团统一代码标识制度领导小组撤销后，工作由国家经贸委管理的国家技术监督局承担；

国家旅游事业委员会撤销后，工作由国家旅游局承担；

国务院物价委员会撤销后，工作由国家计委承担；

全国安全生产委员会撤销后，工作由劳动部承担；

国务院国民经济和社会发展总体研究协调小组撤销后，工作由国家计委承担；

国务院煤炭出口领导小组撤销后，工作由国家经贸委承担；

国务院职称改革领导小组撤销后，工作由人事部承担；

国务院统一着装委员会撤销后，工作由财政部承担；

国务院引进外国智力工作领导小组撤销后，工作由人事部管理的国家外国专家局承担；

国家气候协调小组撤销后，工作由中国气象局承担；

全国农业区划委员会撤销后，工作由农业部承担；

国务院三线建设调整改造规划办公室撤销后，工作由国家计委承担；

全国水资源与水土保持领导小组撤销后，工作由水利部承担；

国家森林防火总指挥部撤销后，工作由林业部承担；

全国控制社会集团购买力领导小组撤销后，工作由财政部承担；

中国地名委员会撤销后,工作由民政部承担;

全国防治牲畜疫病总指挥部撤销后,工作由农业部承担;

国务院高技术计划协调指导小组撤销后,工作由国家科委承担;

国务院清产核资领导小组撤销后,工作由财政部管理的国家国有资产管理局承担;

全国国民经济核算协调委员会撤销后,工作由国家统计局承担;

国务院投入产出调查协调领导小组撤销后,工作由国家统计局承担;

国务院联合清理拖欠税款领导小组撤销后,工作由财政部承担;

全国治理"三乱"领导小组撤销后,工作由财政部承担;

国家机构编制委员会撤销后,工作由中央编委承担;

国务院办公厅

一九九三年七月九日

《国务院关于议事协调机构和临时机构设置的通知》

国发〔1998〕7 号

各省、自治区、直辖市人民政府,国务院各部委、各直属机构:

根据国务院第一次全体会议审议通过的国务院议事协调机构和临时机构调整方案,现将国务院议事协调机构和临时机构的设置与调整通知如下:

一、国务院议事协调机构和临时机构设置

国家国防动员委员会,具体工作由国家发展计划委员会、总参谋部、总后勤部承担;

国务院中央军委专门委员会,具体工作由国防科工委承担;

国家边防委员会,具体工作由总参谋部承担;

国务院中央军委空中交通管制委员会,具体工作由总参谋部承担;

全国爱国卫生运动委员会,具体工作由卫生部承担;

全国绿化委员会,具体工作由国家林业局承担;

国务院学位委员会,在教育部单设办事机构;

国家防汛抗旱总指挥部,在水利部单设办事机构;

国务院妇女儿童工作协调委员会,具体工作由全国妇联承担;

全国拥军优属拥政爱民工作领导小组,具体工作由民政部、总政治部承担;

国务院三峡工程建设委员会,单设办事机构;

国务院残疾人工作协调委员会,具体工作由中残联承担;

国务院扶贫开发领导小组,在农业部单设办事机构;

国务院关税税则委员会,具体工作由财政部承担;

中国国际减灾十年委员会,具体工作由民政部承担;

国务院科技教育领导小组,具体工作由科技部、教育部承担;

国家履行《禁止化学武器公约》工作领导小组,具体工作由国家石油和化学工业局承担;

国务院军队转业干部安置工作小组,具体工作由人事部承担;

国家经济体制改革委员会,具体工作由国务院体改办承担;

此外,国务院纠正行业不正之风办公室保留名义,工作由监察部承担。

二、撤销的国务院议事协调机构和临时机构

撤销全国矿产资源委员会,工作改由国土资源部承担;

撤销国家无线电管理委员会,工作改由信息产业部承担;

撤销国务院环境保护委员会,工作改由环保总局承担;

撤销国务院退伍军人和军队离休退休干部安置领导小组,具体工作由民政部承担；

撤销国务院证券委员会,工作改由证监会承担；

撤销国务院中央军委军品贸易领导小组,工作改由国防科工委承担；

撤销国务院住房制度改革领导小组,工作由建设部承担；

撤销关税和贸易总协定谈判委员会,工作改由外经贸部承担；

撤销全国禁毒工作领导小组,工作改由公安部承担；

撤销全国打击走私领导小组,工作改由海关总署承担；

撤销全国外资工作领导小组,工作改由外经贸部承担；

撤销国务院外汇体制改革协调领导小组,工作改由中国人民银行承担；

撤销国务院财税体制改革协调领导小组,工作改由财政部承担；

撤销国务院勘界工作领导小组,工作改由民政部承担；

撤销国务院信息化工作领导小组,工作改由信息产业部承担；

撤销国务院对非洲经济贸易技术合作协调小组,工作改由外经贸部承担；

此外,撤销名义的机构：

撤销国家口岸办公室,工作改由海关总署承担；

撤销国家机电产品进出口办公室,工作由外经贸部承担；

撤销国家古籍整理出版规划小组,工作由新闻出版署承担；

撤销国务院太湖治理领导小组和国务院淮河治理领导小组,工作由水利部承担。

国务院的其他议事协调机构和临时机构一律撤销;原保留名义的不再保留。

国务院

一九九八年三月二十九日

《国务院关于议事协调机构和临时机构设置的通知》

国发〔2003〕10 号

各省、自治区、直辖市人民政府,国务院各部委、各直属机构:

根据国务院第一次常务会议审议通过的国务院议事协调机构和临时机构调整方案,现将国务院议事协调机构和临时机构的设置与调整通知如下:

一、国务院议事协调机构和临时机构设置

国家国防动员委员会,具体工作由国家发展和改革委员会、总参谋部、总后勤部承担。

国务院中央军委专门委员会,具体工作由国防科学技术工业委员会承担。

国家边防委员会,具体工作由总参谋部承担。

国务院中央军委空中交通管制委员会,具体工作由总参谋部承担。

全国爱国卫生运动委员会,具体工作由卫生部承担。

全国绿化委员会,具体工作由国家林业局承担。

国务院学位委员会,在教育部单设办事机构。

国家防汛抗旱总指挥部,在水利部单设办事机构。

国务院妇女儿童工作委员会,具体工作由中华全国妇女联合会承担。

全国拥军优属拥政爱民工作领导小组,具体工作由民政部、总政治部承担。

国务院三峡工程建设委员会,单设办事机构。

国务院残疾人工作协调委员会,具体工作由中国残疾人联合会承担。

国务院扶贫开发领导小组,单设办事机构。

国务院关税税则委员会,具体工作由财政部承担。

中国国际减灾委员会,具体工作由民政部承担。

国家科技教育领导小组，办公室设在国务院办公厅。

国家履行《禁止化学武器公约》工作领导小组，具体工作由国家发展和改革委员会承担。

国务院军队转业干部安置工作小组，具体工作由人事部承担。

国家禁毒委员会，具体工作由公安部承担。

全国老龄工作委员会，办公室设在民政部。

国务院西部地区开发领导小组，在国家发展和改革委员会单设办事机构。

国务院抗震救灾指挥部，办公室设在中国地震局。

国家处置劫机事件领导小组，办公室设在中国民用航空总局。

全国整顿和规范市场经济秩序领导小组，办公室设在商务部。

国家信息化领导小组，单设办事机构。

国务院行政审批制度改革工作领导小组，办公室设在监察部。

此外，国务院纠正行业不正之风办公室保留名义，具体工作由监察部承担。

二、撤销的国务院议事协调机构和临时机构

撤销国务院清理整顿经济鉴证类社会中介机构领导小组，工作由财政部承担。

撤销国务院打击骗取出口退税工作领导小组，工作由国家税务总局承担。

撤销全国粮食清仓查库工作领导小组，工作由国家发展和改革委员会承担。

撤销国家经济体制改革委员会，工作由国家发展和改革委员会承担。

撤销国务院安全生产委员会，工作由国家安全生产监督管理局承担。

撤销第29届奥林匹克运动会工作领导小组，工作由第29届奥林匹克运动会组织委员会承担。

国务院

二〇〇三年三月二十一日

《国务院关于议事协调机构设置的通知》

国发〔2008〕13 号

各省、自治区、直辖市人民政府,国务院各部委、各直属机构:

根据国务院第一次常务会议审议通过的精简和规范国务院议事协调机构方案,现就国务院议事协调机构的设置与调整等问题通知如下:

一、国务院议事协调机构设置

国家国防动员委员会,具体工作由国家发展和改革委员会、总参谋部、总政治部、总后勤部承担。

国务院中央军委专门委员会,具体工作由工业和信息化部承担。

国家边海防委员会,具体工作由总参谋部承担。

国务院中央军委空中交通管制委员会,具体工作由总参谋部承担。

全国爱国卫生运动委员会,具体工作由卫生部承担。

全国绿化委员会,具体工作由国家林业局承担。

国务院学位委员会,具体工作由教育部承担。

国家防汛抗旱总指挥部,具体工作由水利部承担。

国务院妇女儿童工作委员会,具体工作由中华全国妇女联合会承担。

全国拥军优属拥政爱民工作领导小组,具体工作由民政部、总政治部承担。

国务院残疾人工作委员会,具体工作由中国残疾人联合会承担。

国务院扶贫开发领导小组,单设办事机构。

国务院关税税则委员会,具体工作由财政部承担。

国家减灾委员会,具体工作由民政部承担。

国家科技教育领导小组，具体工作由国务院办公厅承担。

国务院军队转业干部安置工作小组，具体工作由人力资源和社会保障部承担。

国家禁毒委员会，具体工作由公安部承担。

全国老龄工作委员会，办公室设在民政部，与中国老龄协会合署办公。

国务院西部地区开发领导小组，撤销其单设的办事机构，具体工作由国家发展和改革委员会承担。

国务院振兴东北地区等老工业基地领导小组，撤销其单设的办事机构，具体工作由国家发展和改革委员会承担。

国务院抗震救灾指挥部，具体工作由中国地震局承担。

国家信息化领导小组，具体工作由工业和信息化部承担。

国家应对气候变化及节能减排工作领导小组（对外视工作需要可称国家应对气候变化领导小组或国务院节能减排工作领导小组），具体工作由国家发展和改革委员会承担。

国家能源委员会，具体工作由国家能源局承担。

国务院安全生产委员会，具体工作由国家安全生产监督管理总局承担。

国务院防治艾滋病工作委员会，具体工作由卫生部承担。

国家森林防火指挥部，具体工作由国家林业局承担。

国务院三峡工程建设委员会，单设办事机构，工作任务完成后撤销。

国务院南水北调工程建设委员会，单设办事机构，工作任务完成后撤销。

二、撤销的国务院议事协调机构

撤销国家能源领导小组，工作由新设立的国家能源委员会承担。

撤销国家处置劫机事件领导小组，工作由中国民用航空局承担。

撤销全国整顿和规范市场经济秩序领导小组，工作由商务部承担。

撤销国务院行政审批制度改革工作领导小组，工作由监察部等有关部门承担。

撤销国家中长期科学和技术发展规划领导小组,工作由科学技术部承担。

撤销全国防治非典型肺炎指挥部,工作由卫生部承担。

撤销国务院血吸虫病防治工作领导小组,工作由卫生部承担。

撤销国务院城市社区卫生工作领导小组,工作由卫生部承担。

撤销对台经贸工作协调小组,工作由商务部承担。

撤销世贸组织和自贸区工作小组,工作由商务部承担。

撤销国家知识产权战略制定工作领导小组,工作由国家知识产权局承担。

撤销国家保护知识产权工作组,工作由国家知识产权局承担。

撤销国务院产品质量和食品安全领导小组,工作分别由国家质量监督检验检疫总局和卫生部承担。

撤销全国服务业发展领导小组,工作由国家发展和改革委员会承担。

撤销国家核电自主化工作领导小组,工作由国家发展和改革委员会承担。

撤销全国防治高致病性禽流感指挥部,工作由农业部承担。

撤销国家西部地区"两基"攻坚领导小组,工作由教育部承担。

撤销国家生物技术研究开发与促进产业化领导小组,工作由科学技术部承担。

撤销全国农村义务教育经费保障机制改革领导小组,工作由财政部承担。

撤销全民科学素质工作领导小组,工作由中国科学技术协会承担。

撤销国家文化遗产保护领导小组,工作由文化部承担。

撤销国家汉语国际推广领导小组,工作由教育部承担。

撤销国家中西部农村初中校舍改造工程领导小组,工作由教育部承担。

撤销国家清史纂修领导小组(对外称中国国家清史纂修领导小组),工作由文化部承担。

撤销国家履行《禁止化学武器公约》工作领导小组,工作由工业和信息化部承担,保留国家履行《禁止化学武器公约》工作办公室名义。

此外,国务院纠正行业不正之风办公室保留名义,工作由监察部承担。

今后,要严格控制议事协调机构设置。凡工作可以交由现有机构承担或者由现有机构进行协调可以解决问题的,不另设立议事协调机构,涉及跨部门的事项,由主办部门牵头协调;确需设立议事协调机构的,要严格按照《国务院行政机构设置和编制管理条例》的规定,由国务院机构编制管理机关提出方案,报国务院决定,一般不单设实体性办事机构,不单独核定人员编制和领导职数。

国务院

二〇〇八年三月二十一日

《中共中央关于深化党和国家机构改革的决定》中有关"领导小组"的内容

（2018 年 2 月 28 日中国共产党第十九届中央委员会第三次全体会议通过）

党政军民学,东西南北中,党是领导一切的。加强党对各领域各方面工作领导,是深化党和国家机构改革的首要任务。要优化党的组织机构,确保党的领导全覆盖,确保党的领导更加坚强有力。

建立健全党对重大工作的领导体制机制。加强党的全面领导,首先要加强党对涉及党和国家事业全局的重大工作的集中统一领导。党中央决策议事协调机构在中央政治局及其常委会领导下开展工作。优化党中央决策议事协调机构,负责重大工作的顶层设计、总体布局、统筹协调、整体推进。加强和优化党对深化改革、依法治国、经济、农业农村、纪检监察、组织、宣传思想文化、国家安全、政法、统战、民族宗教、教育、科技、网信、外交、审计等工作的领导。其他方面的议事协调机构，要同党中央决策议事协调机构的设立调整相衔接，保证党中央令行禁止和工作高效。各地区各部门党委（党组）要坚持依规治党，完善相应体制机制，提升协调能力，把党中央各项决策部署落到实处。

《深化党和国家机构改革方案》中有关"领导小组"改革的内容

（《人民日报》2018 年 3 月 22 日 01 版）

（二）组建中央全面依法治国委员会。全面依法治国是中国特色社会主义的本质要求和重要保障。为加强党中央对法治中国建设的集中统一领导，健全党领导全面依法治国的制度和工作机制，更好落实全面依法治国基本方略，组建中央全面依法治国委员会，负责全面依法治国的顶层设计、总体布局、统筹协调、整体推进、督促落实，作为党中央决策议事协调机构。

主要职责是，统筹协调全面依法治国工作，坚持依法治国、依法执政、依法行政共同推进，坚持法治国家、法治政府、法治社会一体建设，研究全面依法治国重大事项、重大问题，统筹推进科学立法、严格执法、公正司法、全民守法，协调推进中国特色社会主义法治体系和社会主义法治国家建设等。

中央全面依法治国委员会办公室设在司法部。

（三）组建中央审计委员会。为加强党中央对审计工作的领导，构建集中统一、全面覆盖、权威高效的审计监督体系，更好发挥审计监督作用，组建中央审计委员会，作为党中央决策议事协调机构。

主要职责是，研究提出并组织实施在审计领域坚持党的领导、加强党的建设方针政策，审议审计监督重大政策和改革方案，审议年度中央预算执行和其他财政支出情况审计报告,审议决策审计监督其他重大事项等。

中央审计委员会办公室设在审计署。

(四)中央全面深化改革领导小组、中央网络安全和信息化领导小组、中央财经领导小组、中央外事工作领导小组改为委员会。为加强党中央对涉及党和国家事业全局的重大工作的集中统一领导,强化决策和统筹协调职责,将中央全面深化改革领导小组、中央网络安全和信息化领导小组、中央财经领导小组、中央外事工作领导小组分别改为中央全面深化改革委员会、中央网络安全和信息化委员会、中央财经委员会、中央外事工作委员会,负责相关领域重大工作的顶层设计、总体布局、统筹协调、整体推进、督促落实。

4个委员会的办事机构分别为中央全面深化改革委员会办公室、中央网络安全和信息化委员会办公室、中央财经委员会办公室、中央外事工作委员会办公室。

(五)组建中央教育工作领导小组。为加强党中央对教育工作的集中统一领导,全面贯彻党的教育方针,加强教育领域党的建设,做好学校思想政治工作,落实立德树人根本任务,深化教育改革,加快教育现代化,办好人民满意的教育,组建中央教育工作领导小组,作为党中央决策议事协调机构。

主要职责是,研究提出并组织实施在教育领域坚持党的领导、加强党的建设方针政策,研究部署教育领域思想政治、意识形态工作,审议国家教育发展战略、中长期规划、教育重大政策和体制改革方案,协调解决教育工作重大问题等。

中央教育工作领导小组秘书组设在教育部。

(九)中央组织部统一管理中央机构编制委员会办公室。为加强党对机构编制和机构改革的集中统一领导,理顺机构编制管理和干部管理的体制机制,调整优化中央机构编制委员会领导体制,作为党中央决策议事协调机构,统筹负责党和国家机构职能编制工作。

中央机构编制委员会办公室作为中央机构编制委员会的办事机构,承担中央机构编制委员会日常工作,归口中央组织部管理。

(十六)优化中央网络安全和信息化委员会办公室职责。为维护国家网络空间安全和利益,将国家计算机网络与信息安全管理中心由工业和信息化部管理调整为由中央网络安全和信息化委员会办公室管理。

工业和信息化部仍负责协调电信网、互联网、专用通信网的建设,组织、指导通信行业技术创新和技术进步,对国家计算机网络与信息安全管理中心基础设施建设、技术创新提供保障,在各省(自治区、直辖市)设置的通信管理局管理体制、主要职责、人员编制维持不变。

(十七)不再设立中央维护海洋权益工作领导小组。为坚决维护国家主权和海洋权益,更好统筹外交外事与涉海部门的资源和力量,将维护海洋权益工作纳入中央外事工作全局中统一谋划、统一部署,不再设立中央维护海洋权益工作领导小组,有关职责交由中央外事工作委员会及其办公室承担,在中央外事工作委员会办公室内设维护海洋权益工作办公室。

调整后,中央外事工作委员会及其办公室在维护海洋权益方面的主要职责是,组织协调和指导督促各有关方面落实党中央关于维护海洋权益的决策部署,收集汇总和分析研判涉及国家海洋权益的情报信息,协调应对紧急突发事态,组织研究维护海洋权益重大问题并提出对策建议等。

(十八)不再设立中央社会治安综合治理委员会及其办公室。为加强党对政法工作和社会治安综合治理等工作的统筹协调,加快社会治安防控体系建设,不再设立中央社会治安综合治理委员会及其办公室,有关职责交由中央政法委员会承担。

调整后,中央政法委员会在社会治安综合治理方面的主要职责是,负责组织协调、推动和督促各地区各有关部门开展社会治安综合治理工作,汇总掌握社会治安综合治理动态,协调处置重大突发事件,研究社会治安综合治理有关重大问题,提出社会治安综合治理工作对策建议等。

(十九)不再设立中央维护稳定工作领导小组及其办公室。为加强党对政法工作的集中统一领导,更好统筹协调政法机关资源力量,强化维稳工作的系统性,推进平安中国建设,不再设立中央维护稳定工作领导小组及其办公室,有关职责交由中央政法委员会承担。

调整后,中央政法委员会在维护社会稳定方面的主要职责是,统筹协调政法机关等部门处理影响社会稳定的重大事项,协调应对和处置重大突发事件,了解掌握和分析研判影响社会稳定的情况动态,预防、化解影响稳定的社会矛盾和风险等。

(二十)将中央防范和处理邪教问题领导小组及其办公室职责划归中央政法委员会、公安部。为更好统筹协调执政安全和社会稳定工作,建立健全党委和政府领导、部门分工负责、社会协同参与的防范治理邪教工作机制,发挥政法部门职能作用,提高组织、协调、执行能力,形成工作合力和常态化工作机制,将防范和处理邪教工作职责交由中央政法委员会、公安部承担。

调整后,中央政法委员会在防范和处理邪教工作方面的主要职责是,协调指导各相关部门做好反邪教工作,分析研判有关情况信息并向党中央提出政策建议,协调处置重大突发性事件等。公安部在防范和处理邪教工作方面的主要职责是,收集邪教组织影响社会稳定、危害社会治安的情况并进行分析研判,依法打击邪教组织的违法犯罪活动等。

(二十八)组建国家卫生健康委员会。人民健康是民族昌盛和国家富强的重要标志。为推动实施健康中国战略,树立大卫生、大健康理念,把以治病为中心转变到以人民健康为中心,预防控制重大疾病,积极应对人口老龄化,加快老龄事业和产业发展,为人民群众提供全方位全周期健康服务,将国家卫生和计划生育委员会、国务院深化医药卫生体制改革领导小组办公室、全国老龄工作委员会办公室的职责,工业和信息化部的牵头《烟草控制框架公约》履约工作职责,国家安全生产监督管理总局的职业安全健康监督管理职责整合,组建国家卫生健康委员会,作为国务院组成部门。

主要职责是,拟订国民健康政策,协调推进深化医药卫生体制改革,组织制定国家基本药物制度,监督管理公共卫生、医疗服务和卫生应急,负责计划生育管理和服务工作,拟订应对人口老龄化、医养结合政策措施等。

保留全国老龄工作委员会,日常工作由国家卫生健康委员会承担。民政部代管的中国老龄协会改由国家卫生健康委员会代管。国家中医药管理局由国家卫生健康委员会管理。

不再保留国家卫生和计划生育委员会。不再设立国务院深化医药卫生体制改革领导小组办公室。

(三十)组建应急管理部。提高国家应急管理能力和水平,提高防灾减灾救灾能力,确保人民群众生命财产安全和社会稳定,是我们党治国理政的一项重大任务。为防范化解重特大安全风险,健全公共安全体系,整合优化应急力量和资源,推动形成统一指挥、专常兼备、反应灵敏、上下联动、平战结合的中国特色应急管理体制,将国家安全生产监督管理总局的职责,国务院办公厅的应急管理职责,公安部的消防管理职责,民政部的救灾职责,国土资源部的地质灾害防治、水利部的水旱灾害防治、农业部的草原防火、国家林业局的森林防火相关职责,中国地震局的震灾应急救援职责以及国家防汛抗旱总指挥部、国家减灾委员会、国务院抗震救灾指挥部、国家森林防火指挥部的职责整合,组建应急管理部,作为国务院组成部门。

(四十四)国务院三峡工程建设委员会及其办公室、国务院南水北调工程建设委员会及其办公室并入水利部。目前,三峡主体工程建设任务已经完成,南水北调东线和中线工程已经竣工。为加强对重大水利工程建设和运行的统一管理,理顺职责关系,将国务院三峡工程建设委员会及其办公室、国务院南水北调工程建设委员会及其办公室并入水利部。由水利部承担三峡工程和南水北调工程的运行管理、后续工程建设管理和移民后期扶持管理等职责。

不再保留国务院三峡工程建设委员会及其办公室、国务院南水北调工程建设委员会及其办公室。

《建立健全党对重大工作的领导体制机制》

（《人民日报》2018 年 4 月 18 日 07 版）

党的十九届三中全会通过的《中共中央关于深化党和国家机构改革的决定》（以下简称《决定》）明确提出，深化党和国家机构改革要以加强党的全面领导为统领，形成总揽全局、协调各方的党的领导体系，完善保证党的全面领导的制度安排，改进党的领导方式和执政方式，提高党把方向、谋大局、定政策、促改革的能力和定力。《决定》把完善坚持党的全面领导的制度作为这次深化党和国家机构改革的首要制度安排，相应提出建立健全党对重大工作的领导体制机制、强化党的组织在同级组织中的领导地位、更好发挥党的职能部门作用、统筹设置党政机构、推进党的纪律检查体制和国家监察体制改革 5 个方面改革要求，其中"建立健全党对重大工作的领导体制机制"列在首位。对此，我们必须全面领会、准确把握，坚决贯彻落实。

加强党的全面领导，首先要加强党对涉及党和国家事业全局的重大工作的集中统一领导。

中国共产党的领导是中国特色社会主义最本质的特征。党政军民学，东西南北中，党是领导一切的。党和国家事业发展涉及的工作千头万绪，加强党的全面领导，发挥好党总揽全局、协调各方的作用，不是空洞的、抽象的，需要一整套制度安排。其中，建立健全党对重大工作的领导体制机制是一个事关全局的环节。要努力从机构职能设置上解决党对一切工作领导的体制机制问题,解决党长期执政条件下党政军群的机构职能关系问题,为有效发挥中国共产党领导这一中国特色社会主义制度的最大优势提供完善有力的体制机制保障、坚实的组织基础和有效的工作体系,确保党对国家和社会实施领导的制度得到加强和完善,更好担负起进行伟大斗争、建设伟大工程、推进伟大事业、实现伟大梦想的重大职责。

党中央历来高度重视加强对涉及全局重大工作的集中统一领导,在革命、建设、改革的不同历史时期,为军事斗争、经济建设、改革开放等重大工作都曾专门设立过决策议事协调机构,发挥了重要作用,成为党加强集中统一领导、推动重大工作落实的一条成功经验。

党的十八大以来,以习近平同志为核心的党中央明确提出,全面深化改革的总目标是完善和发展中国特色社会主义制度、推进国家治理体系和治理能力现代化。适应统筹推进"五位一体"总体布局、协调推进"四个全面"战略布局的需要,在党中央已设立的决策议事协调机构基础上,新成立了中央全面深化改革领导小组、中央国家安全委员会、中央网络安全和信息化领导小组、中央军民融合发展委员会等,进一步加强党的集中统一领导,推动这些重要领域工作取得重大进展,为党和国家事业取得历史性成就、发生历史性变革提供了有力保障。

例如,党的十八届三中全会通过的《中共中央关于全面深化改革若干重大问题的决定》,对全面深化改革做出总体部署,共提出了336项重要改革举措,涉及经济、政治、文化、社会、生态文明、党的建设、国防军队等多个领域,改革领域之全面、触及矛盾之深刻、影响范围之广泛前所未有。为领导推动这项艰巨繁重的系统工程,党中央迅速成立中央全面深化改革领导小组,由习近平同志亲自担任组长,负责改革总体设计、统筹协调、整体推进、督促落实。随后召开的党的十八届四中、五中、六中全会陆续提出的280项重要改革举措,也在中央全面深化改革领导小组统领下一体部署、一体推进、一体落实。5 年来,习近平同志主持召开了 40 次中央全面深化改革领导小组会议,审议了近 400 个重要改革文件,推动各方面共出台 1500 多项改革实施举措。全面深化改革主体框架基本确立,一些重点领域、关键环节改革取得突破性进展,各方面改革成效正在逐步显现,为党和国家事业发展提供了强大的动力和活力。这是党中央通过建立党对重大工作领导体制机制推动重大任务落实的又一次成功实践。

建立健全党对重大工作的领导体制机制,为统筹推进"五位一体"总体布局、协调推进"四个全面"战略布局提供强有力的制度保障。

党的十九大做出决胜全面建成小康社会、开启全面建设社会主义现代化国家新征程的战略部署,实施这一系列战略部署将在统筹推进"五位一体"总体布局、协调推进"四个全面"战略布局的大格局中展开。为全面贯彻落实党的十九大精神,不论是加强党的长期执政能力建设、推进国家治理体系和治理能力现代化,还是促进保障各项战略部署和阶段性目标任务的完成,都需要继续加强和完善党的全面领导,并在体制机制上得到落实。

《决定》指出,当前,面对新时代新任务提出的新要求,党和国家机构设置和职能配置同统筹推进"五位一体"总体布局、协调推进"四个全面"战略布局的要求还不完全适应,同实现国家治理体系和治理能力现代化的要求还不完全适应。一些领域党的机构设置和职能配置还不够健全有力,这其中包括党对重大工作的领导体制覆盖还不够全面,机构和职能设置不够规范,其他方面的议事协调机构同党中央决策议事协调机构衔接不够等。

《决定》有针对性地提出,优化党中央决策议事协调机构,负责重大工作的顶层设计、总体布局、统筹协调、整体推进。这一改革要求在深化党和国家机构改革方案中得到体现。例如:组建中央全面依法治国委员会,就是为加强党中央对法治中国建设的集中统一领导,健全党领导全面依法治国的制度和工作机制,更好落实全面依法治国基本方略,为全面依法治国提供重要保障。组建中央审计委员会,就是为加强党中央对审计工作的领导,构建集中统一、全面覆盖、权威高效的审计监督体系,更好发挥审计监督作用。组建中央教育工作领导小组,就是为加强党中央对教育工作的集中统一领导,全面贯彻党的教育方针,加强教育领域党的建设,做好学校思想政治工作,落实立德树人根本任务,深化教育改革,加快教育现代化,办好人民满意的教育。再如,为加强党中央对涉及全局的重大工作的集中统一领导,强化决策和统筹协调职责,将中央全面深化改革领导小组、中央网络安全和信息化领导小组、中央财经领导小组、中央外事工作领导小组分别改为委员会,负责相关领域重大工作的顶层设计、总体布局、统筹协调、整体推进、督促落实。

这次深化党和国家机构改革,把建立健全党对重大工作的领导体制机制摆在突出位置,在党中央已建立的决策议事协调机构基础上,按照统筹推进"五位一体"总体布局、协调推进"四个全面"战略布局的需要,针对突出矛盾和短板,着眼长远制度安排,该增设的增设、该优化的优化、该调整的调整,形成在中央政治局及其常委会领导下党中央决策议事协调机构的崭新格局,实现了党对重大工作领导的更全面覆盖,进一步打通了党的领导与各方面工作的关系,进一步理顺、规范、优化了相应机构和职能设置,进一步增强了党的领导体制的系统性、整体性、协同性,必将对党和国家事业发展产生重大现实影响和深远历史影响。

全面落实加强优化党对重大工作领导的改革要求。

这次党和国家机构改革方案,对中央层面党对重大工作领导体制机制作出了加强优化的安排,同时要求其他方面的议事协调机构要同党中央决策议事协调机构的设立调整相衔接,保证党中央令行禁止和工作高效。各地区各部门党委(党组)要坚持依规治党,完善相应体制机制,提升协调能力,把党中央各项决策部署落到实处。

各地区各部门党委（党组）应带头学习领会《决定》精神，吃透工作要求，提高政治站位，增强"四个意识"，坚定"四个自信"，坚决维护党中央权威和集中统一领导，把思想和行动统一到党中央关于深化党和国家机构改革的决策部署上来。

一是认真学习领会习近平新时代中国特色社会主义思想，特别是其中关于坚持和加强党的全面领导、建立健全党对重大工作领导体制机制的论述。党的十八大以来，习近平同志对加强和改进党对全面建成小康社会、全面深化改革、全面依法治国、全面从严治党的领导，健全完善党对经济、"三农"、政法、金融、教育、科技、民族宗教、新闻舆论、群团、军民融合等工作的领导体制机制有一系列精辟的论述。学习领会好这些重要思想，对我们正确理解党中央的改革意图，提高贯彻落实的自觉性、坚定性至关重要。

二是要对照党中央对重大工作领导体制机制改革的部署及工作要求，对本地区本部门原设置的议事协调机构及职能进行必要调整，理顺主从关系，提高各级党委把握全局和重大工作的能力，确保党的领导得到落实，保证党中央令行禁止。

三是经过优化调整的议事协调机构应及时健全工作职责、议事协调规则、工作流程、监督落实机制等工作制度，明确领导分工和办事机构，厘清与职能部门的工作关系，确保工作高效有序，确保党中央决策部署及时传导、不折不扣得到落实。

领导小组网站

中央精神文明建设指导委员会办公室（http://www.wenming.cn）

中央机构编制委员会办公室（http://www.scopsr.gov.cn）

中央网络安全和信息化委员会办公室(http://www.cac.gov.cn)

中央台湾工作办公室/国务院台湾事务办公室(http://www.gwytb.gov.cn)

中央密码工作领导小组办公室/国家密码管理局(http://www.oscca.gov.cn)

国家国防动员委员会及办公室(http://www.gfdy.gov.cn)

国务院中央军委专门委员会办公室/国家国防科技工业局(http://www.sastind.gov.cn)

全国爱国卫生运动委员会办公室/国务院防治艾滋病工作委员会办公室/国家卫生健康委员会疾病预防控制局(http://www.nhfpc.gov.cn/jkj/index.shtml)

全国绿化委员会办公室/国家林业和草原局造林绿化管理司(http://zls.forestry.gov.cn)

国务院学位委员会办公室/教育部学位管理与研究生教育司(http://www.moe.edu.cn/s78/A22/)

国家防汛抗旱总指挥部办公室(http://fxkh.mwr.gov.cn)

国务院妇女儿童工作委员会(http://www.nwccw.gov.cn)

国务院妇女儿童工作委员会办公室/中华全国妇女联合会(http://www.women.org.cn/col/col14/index.html)

全国拥军优属拥政爱民工作领导小组办公室(http://sy.mca.gov.cn)

国务院扶贫开发领导小组办公室(http://www.cpad.gov.cn)

国务院关税税则委员会办公室/财政部关税司(http://gss.mof.gov.cn)

国家减灾委员会办公室(http://www.jianzai.gov.cn/DRpublish/)

国务院军队转业干部安置工作小组办公室/人力资源和社会保障部军官转业安置司(http://www.mohrss.gov.cn/jgzyzzs/)

国家禁毒委员会办公室(http://www.nncc626.com/2018zgjdwxb/zw.htm?page=gjjdb)

全国老龄工作委员会办公室(http://www.cncaprc.gov.cn)

国务院西部地区开发领导小组办公室/国家发展和改革委员会西部开发司(http://xbkfs.ndrc.gov.cn)

国务院振兴东北等老工业基地领导小组办公室/国家发展和改革委员会东北等老工业基地振兴司(http://dbzxs.ndrc.gov.cn)

国家应对气候变化及节能减排工作领导小组办公室/国家应对气候变化领导小组办公室/国务院节能减排工作领导小组办公室/国家发展和改革委员会资源节约和环境保护司(http://hzs.ndrc.gov.cn)

国家能源委员会办公室/国家能源局(http://www.nea.gov.cn)

国务院安全生产委员会及办公室(http://www.chinasafety.gov.cn/awh-sy/)

国家森林防火指挥部办公室/国家林业和草原局森林公安局(http://slga.forestry.gov.cn/)

国务院三峡工程建设委员会办公室(http://www.3g.gov.cn)

国务院南水北调工程建设委员会及办公室(http://www.nsbd.gov.cn/zw/zcjg/zcjg.htm)

全国哲学社会科学规划办公室(http://www.npopss-cn.gov.cn)

全国教育科学规划领导小组办公室(http://onsgep.moe.edu.cn/edoas2/website7/index.jsp)

国务院纠正行业不正之风办公室/中央纪委国家监察委党风政风监督室(http://jfts.mos.gov.cn)

国务院反垄断委员会办公室/商务部反垄断局(http://fldj.mofcom.gov.cn)

全国打击侵犯知识产权和制售假冒伪劣商品工作领导小组办公室（http://www.ipraction.gov.cn）

国家金卡工程协调领导小组办公室（http://www.chinagoldencard.cn）

主要"中央领导小组"的发展沿革（1949—2019）①

1953年2月，中共中央决定成立中央农村工作部。②

3月，中共中央国际活动指导委员会成立。

1956年1月，中共中央决定成立中央工业交通工作部和中央财贸工作部。③ 中央组织部的工业干部管理、交通运输干部管理、财贸干部管理3个处分别列入以上各个部。

7月，中共中央决定成立中共中央法律委员会。

11月，中共中央决定中央工业交通工作部分为中央工业工作部与中央交通工作部。

1957年1月，中共中央发出《关于成立中央经济工作五人小组的通知》。

10月，该小组撤销。

1958年3月6日，中共中央、国务院发出《关于中共中央设立外事小组和国务院设立外事办公室的联合通知》。

6月10日，中共中央发出《关于成立财经、政法、外事、科学、文教小组的

---

① 这里所说的"主要"，是指目前存在于中共中央层面的常设性"领导小组"，以及在撤销之前曾起到过重要作用的一些"领导小组"。

② 在1952年7月，中共中央发出《关于省以上党委建立农村工作委员会的指示》；同年11月12日，中共中央作出《关于建立农村工作部的决定》。

③ 在1955年4月，中共中央发出《关于在县以上各级党委成立财政贸易工作部的通知》。

通知》。

1960 年 5 月 5 日,中共中央保密委员会成立。①

10 月,中央财贸工作部、中央工业工作部、中央交通工作部与中央组织部合并。

1962 年 2 月 23 日,中共中央发出《关于成立国家机关编制小组的决定》。

11 月 9 日,中共中央做出《关于撤销中央农村工作部、任命国务院农林办公室主任、副主任的决定》。

1966 年 1 月,中共中央党史编纂委员会成立。

3 月 8 日,中共中央决定成立中央教育领导小组。

1978 年 6 月,中共中央决定成立中央政法小组。

7 月 9 日,中共中央发出《关于恢复和健全保密委员会的通知》。

1979 年 12 月,中共中央决定成立中央对台工作领导小组。

1980 年 1 月 24 日,中共中央发出《关于成立中央政法委员会的通知》,原中央政法小组及其办公室即予撤销。

3 月 17 日,中共中央政治局常委会决定成立中央财政经济领导小组。

4 月 8 日,中共中央决定成立对外宣传小组。

1981 年 1 月 20 日,中共中央直属机关编制委员会成立。

3 月 13 日,中共中央决定恢复设置中央外事工作领导小组。

1982 年 2 月 21 日,中共中央决定,中央书记处下设立党史工作小组。

11 月 8 日,中共中央书记处决定,成立省、市、自治区机构改革指导小组,在中央政治局和书记处领导下,负责指导各省、市、自治区一级机构改革的领导班子的配备。

1983 年 3 月 26 日,中共中央办公厅印发经中央书记处批准的《关于中央

---

① 中共中央保密委员会最早曾于 1951 年成立,后于 1956 年 4 月 20 日撤销。

保密委员会的体制改革和机构设置的报告》。

1986年1月6日、9日,中共中央书记处在北京召开中央机关干部大会,会上宣布,中央书记处决定成立中央机关端正党风领导小组。

1987年12月16日,中共中央政治局讨论并原则同意中央机构改革领导小组《关于党中央、国务院机构改革方案的报告》。《报告》提出:保留中央外事领导小组、中央对台工作领导小组;撤销中央保密委员会;保留中央财经领导小组,撤销其下属的办公室,根据工作需要,具体服务可由中办或国办承担;撤销中央政法委员会,设立中央政法协调小组;增设中央意识形态协调小组,统一协调对内对外宣传工作;撤销对外宣传小组。

1988年1月10日,中共中央宣传思想工作领导小组成立。该小组的工作任务是,经常分析意识形势领域的动态,研究和掌握宣传工作的方针、政策及其他带有全局性的问题;协调宣传、理论、文化、新闻、出版等有关意识形势的工作;对宣传、理论队伍的建设提出意见和建议。

5月19日,中共中央决定撤销中央政法委员会,改设中央政法领导小组。

7月21日,中共中央决定成立中央党的建设工作小组。

1989年7月28日,中共中央发出《关于撤销中央财经领导小组的通知》。

1990年3月6日,中共中央决定恢复中央政法委员会。

3月19日,中共中央决定恢复中央对外宣传小组。中央对外宣传小组在中央宣传、思想工作领导小组的领导下,负责统一管理对外宣传工作。涉及国际形势和外交政策重大问题的宣传,请示中央外事工作领导小组。

1991年1月,中共中央、国务院决定中央对外宣传小组同时作为国务院新闻办公室。

3月9日,中共中央决定将中央对台工作领导小组改为中央对台工作小组。

3月21日,中共中央发出《关于成立中央社会治安综合治理委员会的通知》。该委员会是协助党中央、国务院领导全国社会治安综合治理工作常设机构。其主要任务是：贯彻执行党的基本路线、方针、政策和国家法律，根据国民经济和社会发展的总体规划及社会治安形势，指导和协调全国社会治安综合治理工作。中央社会治安综合治理委员会下设办公室。

3月27日，中共中央、国务院决定，原中央对台工作领导小组和国务院台湾事务办公室合并，成立中央台湾工作办公室，该办公室同时也是国务院台湾事务办公室。中央对台工作小组由中央政治局常委会直接领导，日常工作由中央台湾工作办公室承办。

7月6日，中共中央、国务院发出《关于成立中央机构编制委员会的通知》。

7月15日，中共中央直属机关编制委员会发出《关于撤销中共中央直属机关编制委员会的通知》。

1992年12月28日，中共中央决定成立中央财经领导小组。

1993年5月19日，中共中央决定成立中央农村工作领导小组。

6月24日，中央对台工作小组调整为中央对台工作领导小组。

7月2日，中共中央发出《关于印发关于党政机构改革的方案和关于党政机构改革方案的实施意见的通知》。这一方案指出，中央政法委员会、中央台湾工作办公室、中央对外宣传办公室（原为中央对外宣传小组）为中共中央直属机构，其中中央台湾工作办公室与国务院台湾事务办公室为一个机构两块牌子，中央对外宣传办公室与国务院新闻办公室为一个机构两块牌子。中央现有议事性委员会或领导小组12个，即：中央财经领导小组、中央对台工作领导小组、中央机构编制委员会、中央外事工作领导小组、中央农村工作领导小组、中央党的建设工作领导小组、中央宣传思想工作领导小组、中央党史领导小组、中央社会治安综合治理委员会、中央保密委员会、中央密码工作领导小组、中央保健委员会。在党中央设置这样一些高层次的议事机构是必要的。

1997 年 4 月 21 日,中共中央发出《关于成立中央精神文明建设指导委员会的通知》。《通知》指出,根据党的十四届六中全会通过的《中共中央关于加强社会主义精神文明建设若干重要问题的决议》,中央决定,成立中央精神文明建设指导委员会。中央精神文明建设指导委员会是党中央指导全国精神文明建设工作的议事机构。主要职责是:督促检查各地区、各部门贯彻落实党的十四届六中全会精神和中央关于精神文明建设一系列方针、政策的情况,协调解决精神文明建设主要是思想道德和文化建设方面的有关问题,总结推广交流先进经验。中央精神文明建设指导委员会下设办公室。办公室设在中央宣传部。

8 月 27 日,《中央精神文明建设指导委员会办公室职能配置、内设机构和人员编制方案》印发。《方案》规定:中央精神文明建设指导委员会是党中央指导全国精神文明建设工作的议事机构,下设办公室。办公室设在中央宣传部,由中央宣传部代管。中央精神文明建设指导委员会办公室的是中央精神文明建设指导委员会的办事机构,负责处理委员会的日常工作,其主要职责是:(1)按照中央精神文明建设指导委员会的工作安排,做好组织协调、督促落实工作;(2)调查了解党的十四届六中全会决议贯彻落实的情况,研究分析精神文明建设的新情况新问题,及时向中央精神文明建设指导委员会反映并提出建议;(3)组织精神文明建设工作经验的交流推广;(4)负责委员会的文秘、会务工作。由财政部会同管理中央级"文化事业建设费";(5)完成委员会交办的其他事项。办公室党的组织、人事、财务及行政管理等工作由中央宣传部负责。

1998 年 3 月 27 日,中共中央决定,成立中央维护稳定工作领导小组。

同日,中共中央决定,成立中央反腐败协调小组。

2000 年 9 月,中共中央决定组建中央国家安全领导小组,与中央外事工作领导小组合署办公,一个机构、两块牌子。

2003 年 5 月,中共中央决定成立中央人才工作协调小组(中央西部地区人才开发协调小组)。

2009 年 7 月,中共中央决定成立中央巡视工作领导小组。

2012 年下半年,中央海洋权益工作领导小组成立。

2013 年 11 月 12 日,中央国家安全委员会成立。

2013 年 12 月 30 日,中央全面深化改革领导小组成立。

2014 年 2 月 27 日,中央网络安全和信息化领导小组成立。

2014 年 3 月 15 日,中央军委深化国防和军队改革领导小组成立。

2015 年 7 月 30 日,中央统战工作领导小组成立。

2017 年 1 月 22 日,中央军民融合发展委员会成立。

2017 年 10 月 18 日,中共十九大报告提出设立中央全面依法治国领导小组。

2018 年 3 月,中共中央印发《深化党和国家机构改革方案》,决定:组建中央全面依法治国委员会、中央审计委员会,中央全面深化改革领导小组、中央网络安全和信息化领导小组、中央财经领导小组、中央外事工作领导小组改为委员会,组建中央教育工作领导小组,不再设立中央维护海洋权益工作领导小组、中央社会治安综合治理委员会及其办公室、中央维护稳定工作领导小组及其办公室,将中央防范和处理邪教问题领导小组及其办公室职责划归中央政法委员会、公安部。

2019 年 5 月 31 日,中央"不忘初心、牢记使命"主题教育领导小组成立。

2019 年 6 月 17 日,中央生态环境保护督察领导小组成立。

中央领导小组演化简示

第一阶段(从无到有):中央工作 5 小组

财贸系统、工交系统	中央财经小组
政法系统	中央政法小组
外事系统	中央外事小组
文化教育系统	中央文教小组 中央科学小组

第二阶段(从个体到体系):中央领导小组 6 门类体系

组织人事类	中央人才工作协调小组、中央党的群众路线教育实践活动领导小组
宣传文教类	中央宣传思想工作领导小组、中央文化体制改革和发展工作领导小组
政治法律类	中央维护稳定工作领导小组、中央密码工作领导小组 中央防范和处理邪教问题领导小组、中央司法体制改革领导小组
财政经济类	中央财经领导小组、中央农村工作领导小组
外事统战类	中央外事工作领导小组(中央国家安全领导小组)、中央对台工作领导小组中央港澳工作协调小组、中央西藏工作协调小组、中央新疆工作协调小组
党建党务类	中央党的建设工作领导小组、中央巡视工作领导小组

第三阶段（从体系到全面）：跨系统领导小组—系统—领导小组集群

跨系统领导小组	系统	领导小组集群
中央全面深化改革委员会	经济	中央财经委员会、中央农村工作领导小组
	文宣	中央网络安全和信息化委员会、中央精神文明建设指导委员会、中央宣传思想工作领导小组、中央教育工作领导小组
	组织	中央机构编制委员会、中央人才工作协调小组（中央西部地区人才开发协调小组）
	党务	中央党的建设工作领导小组、中央巡视工作领导小组、中央审计委员会、中央"不忘初心、牢记使命"主题教育领导小组
	生态	中央生态环境保护督察领导小组
中央国家安全委员会	安全	中央军民融合发展委员会、中央军委深化国防和军队改革领导小组、中央密码工作领导小组
	外事	中央外事工作委员会、中央对台工作领导小组、中央港澳工作协调小组
	政法	中央全面依法治国委员会、中央司法体制改革领导小组
	统战	中央统战工作领导小组、中央西藏工作协调小组、中央新疆工作协调小组

中央领导小组办公室概况

单独设置
中央财经委员会办公室、中央军民融合发展委员会办公室、中央外事工作委员会办公室
设置在正式序列机构内
中央国家安全委员会办公室:设在中央办公厅
中央全面深化改革委员会办公室、中央党的建设工作领导小组秘书组:设在中央政策研究室
中央全面依法治国委员会办公室:设在司法部
中央审计委员会办公室:设在审计署
中央统一战线工作领导小组办公室、中央西藏工作协调小组办公室、中央新疆工作协调小组办公室:设在中央统战部
中央精神文明建设指导委员会办公室:设在中央宣传部
中央机构编制委员会办公室:归口中央组织部管理
中央巡视工作领导小组办公室:设在中央纪律检查委员会国家监察委员会
中央农村工作领导小组办公室:设在农业农村部
中央教育工作领导小组秘书组:设在教育部
中央军委深化国防和军队改革领导小组办公室:设在中央军事委员会办公厅
中央司法体制改革领导小组办公室:设在中央政法委员会
中央防范和处理邪教问题领导小组办公室:设在公安部
中央"不忘初心、牢记使命"主题教育领导小组办公室、中央人才工作协调小组(中央西部地区人才开发协调小组)办公室:设在中央组织部
中央生态环境保护督察办公室:设在生态环境部
一个机构两块牌子
中央网络安全和信息化委员会办公室与国家互联网信息办公室
中央对外宣传办公室与国务院新闻办公室
中央台湾工作办公室与国务院台湾事务办公室
中央港澳工作协调小组办公室与国务院港澳事务办公室
中央保密委员会办公室与国家保密局
中央密码工作领导小组办公室与国家密码管理局

资料来源:作者根据公开信息整理而成。统计时间截止到 2019 年 12 月 31 日。

国务院领导小组办公室概况

国家国防动员委员会综合办公室、国家人民防空办公室：设在中央军事委员会国防动员部
全国爱国卫生运动委员会办公室/国务院防治艾滋病工作委员会办公室、全国老龄工作委员会办公室、国务院深化医药卫生体制改革领导小组秘书处：分别设在国家卫生健康委员会的疾病预防控制局、老龄健康司、体制改革司
全国绿化委员会办公室：设在国家林业和草原局生态保护修复司
国务院学位委员会办公室、国务院教育督导委员会办公室、国家教材委员会办公室、全国教育科学规划领导小组办公室：分别设在教育部的学位管理与研究生教育司、教育督导局、教材局、中国教育科学研究院
国家减灾委员会办公室、国家森林草原防灭火指挥部办公室、国家防汛抗旱总指挥部办公室、国务院抗震救灾指挥部办公室、国务院安全生产委员会办公室：设在应急管理部
国务院妇女儿童工作委员会办公室：设在中华全国妇女联合会
全国拥军优属拥政爱民工作领导小组办公室：设在退役军人事务部拥军优抚司
国务院扶贫开发领导小组办公室：单独设置
国务院关税税则委员会办公室：设在财政部关税司
国家禁毒委员会办公室、国家反恐怖工作领导小组办公室：设在公安部
国家能源委员会办公室：设在国家能源局
全国哲学社会科学工作办公室：设在中央宣传部
国务院反垄断委员会办公室、国务院食品安全委员会办公室、全国打击侵犯知识产权和制售假冒伪劣商品工作领导小组办公室：分别设在国家市场监督管理总局的反垄断局、食品安全协调司、执法稽查局
国家金卡工程协调领导小组办公室、国务院促进中小企业发展工作领导小组办公室：设在工业和信息化部
推进"一带一路"建设工作领导小组办公室、京津冀协同发展领导小组办公室、推动长江经济带发展领导小组办公室、粤港澳大湾区建设领导小组办公室：设在国家发展与改革委员会

京津冀及周边地区大气污染防治领导小组办公室:设在生态环境部大气环境司
国家科技领导小组办公室:设在科技部
全国政务公开领导小组办公室、国务院推进政府职能转变和"放管服"改革协调小组办公室:设在国务院办公厅
国务院国有企业改革领导小组办公室:设在国务院国有资产监督管理委员会
国务院就业工作领导小组办公室、国务院农民工工作领导小组办公室、国务院根治拖欠农民工工资工作领导小组办公室:设在人力资源社会保障部
国务院金融稳定发展委员会办公室:设在中国人民银行
国家脱贫攻坚普查领导小组办公室:设在国家统计局

资料来源:作者根据公开信息整理而成。统计时间截止到 2019 年 12 月 31 日。

主要参考文献

1.《陈云文选》(第二、三卷),人民出版社,1995年。

2.《建国以来毛泽东文稿》(第七册),中央文献出版社,1992年。

3.《彭真文选》,人民出版社,1991年。

4.《习近平谈治国理政》(第1~4卷),外文出版社2014、2017、2020、2022年。

5.薄一波:《若干重大决策与事件的回顾》(上、下卷),中共党史出版社,1993年。

6.曾培炎:《西部大开发决策回顾》,中共党史出版社,2010年。

7.陈雪薇主编:《十一届三中全会以来重大事件和决策调查》,中共中央党校出版社,1998年。

8.陈尧:《当代中国政府体制》,上海交通大学出版社,2005年。

9.崔景明主编:《中国政府机构名录:中央卷》,新华出版社,1992年。

10.房宁等:《中国政治制度》,中国社会科学出版社,2017年。

11.高民政:《中国政府与政治》,黄河出版社,1993年。

12.高新民等:《论党的领导方式和执政方式》,广西人民出版社,2003年。

13. 谷安林主编:《中国共产党历史组织机构辞典》,中共党史出版社,2019 年。

14. 国务院办公厅秘书局等编:《中央政府组织机构》,中国发展出版社,1995 年。

15. 洪承华等编:《中华人民共和国政治体制沿革大事记:1949—1978》,春秋出版社,1987 年。

16. 胡鞍钢:《中国集体领导体制》,中国人民大学出版社,2013 年。

17. 胡伟:《政府过程》,浙江人民出版社,1998 年。

18. 黄大熹:《中国共产党组织结构发展路径的历史考察》,天津人民出版社,2004 年。

19. 姜华宣等主编:《中国共产党重要会议纪事:1921～2006》,中央文献出版社,2006 年。

20. 金凤:《邓颖超传》,人民出版社,1993 年。

21. 景跃进等:《当代中国政府与政治》,中国人民大学出版社 2016 年。

22. 赖静萍:《当代中国领导小组制度变迁与现代国家成长》,江苏人民出版社 2015 年。

23. 冷溶等主编:《邓小平年谱》(上、下册),中央文献出版社,2007 年。

24. 李岚清:《李岚清教育访谈录》,人民教育出版社,2003 年。

25. 李岚清:《突围——国门初开的岁月》,中央文献出版社,2008 年。

26. 李鹏:《电力要先行——李鹏电力日记》(上、中、下三册),中国电力出版社,2005 年。

27. 李鹏:《市场与调控——李鹏经济日记》(上、中、下三册),新华出版社,2007 年。

28. 李鹏:《众志绘宏图——李鹏三峡日记》,中国三峡出版社,2003 年。

29. 李颖:《共和国历史的细节》,人民出版社,2009 年。

30. 林尚立:《当代中国政治:基础与发展》,中国大百科全书出版社 2017 年。

31. 闾小波:《当代中国政府与政治》,高等教育出版社 2010 年。

32. 浦兴祖:《当代中国政治制度》,复旦大学出版社,2004 年。

33. 钱其琛:《外交十记》,世界知识出版社,2003 年。

34. 邵宗海等:《具有中国特色的中共决策机制》,韦伯文化出版社,2007 年。

35. 苏尚尧主编:《中华人民共和国中央政府机构:1949~1990》,经济科学出版社,1993 年。

36. 王健英编:《中国共产党组织史资料汇编:领导机构沿革和成员名录》,红旗出版社,1983 年。

37. 王敬松:《中华人民共和国政府与政治》,中共中央党校出版社,1995 年。

38. 王绍光、樊鹏:《中国式共识型决策:"开门"与"磨合"》,中国人民大学出版社,2013 年。

39. 王绍光、鄢一龙:《大智兴邦:中国如何制定五年规划》,中国人民大学出版社,2015 年。

40. 乌杰主编,《中国政府与机构改革》,国家行政学院出版社,1998 年。

41. 谢庆奎:《当代中国政府与政治》,高等教育出版社,2016 年。

42. 谢庆奎等:《中国政府体制分析》,中国广播电视出版社,1995 年。

43. 新华社《中国政府机构名录》编辑部:《中国政府机构名录:1996》,新华出版社,1996 年。

44. 杨凤春:《中国政府概要》,北京大学出版社,2018 年。

45. 杨光斌:《当代中国政治制度导论》,中国人民大学出版社,2015 年。

46. 杨光斌:《中国政府与政治导论》,中国人民大学出版社,2003 年。

47. 杨尚昆：《杨尚昆日记》（上、下册），中央文献出版社，2001 年。

48. 杨胜春：《大陆政法战线的统御者：中共中央政法委员会之研究》，永业出版社，2001 年。

49. 原超：《地方治理中的"小组机制"研究》，中央编译出版社，2017 年。

50. 赵博等编：《中国共产党组织工作大事记》，中国国际广播出版社，1991 年。

51. 中共中央党史和文献研究院编：《十九大以来重要文献选编》，中央文献出版社，2019 年。

52. 中共中央文献研究室：《建国以来重要文献选编》（全 20 册），中央文献出版社，1992—1998 年。

53. 中共中央文献研究室：《三中全会以来重要文献选编》，人民出版社，1982 年。

54. 中共中央文献研究室编：《十八大以来重要文献选编》，中央文献出版社，2018 年。

55. 中共中央组织部编：《中国共产党组织工作辞典》，党建读物出版社，2001 年。

56. 中共中央组织部等编：《中国共产党组织史资料：1921—1997》（全 13 卷 19 册），中共党史出版社，2000 年。

57. 中共中央组织部研究室编：《党的组织工作大事记：1978—1988》，北京大学出版社，1990 年。

58. 中共中央组织部研究室编：《党的组织工作大事记：1993—1997》，党建读物出版社，1999 年。

59. 中国共产党编年史编委会编：《中国共产党编年史》（全 12 册），山西人民出版社，2002 年。

60. 中央档案馆编：《中共中央文件选集》（第十八册），中共中央党校出版社,1992 年。

61. 朱光磊:《当代中国政府过程(第三版)》,天津人民出版社,2008 年。

62. 邹锡明:《中共中央机构沿革实录:1921.7—1997.9》,中国档案出版社,1998 年。

63. [美]傅高义:《邓小平时代》,冯克利译,生活·读书·新知三联书店,2013 年。

64. [美]库恩:《他改变了中国:江泽民传》,谈峥、于海江等译,上海译文出版社,2005 年。

65. [美]李侃如:《治理中国:从革命到改革》,胡国成等译,中国社会科学出版社,2010 年。

66. [美]汤森等:《中国政治》,顾速等译,江苏人民出版社,2004 年。

初版后记①

一

2005 年,在读本科三年级时,我在学校图书馆第一次读到了朱光磊老师的《当代中国政府过程》一书。作为对中国政府与政治研究形成整体性认识的一次启蒙,阅读这一著作使自己原来一些模糊的思路逐渐开始清晰起来,知识储备库中那些原本静态的制度条文逐步变得"鲜活生动",尤其是对中国政府与政治运作的实际过程第一次有了一个全面、清晰的认识和把握。在那时我心里就产生了一个愿望,就是仿效《当代中国政府过程》一书,从动态的角度来研究当代中国政府是如何治理的,并尽最大努力就中国政府与政治中的某一个问题撰写一部有一定水准的作品。

研究中国政府与政治,关键是找寻那些最能体现中国政府运行过程特殊性的"特色产品"。自 2007 年 9 月进入南开园始,便有幸得以在老师的指导

_____

① 《中国"小组机制"研究》一书于 2010 年 12 月由天津人民出版社出版,此为该书的后记。

下开始接受系统的学术训练,特别是系统学习驾驭专业理论和运用研究方法工具以来,我一直在留心观察中国政府与政治的体系与过程中那些比较"有特色"的部分,并注意专门收集和阅读相关资料。2008 年 4 月,也恰好是为老师所讲授的硕士研究生课程"当代中国政府与政治研究"所准备的一次主题发言,促使我对以各种"领导小组"为代表的议事协调机构——这一中国党政系统中极具特殊性的组织模式开始了较为系统地分析和研究。

这项研究工作起步于本人硕士研究生学位论文的撰写。在完成了十余万字的硕士学位论文,同时陆续发表了一些相关研究成果之后,老师不断鼓励我将这方面的研究进一步推向深化、细化和具体化。经过历时一年多的准备工作,从最初的文献整理、选题论证、研究框架设计,到进入正式写作,以及最后反复的讨论、修改,这本关于广泛存在于中国各级党政机关中的议事协调机构的专著,终于一点点成型了。这只是研究工作的开端。在未来的学术道路上,希冀于通过长期且持续的研究投入,在这一问题上取得有相当价值的独创性研究成果,能有自己的"一家之言",并最终以期在中国政府与政治、中国政府过程这一研究领域具备一定的"发言权"。这一目标或许很难实现,但我将朝着这个方向一直努力下去。

二

本书是在硕士研究生学位论文的基础上补充、修改完成的。在学位论文和本书的研究和撰写过程中,以及在求学求知的道路上,我有幸得到了许许多多铭记于心的帮助和关怀。

最有幸的,莫过于能师从朱光磊教授,得以书写我人生道路上浓墨重彩的一个篇章。老师既授之以德,教导我为人处事的原则和方法,让我以立人;

亦授之以术,对我进行严格地学术训练,在学业上孜孜不倦地进行指导,让我以立身。老师的鼓励,是我行之于人生道路中不竭的动力源泉。记得初进南开园,我还处于一种"懵懂"的状态,是老师的谆谆教诲令我一步步成熟起来,逐渐从"自在"进入"自为"的阶段。老师治学的严谨和大气、对工作的高度热情和投入,令人折服、钦佩,对我的影响至深至远,是我思之以齐的标杆。老师与师母侯波女士还在生活上给予我很多关心和照顾,使身处异乡的我感受到家庭的温暖。还记得因 2008 年的南方雪灾,人生中第一次在异地过春节,老师邀我到家里做客,并与老师一家人共进晚餐,大家其乐融融,着实难以忘怀。

同时有幸能成为南开大学"当代中国政府与政策"国家级教研团队的一员。幸于能身处如此一流的研究队伍,与如此众多的一流研究者为伍,受一流的研究氛围熏陶。团队的各位老师和伙伴们在各自特定的研究领域或主题里都有着长期的学术积淀,并且广有建树。有如此广阔的研究平台作为支撑,自己可以源源不断地获得各种支持和帮助。每月一次的团队学习例会,无数次的学术会议、专题研究讨论,都有助于我知识的积累、视野的开阔、思维的训练,也在学术道路上对自己不断进行鞭策。在相关研究课题和项目工作中,与团队伙伴们的多次共事机会,都转化为一次次学习和提升机会。

在研究工作的初始阶段,程同顺教授、张志红副教授、张彬副教授、郭道久副教授对论文整体研究框架的设计、重难点的把握和克服、研究方法和技巧的具体运用、创新点的提炼等提出了非常细致且宝贵的意见建议,使拙作逐渐臻于完善。进入到正式的撰写阶段后,孙涛教授、贾义猛副教授、利平师姐、传彬师兄在研究资料的积累上给予了非常关键的帮助,使拙作内容得到极大丰富,避免了"无米之炊"。王华、霍佳佳、范玢瑶等师妹在此期间做了很多基础性工作,给予了很多协助。在研究工作的末期,曾先后与盛林师兄、陈娟师姐、力强师兄以及利平师姐、传彬师兄、聚军师兄、于丹师兄、晓林师兄、孙爽师妹的博士学位论文开题和答辩工作"不期而遇"，师兄师姐们在论题设计的创造性、视角选取的敏锐性、观点阐释的新颖性、内容论述的完备性等方面的深厚功底令人惊叹，我从中学到了很多有益经验，促使我更加主动地去提升拙作的规范程度和水平。而能够有幸与光通大姐、闫彪兄、耀南、刘振同为"南开 07 期"，携手齐行、真挚为伴，共同完成硕士学业，更是一种莫大的缘分。

在南开求学的时光里，有幸得到了周恩来政府管理学院各位师长的无私教诲和真诚帮助。在南开园学习期间，先后有幸得到了杨龙教授、常健教授、王骚教授、高永久教授、沈亚平教授、孙晓春教授、柏桦教授、谭融教授、程同顺教授、张光教授、朱旭峰副教授等老师的指点和教导。各位老师的指教使我获益匪浅，让我切身感受到了巍巍南开理性而务实的学术风格。学院领导孙跃书记、奚先来副书记、李红钢副院长，以及李牧老师、黄怡老师、杨丹老师、于洋老师等，从多个方面给予我了很多帮助。在此对他们表示衷心的感谢！

三

非常令人高兴的是，团队的"老朋友"、天津人民出版社的王康老师，成为了拙作的责任编辑。为了本书的出版，王老师付出了辛勤的汗水和智慧。我向王康老师和出版社各个工作环节上的各位朋友致以诚挚的谢意！

在研究和写作过程中，我引用了一些前辈、同行的研究成果和相关新闻报道中的资料和数据，并尽量一一注明了出处，倘若挂一漏万，请予指正。同时，作为一项初始性的研究工作，对于这一研究对象和主题还有很大的开拓空间，祈望学界前辈、同行和特别是实际从政的朋友们不吝赐教。真诚欢迎所有的批评、交流和建议！我的邮箱地址是：zhouwang@ mail. nankai. edu. cn。

周　望

2009 年 5 月 20 日　初稿

2010 年 9 月 25 日　改定

再版后记

本书是《中国"小组机制"研究》（天津人民出版社 2010 年出版）的第二版。2020 年 3 月，作为首版面世十周年纪念，向出版社提交了大幅度修订后的新书稿。在经历了申报、修改、审核通过后，为方便阅读，过程中删减了几万字原已准备好的新内容，最终在 2023 年 7 月才得以与大家见面。部分重要内容，期待能够在第三版更新中得到展现。

作者于 2009 年完成了以"领导小组"为主题的硕士学位论文，并在 2010 年将其作为专著出版，距今已 10 多年时间。这期间，作者在攻读博士学位、毕业留校任教继续从事研究和教学工作的同时，一直关注着"领导小组"在实践发展和理论研究中的动态。相信大家也看到了，"领导小组"在这 10 多年中的发展变化，是显著而深刻的，有必要对其展开及时梳理与总结。不敢说"十年磨一剑"，新版《中国"小组机制"研究》一书集中了基于现实变化的"与时俱进"与作者对这一议题的深度解析。此刻再版，正当其时。

此次内容更新，全书首先进行了大幅度调整，在保留核心部分的基础上，补充了领导小组在近年来的各种新资料，尤其是作者对于领导小组的各种新观点和理论提炼。整体而言,相较于首版,"领导小组"的第二版更加紧凑、集中。正如书中引言部分所讲的,期望通过此书,使得各界人士能够在短时间内,对领导小组形成一个易于理解且准确的认知。

2009 年以来,作者关于"领导小组"的系列研究,得到了海内外各界人士的广泛关注,首版《中国"小组机制"研究》一书一经面世,即受到学界的高度评价,在此一并致以感激与谢意。海内外研究中国政府与政治的若干著名学者,多次直接或间接地与我联系,深入交流各种相关议题。很多中外文的著作、期刊论文、学位论文、研究报告,大量引用了作者的研究内容。作者陆续接受了世界各国和地区 30 余家媒体平台的采访,专门谈论"领导小组"话题,与之相关联的转载更是数不胜数。基于各类成果的相关观点,经各种渠道,多次进入到决策层、实务部门的视野中。以上种种,既是对作者研究工作的莫大鼓励和肯定,更是促使作者保持持续跟进追踪、提升研究水准的最大鞭策。

各位师友、同行、编辑、同学,曾经或正在参与领导小组工作的相关友人,你们的建议、意见乃至质疑,是本书的更新得以成为现实的关键所在,作者本人更是在多方面获益匪浅。"领导小组"在中国治理实践中的普遍性、重要性有目共睹,期待继续和大家一起,共同推进这一板块的研究工作。

非常令人高兴的是,负责我前四本专著的"老朋友"、天津人民出版社的王康老师,继续担当拙作的策划编辑。林雨老师作为责任编辑,其耐心且细致的工作,让人敬佩,更使拙作增色不少。为了本书的出版,两位老师付出了辛勤的汗水和智慧。我向王康老师、林雨老师和出版社各个工作环节上的各位朋友致以诚挚的谢意!

在研究和写作过程中,我引用了一些前辈、同行的研究成果和相关新闻报道中的资料和数据,并尽量一一注明了出处,倘若挂一漏万,请予指正。同时,祈望学界前辈、同行和特别是实际从政的朋友们不吝赐教。真诚欢迎所有的批评、交流和建议! 我的邮箱地址是:zhouwang@ nankai. edu. cn。

周　望

2020 年 3 月 初拟

2021 年 4 月 修订

2023 年 7 月 改定